自分で
学んでいける
生徒を育てる

学習者オートノミーへの挑戦

中田賀之 編

まえがき

　2011 年、青木直子さんとの共編でひつじ書房より『学習者オートノミー―日本語教育と外国語教育の未来のために』を出版した。うれしいことに、この図書は国内の全国レベルの学会誌、海外の国際誌などにおいて、日本語教育や英語教育ばかりでなく、フランス語教育などの外国語教育、さらには異文化教育など、幅広い分野の雑誌に書評が掲載された。書評の話をする中で、ひつじ書房の松本功さんから、日本の中高レベルの英語教育に携わる学習者オートノミーの図書についての提案があった。私自身気になっていたことでもあり、青木さん、茶本卓子先生や村上ひろ子先生、ひつじ書房の松本さんや板東さんらと神戸の葺合高校で会合をひらき、このような図書の可能性について議論したことが、この図書のいわばスタート地点である。

　本書は、5 部構成になっている。第 1 部の「学習者オートノミー　理論編」では、中田が学習者オートノミーの源流とも言われるデューイの教育哲学、および学習者オートノミーという概念を簡単に解説し、学習者オートノミー促進のための環境の創出について述べる。次に、自己調整学習を学習者オートノミーに内包される概念と位置づけ、その概念について説明するとともに、学習者オートノミーを育てる教室および支援のありようについて言及する。最後に、教師オートノミーおよびその発達について論じる。

　学習者オートノミー促進の実践で述べられている第 2 部〜第 4 部では、学校教育現場で学習者オートノミーの促進につながっていると思われる実践例を、「授業」「学習」「教師」の緩やかな 3 つのテーマにわけて紹介する。最初の 2 つのテーマの章の冒頭では、中学における実践（稲岡、吉田）が紹介されており、それ以外は全て高等学校での実践である。それぞれの章の中では、基本的に中学→高等学校→中高連携という順で並べられている。また、

最初の導入のページに、実践者の「これまでの教育経験」に加えて、自らの理念ともいうべき「育てたい学習者像」、自らの考える「学習者オートノミーの定義」を述べ、実践の対象者や背景・伸ばそうとする技能など、詳細な背景知識を提供している。

第2部「授業」では、教室内英語、ディベート、ITC、ポートフォリオ等を活用した学習者オートノミーの授業実践例を紹介する。第3部「学習」では、中学校での自学ノートを用いた実践例、他律性と自律性、自己調整学習、Can-Doリスト、プロジェクト学習などの高等学校での実践例を紹介している。第4部「教師」では、他教科と取り組んだ実践、長年の取り組みから生まれた教師の変容とそれに伴う生徒の変容についての具体例、最後に、中高一貫校でのシラバス作成の取り組みを紹介している。

第5部では、「英語教育と学習者オートノミーの今後」と題した座談会の内容に加えて、日本語と英語の用語の索引を簡潔にまとめている。

オートノミーに関連する用語として「自律」「自律性」などがあるが、本書においては、「学習者オートノミー」を包括的な言葉と捉え、「学習者オートノミーの促進」など全体的なことに関しては、『学習者オートノミー―日本語学習と外国語学習の未来のために』にならい、基本的には「オートノミー」という用語を使用している。ただし、文脈の中でどうしても「自律」という言葉を使用した方がよい場合、例えば「自律的に」「自律的な」などの言葉とともに行動をさす場合などは、自律という言葉を用いている。「自立」（independence）という用語は、自分を律して学ぶと言う意味の「自律学習」、他者との学びあい（interdependence）から成長すると言う意味の「自律性」、これら全てを内包する概念としての「オートノミー」などとは区別され、「自分で学習する」という意味に限定して使われている。

この図書の目的は、これがオートノミーだ、という1つのモデルを提供することではない。執筆者のみならず読者にもそれぞれの考えがあるし、本書の論文にも様々な立場の違いがある。理論部分でオートノミーの定義は提供するが、実践部分ではオートノミーの定義はそれぞれの執筆者に任せてい

る。様々な見方を学ぶ材料とすることで、執筆者および読者の教師オートノミーの促進につなげたい。

　本書では、学習者オートノミーを西洋の概念としてではなく、日本の学校文脈も含めて、どの文脈にも存在してきた「教育のいとなみ」(「学習者の学びの成長」「教室のいとなみ」「学びのいとなみ」を包括する)と捉え、これまでの実践のどの部分が学習者オートノミーに該当するのか、また今後いかにその側面を増やすのかを考える材料を提供する。「わかりやすさ」、「考える材料の提供」の両方を追求するべく、「学習者オートノミーを促進することを目的とした実践」と「通常の授業であるが結果として学習者オートノミーを促進している授業」の両方を扱う。いずれの場合も、その促進の様子が分かるよう、また学びの材料となるよう、成功例のみならず、直面した困難・失敗例・対応事例なども、そのプロセスを詳しく記述するようにしている。

謝辞

　本書の出版にあたっては、多くの方々のご理解とご協力を頂いた。執筆者でもある村上ひろ子さんと小笠原良浩さんは、お忙しい身でありながら、快く編集協力者としての仕事をお引き受けくださった。兵庫教育大学院生の坂本有紀子さんと岸本洋人さんは原稿チェックの仕事をお手伝いいただいた。大阪大学の青木直子さんは本書の刊行のための始まりの会議と最後の座談会に参加し、様々な助言をくださった。ひつじ書房の松本功氏は、原稿の作成過程において、様々なサポートをくださった。ここに皆様に感謝の意を表したい。

目次

まえがき　　iii

序章　　1

第1部　学習者オートノミー　理論編 ── 15
学習者のオートノミーとは何か

中田賀之　17

第2部　授業 ── 55
中学校における「教室内英語と学習者オートノミー」

稲岡章代　57

ディベートを通じて学習者オートノミーを育てる

棟安都代子　71

ICTを使って学習者オートノミーを促す授業

小笠原良浩　89

リフレクションを促すポートフォリオ活動

徳永里恵子　109

第3部　学習 ── 123
学習者オートノミーを育てる活動

吉田勝雄　125

他律指導から学習者オートノミーを促進させる実践
大目木俊憲　137

自己調整学習と1000時間学習マラソン
津田敦子　149

Can-Do リストを利用した学習指導改善
　—学習者オートノミーの育成をめざして
永末温子　169

プロジェクト学習とその過程
村上ひろ子・茶本卓子　183

第4部　教師 ——————— 203

オートノマス・ラーナーの育成—教科間研究
村上ひろ子　205

教師の変容から生徒の変容へ
高塚純　221

学習者オートノミー促進を意識した中・高一貫シラバス作成の取り組み
澤田朝子・今井典子　239

第5部　座談会 ——————— 255

英語教育と学習者オートノミーの今後　　　　256

索引　　　　　　　　　　　　　　　　　　287
執筆者紹介　　　　　　　　　　　　　　　　293

序章

　我々教師は、知らず知らずのうちに、何らかの力をもって生徒をコントロールしようとしてしまいがちである。口では自主性とかオートノミーとか言いながら、実際のところ生徒が学習の主体者になるような心や態度・技能を育てていないこともあるだろう。あるいは逆に、自主性とかオートノミーを大切にすると言いながら生徒を放ったらかしていることもあるかもしれない。また、生徒に一人で学習することや、逆に生徒に十分に主旨を説明することなく共同学習という名目のもとペアワークやグループワークを気づかないうちに強制していることもあるだろう。そして実際には生徒の中に学習は起こっていないことがあるかもしれない。我々の一斉授業や教師主導というタイプの授業では、本当に生徒のオートノミーが育つことはありえないのだろうか、とも考えてしまう。

　人はそれがたとえ困難なことであっても、必ずしもすぐには成果や報酬をえることが期待できなくても、長期的な視点に立ってそこに価値や意義を見いだすことが出来さえすれば、その活動に取り組む。ただ楽しいからとか、面白いからとか、空腹を満たすためとか、功利的な利益を求めるためとか一時的な個人の欲求を満たすための行動だけでは、将来的に本人の成長につながるような効果は見込めない。学習者オートノミーを考えるとき、特に日本の学校教育における学習者オートノミーについて考えるならば、ここを考えないといけない。

　学習者オートノミーの促進を阻害するも助長するも、結局のところ、我々が創り出す環境、あるいは我々の取り組み次第である。

なぜ英語教育に学習者オートノミーが必要か

> 「オートノミー」という言葉の定義については、多分皆さんがそれぞれ違うと思いますが、生徒が英語を通して成長してほしいという願いについては、皆さん一緒だと思うんです。(小笠原　p.260)[1]
> こういった生徒を育てたいというのをお互い話し合ったりとか、この教科の先生はこんなふうに思って授業をされているのかとか、そういったものを話す場があったら、学校としてはオートノマス・ラーナーを育てていくことになるのかなという感想です。(村上　p.262)

　なぜ日本の学校英語教育にオートノミーが必要なのか。一般的に考えられている理由はいくつかある。現代社会では、良くも悪くも実践的、即効性のある技能の習得が求められがちである。特に英語教育では、ビジネスに役立つような英語力を育てることが強く求められている。このことはTOEICの受験者数が、1990年には30万人、2000年には130万人、2011年には230万人と増加の一途をたどっていることからも分かるだろう。また、文部科学省の「英語が使える日本人のための行動計画」からも、ビジネスの場面で求められる英語力の向上に重きが置かれていることが見て取れる。さらに、学校運営の立場からは、人件費削減のために、教師や授業数を削減して自学自習を促進させる際のスローガンとしてオートノミーという概念を活用しようという動きもあるだろう。これらは、よく誤解されがちなオートノミーが必要とされる理由だったかもしれない。

　では日本の英語教育に学習者オートノミーが必要とされる本当の理由とは、一体何であろうか。この問いを考えるにあたり、まず我々は、「何のために英語を学ぶのか、英語を使って何をするのか、具体的に何かできるようになっているべきなのか」という問いについて、一度立ち止まってじっくり考えてみなければならない。

津田(2006)は次のように述べている。

> 英語教育の進むべき道を考えるときに、やはり英語教育の理念と目的について検討することが必要です。…実用教育だけでは教育の本来の目的が達成できないからです。…教育の根本は、人を育てること、人の人格を支援することであります。英語教育も例外であってはいけません。
>
> (pp.70–74)

　ここで考えなければならないことは、学校教育における学習者オートノミーの意義である。つまり、オートノミーを伸ばすことを考えるとき、「教育の質と育てるべき人材とはどのようなものか」について、全人的な視点に立って考えていく必要があるということである。そうでないならば、学校や教室は単なる技能習得だけの場となってしまう。

　本書では、日本の英語教育、制約の多い学校文脈における学習者オートノミーについて議論することを目的としている。海外の理論にではなく、日本の英語教育の歴史の中に、学習者オートノミーの源流のようなものは本当に存在しないのだろうか。本書の構想を練る中で、版元の松本さんから「オートノミーとはある意味で教育といういとなみ、そのものであるように思います」というコメントとともに、以下の斎藤喜博[2]の言葉を紹介していただいた。

> 私はそういう教育を認めない。自分だけの利益をはかり、他をおしのけても自分が先に出ようとするような、みにくい生活をする者を認めない。小さなほこりや、競争心や、嫉妬心や、名誉心ばかり持っている者を軽蔑する。ほめられよう認められよう、一番になろうとのみあせる、あさましい心を憎悪する。そしてそのかわり、<u>他との競争はなくとも、自己の進歩努力を喜ぶ、あすの自分と競争する、今の自分と競争し進展していこうとする、そして他と協力し、他の進歩を喜び励ますことのできる、そういう子どもをつくりたいと思う。</u>　（斎藤 1978 pp.15–16）（下線筆者）

これを読んだとき、「はっ」とさせられた。読者の方がこれを読んでどう感じるかは分からないが、「自分自身が斎藤喜博のいうような存在であるだろうか、またそのような教育ができているだろうか」と自分自身のことを振り返ってみると、反省させられることばかりであった。ある意味、これは日本における学習者オートノミーを考える上でも至言なのかもしれない。これが軍国主義一色の中で当時23歳の斎藤喜博により書かれた教育手記であることを考えると、このような人材を育てた教育は戦前にも存在していたと考えることができるからである。この記述が学習者オートノミーのすべてを網羅しているわけではないが、自己改善に取り組むという行為自体は学習者オートノミーの概念と合致していると言えるだろう。

　戦後、日本は急速な技術革新や経済成長を遂げたが、教育においては、ともすると当初あったはずの理念が欠落していき、我々は目に見える目先の結果のみを優先するようになっていたのかもしれない。資格や試験の点数、受験など目に見える結果を出すことは大事なことではあるが、その結果は「学習者の成長にとっての意味のある通過点」でなければならない。身につけた知識が将来どのように生かされるのかを学習者が認識していることが大切である。例えば、それは責任のある地球市民になるために通らなければならない通過点と考えてみると、結果の意義が学習者にも分かりやすくなり、学習者オートノミーにもつながるような知識や知恵となるのではないだろうか。

　ヨーロッパでの学習者オートノミーの議論の発端は、繰り返される戦争を回避できなかった反省にたって生まれてきたと言われている（例えばCamilleri 1999 p.35）。つまり、市民が自らのこととして問題を考える機会がなかったこと、声があったとしてもそれが当時の政治や政策に反映されなかったという歴史への反省である。日本もかつて、戦争を回避しようする努力が報われず戦争に突入していったと言われている。その原因の1つに、「決めることができない」、「疑問に思ったときに間違っていると言えない」、又は「単に批判だけして批判すること自体が目的になってしまう」というような不毛な議論がもたらしたものと考えることもできるかもしれない。

しかし、当時の人たちが流暢に英語を話すことができさえすれば、これを回避できただろうか。そうは思えない。それぞれに一市民としての問題意識と責任を伴ったクリティカル・シンキングという力がなければ、流暢な英語力も無力だからである。しかし仮に当時のこれらの人々が、そのようなクリティカル・シンキングの能力を持っていたとしても、一定の英語力がなければ、その力を駆使して問題の解決のために行動することもできない。また、クリティカル・シンキング技能と英語力がありさえすれば、問題は解決できるだろうか。これもそうとは言い切れない。望ましい社会をつくろうという志と理念がなければ、折角のこれらの技能も有効に使われるどころか、むしろ悪用されることさえある。これは歴史が繰り返し示してきたところである。英語教育に学習者オートノミーが必要である1つの理由は、ここにある。

図1　育てるべき英語学習者像

今、日本の英語教育は、「育てるべき人材とはどのようなものか、いかなる目的のためにどのような英語力をつけるのか、どのような学習機会や経験を提供するべきか」などについて大局的な観点から議論する時に来ている。私の考える育てるべき英語学習者像は図1にまとめられる。確かに、当時の日本にもっと多くの斎藤喜博のような人材がいたら、時代は変わっていたかもしれない。しかし、そのような時代にするには、そのような人材を育てる

教育が必要である。また、そのような教育を行うことのできる教師を育てる教師教育が必要である。

　日本の英語教育で学習者オートノミーの育成が求められる2つ目の理由は、現在の日本が直面している教育における格差の問題である。経済状況の厳しさが増す中、OECD加盟国のうちメキシコ・トルコ・アメリカについで4番目の貧困率14.9%の高さであり、過去30年間上昇傾向にある。両親の収入や意識の格差、地域の格差などによる、幼児の段階からの英会話学校での学習機会、受験のための学習機会など、格差拡大はより顕著にあらわれている。このような階層化される日本が持つ教育危機は、刈谷（2001）が繰り返し指摘してきたところである。

　格差が広ればどうなるか。社会が荒れる。かつて、昭和の時代においては、学力を子供につけさせるために親は一生懸命に働くという、親の強い思いがあったように思う。昭和30年代前半の話になるが、ビートたけしさんのお母さん「北野さき」さんは、かなりの教育ママだったようで、「貧乏は輪廻する」という信条を座右の銘としていたと聞いたことがある。その信条は、「お金がないと子供に十分な教育をつけさせることができない、教育が不十分なので子供の学力が身に付かない、学力が不十分なので大人になっても望むようなよい仕事につけない、よい仕事につけないから貧乏のままである、親が貧乏のままだから子供も同じように貧乏の道を歩む、この貧乏の輪廻を断ち切るためには学問しかない。」というものである。確かに、当時の北野さきさんのような教育ママは教育に熱心であっただろうが、教育の質まで考えていたかどうかは分からない。しかし、それだからこそ、教育の機会や質を考えることは、教育を提供する側の責任であると言えるだろう。

　何のために英語教育があるか、例えば、それは「人々が幸せになるため」だと考えてみてはどうだろうか。そう考えると、その目的のために使える確かな力を身につけさせることが英語教育の使命だと考えることができる。もちろん、いつの時代も競争はつきものであり、人々の経済的な格差もそう容易になくなるものでもない。しかし、教育にあたり、存在している格差を把

握し、学習者の学ぶ権利を保証するべく尽力できるのは、紛れもなく教師である。これは必ずしも設備の話だけではない。もちろん電子黒板や最新のコンピュータがあればすばらしいが、それがあったからといって、格差がなくなるというものでもない。

　学習者の学ぶ権利は、教師が学習者と一緒になってそれぞれの立場の責任者として授業をつくり上げる、そのような健全な環境のもとで保証される。英語が得意な学習者が多い場合も、英語が不得意な学習者が多い場合も、両方が混在する場合も、それぞれの学習者なりの立場での責任がある。つまり、権利主張だけにとどまることのない、責任をもった社会の構成員を育て上げる、そのような全人教育としての英語教育こそが、学習者オートノミーの理念と符号するものである。決してスキル習得をないがしろにするのではなく、教育において涵養するべきスキルの意味とその目的を明らかにした、理念のある全人教育、これが学習者オートノミーの前提であるといえよう。

教師の声[3] 1：生涯学習の視点

> 生涯学習ができる子は英語が好きな子ですよ。だから、英語の授業は楽しい授業にしないといけないというのはそこですよね。楽しいというか、その何か**達成感**とかね。ああ、こんなんわかった、こんなんおもしろいっていうふうな。それをずっと訳してね、これはこう訳、これはこう訳、先生の言うことずっとノートに、それが楽しいですかということ、多分ね、ほとんど楽しくないと思う。
> 　とにかく生徒は楽しいと思ったら、生徒は自然にやるから、そういう意味では、**仕掛けっていうか**、こういう風なのをいっておいて、それでぱっとこっち側からもっていく、そういう風に**仕向けて行**かないとだめですよね。生徒が楽しいと思えるように。

そして、学習者オートノミーが必要な3つ目の理由は、生涯学習の視点を含めた言語教育の必要性である。日本のような英語を使う機会が限定されているEFLの環境(外国語として英語を学ぶ環境)において、また受験が終われば英語学習から遠のきがちな大学生の現状を考えたとき、学習者が自らの目標に向かって主体的に学習を継続していくことは不可欠である。つまり、異なる背景をもち英語力の程度も違う学習者個々が、英語学習の必要性を感じ、自らのために、ひいては社会のために、生涯を通して英語を学習していくという行為主体者(Agent)になることが大切である。そのためには、その生涯を通して学び続けるという行為が社会の構成員として必要なことであると認識できる、そのような教育を受けていることが前提となる。

　一見、これは受験のための学習と背反すると考えられがちであるが、受験を学習者個々が定めた目標への通過点と考えてみてはどうだろうか。こう考えてみたら、教師は、生徒の目標設定を支援したり、受験の意義を理解するのを助けたりしつつ、将来にわたり彼らの学習が継続されるよう、教室において将来のための種をまいておくことも求められる。受験のための英語学習が大切であるのは当然のことである。しかし、受験のためだけに英語学習があるわけでもない。最近、高等学校ではディベートの活動を継続的に取り入れている教師も多く見られるようになったが(本書の棟安の実践を参照されたい)、これらの活動で身についた力が必ずしも大学入試で問われるとも限らないことを考えると、生徒の将来を考えてのことであろう。

　例えば、将来就きたい職業があるとする。お金や名誉のため、あるいは流行に影響を受けて、その職業に就きたいというならば、あるいは職に就いてもなおそのままであるならば、社会への貢献の意義を理解しないままであり、本当の意味で社会の構成員とはなっていないことになる。職に就くまでの学びはあくまで功利的なもので、社会の構成員としてその価値を内在化していないことになる。逆に、「この職に就いて、こんなことをやってみたい。そしてこのように社会に貢献できる人材になりたい。」という気持ちから、その職に就くために計画を立て、その学びが有意義なものとなるような大学

および学部に入ることができるように、受験勉強をする。このような人は、職を得てからも、やりたいことを実現するために、仲間と意見交換したり切磋琢磨したりして、試行錯誤を繰り返す。前者の場合、仮に高度な技能を持っていたとしても学び続ける生涯学習者であるともいえないし、自己学習はできたとしても自「律」的に学習できているとは言えないだろう。それゆえ学習者オートノミーを保持しているとも考えにくい。一方、後者の場合、自己の目標を達成するため、それぞれの立場で学び続ける、学習者オートノミーを持っている生涯学習者と言える。

第4に、独創性のある人材育成にはオートノミーが欠かせない。ノーベル物理学賞を受賞した江崎玲於奈（Esaki 2002）は、今後日本の教育が進むべき方向性としてオートノミーを挙げている。

> 我々は、今2つの文化の中に生きている。1つは、思慮分別のある心、過去の成果への畏敬の念、歴史からの学びを強調するという伝統的な文化である。もう1つは、進歩と新たな発見を求める創造的な心を育む現代的な文化である。教育の主たる目的は貴重な文化を次の世代に手渡すことであり、学校教育は思慮分別のある心を育てることを目指さねばならない。しかし、授業でただノートを写すだけで自分で考えないようでは、独創性は身に付かない。彼らが実際の社会に入ると、突然独創的なアイデアが求められることになる。そのために前者の文化から後者の文化へとスムーズに移行させることが必要である。オートノミーが与えられることで、動機づけが高まり、そこに独創性が生まれる。　　(p.8)

オートノミーを「教育のいとなみ」と考えるならば、これらの伝統的な文化と現代の文化を融合させ、本来過去にも存在した斉藤喜博のような高いレベルの教育のいとなみを「取り戻し」つつ、インターネットの普及で世界が近くなったグローバル時代における人類共生という要求に答えることができるよう、さらにその教育を進化させるということが大切になる。グローバル人

材育成が叫ばれ、スーパーサイエンスハイスクール(SSH)のプロジェクトが長きにわたり継続されている現状を見たとき、科学技術立国の日本にとって、学校英語教育におけるオートノミーが大切なことは明らかである。

スターンバーグ(Sternberg 2002)によると、知能には大きく分けて3種類あるという。

- 分析的知能(分析・比較対照・評価・説明・判断・批評の際に必要)
- 創造的知能(創作・デザイン・発明・想像・推測に必要)
- 実践的知能(行動・応用・遂行・採用・文脈化の際に必要)

日本の教育では分析的能力の向上がより重要視される傾向があるが、英語教育においては特にこれが顕著である。学習者オートノミーを育てるならば、これらの知能をバランスよく育てる教育が求められる。

> 「オートノミー」という言葉は、彼ら、彼女らにはあまりなじみがないと思うのですが、「プロジェクト学習を二年間やってきてどういうところがよかったか。どういう力が自分たちについたと思うか。」ということを質問しましたら、私が予想していた以上に、いろんな力が身についたと感じていることがわかりました。
> 　例えば、考える力がついたとか、自主的に行動ができるようになったとか、論理的に考えることが自分の日常生活の中で習慣化したのでいろんなことにチャレンジする姿勢が生まれたというようなことが回答に書かれていて、とてもうれしく思いました。(茶本　p.256)

最後の理由は、海外ばかりでなく日本においても近年みられるようになった「教員の質的保証」という時代の流れである。教員に保証されるべき資質が詳しく示され、それらが授業や教員の資質の改善に役立てられることは有意義なことである。しかし、ともするとこのような流れは、その技能の背

景にある教育理念や育てるべき人材像などを忘れさせ、理念なき技能向上の教育、例えば受験のためだけの教育とか就職のためだけの教育になりがちである。教員の質的保証自体は大切なことであるが、そういう時こそ、全人教育の視点にもとづいて一歩下がって学習者オートノミーの育成について考えてみる。そうすることで、質的保証の取り組みはさらに意味のあるものとなり、相乗効果を生み出すことが期待される（2～4部では、教師各々が考える「育てたい学習者像」や「学習者オートノミーの定義」を提示している。）

> 私は「学習者オートノミーを育てる」イコール、「生きていくオートノミーも一緒に育てていく」という思いに駆られたんです。学習も生きていくための1つで、それを通して人と協力していったり、自分の未来の夢が見つかったり、挫折はあるんだけどもどんどん力をつけていく。今の先生のご意見を聞いて、私はそれを思い出しました。（稲岡　p.266）

　これまでも学習者オートノミー（あるいはその一部）を促進しようと試みている教育は、日本に限らずどの国にも存在したし、現在も存在している。そのように感じている教師は決して少なくないだろうし、多くの教師が学習者オートノミーが大切であると感じていることだろう。しかし、学習者オートノミーとは一体どのようなもので、どのような取り組みのどの部分が学習者オートノミーの促進の試みと言えるのか分からず、その具体例を知りたいと思う人も多いに違いない。

　本書においては、後に述べる教師オートノミー・自己調整学習・行為主体性・教育哲学などを学習者オートノミーの概念の枠組みに存在するものと位置づけている（図2）。例えば、教師オートノミーは、学習者オートノミーの促進を目指さないのであれば専門的技能の開発の話にとどまってしまう。自己調整学習もそれだけでは効率的な学習に限定されてしまうが、学習者オートノミーの枠組みで教育哲学（長期的に育てたい学習者像）と合わせて捉えることで、大局的な視点で自己調整学習をみることができる。行為主体性も学

```
        教 育 哲 学
         ┌─────────┐
        │   自己   │
       │  教師 調整 │
       │ オートノミー 学習 │
        │   行為   │
        │  主体性  │
         └─────────┘
             ↓
      学習者オートノミー
```

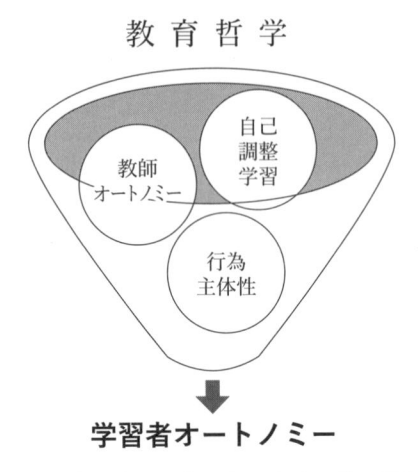

図2　学習者オートノミーとその他の概念

習者オートノミーを伸ばすためと位置づけることで、その役割がより明確になる。図2はこれらの関係を説明したものである。

　本書の役割は、読者に書いてあることを鵜呑みにしてもらうことではない。むしろ、本書で書かれたことを参照枠または参照点としながら、目の前の生徒の成長や状況を観察し、学習者オートノミーを見る際の独自の視点を構築することにつながる機会を提供することにある。

　本書で、必ずしもオートノミーの概念すべてを網羅して説明できる訳ではないだろうし、同意できない部分もあるだろう。また、執筆者全員がオートノミーの概念に対して全く同じ考えを持っている訳でもない。それぞれの考え方が尊重されるというのが、本来のオートノミーの概念であるからである。しかし、読者の皆さんが本書を読んで、今後実践を見るときに、オートノミーを促進するような部分があるかどうかを考える際の材料となるものを提供できたならば、編集者および執筆者一同としてはこの上ない喜びである。

（編者）

注
1 網掛け部分は、本書第5部に収録した座談会から編者が関連部分を抜き出したものである。
2 斎藤喜博(さいとう きはく、1911年3月20日–1981年7月24日)は群馬県出身の日本の教育者(元宮城教育大学教授)であり、『斎藤喜博全集』により第25回毎日出版文化賞を受賞した。
3 「教師の声」は、Nakata(2011)の研究に基づいており発言者の小笠原良浩さんの許可を得て掲載されている。

参考文献

Camilleri, G. (1999) The teacher's role in learner autonomy. In G. Camelleri (Ed.), *Learner autonomy: The teacher's views* (pp.35–40). Strasburg: Council of Europe.

Esaki, L. (2002, April 16) Autonomy, Zen sprit may help foster creativity in young people. *The Daily Yomiuri*, p.8.

刈谷剛彦(2001)『階層化日本教育危機 不平等再生産から意欲格差社会へ』有信堂

Nakata, Y. (2011) Teachers' readiness for promoting learner autonomy: A study of Japanese EFL high school teachers. *Teaching and Teacher Education*, 27(5), 900–910.

斎藤喜博(1978)『斎藤喜博全集1』国土社

Sternberg, R. L. (2002) The theory of successful intelligence and its implications for language aptitude testing. In P. Robinson (Ed.), *Individual differences and instructed language learning* (pp.13–43). Amsterdam: John Benjamins.

津田幸男(2006)「英語支配論による「メタ英語教育」のすすめ」大津由紀雄編『日本の英語教育に必要なこと』(pp.70–77). 慶應義塾大学出版会

第 1 部
学習者オートノミー　理論編

学習者のオートノミーとは何か

中田賀之（兵庫教育大学）

ジョン・デューイの教育哲学

　英語教育に哲学を持ち込もうとする多くの研究者が感じることは、「実学的な英語教育とはなじみが悪く、特に初学者にとって哲学に基づいた英語教育を考えることは困難を極める」ということである。私自身、素人ながら多少なりとも教育哲学に没頭していた時期があるが、入り込めば入り込むだけ結論づけることに困り、それを研究論文にする作業はさらに困難を極めた。本来、哲学自体が、結論を導きだすというよりも考える材料を提供するという役割を持つものであるが、当時の私には英語教育の持つ実践性と教育哲学の理念との関係性を整理することが困難だったのかもしれない。

　学習者オートノミーの概念は、ジョン・デューイの教育哲学にその源流があると言われている。教育一般では、彼の理論は頻繁に引用されているが、英語教育研究(特に日本の)において彼の名前を見ることは決して多くない。英語教育の持つ「実践性」というものが、生涯学習や人生における「人間の成長」というデューイが生涯を通して追い続けた課題と合致しなかったのかもしれない(中田 2004)。

　デューイは著書『民主主義と教育』(1916) の中で、「教育の目的は人々が自分たちの教育を続けていくことができるようにすることである。言い換えれば、学習の目的と成果は成長の可能性の持続である」としている(訳　松野 1975 p.162)。力のあるものからの外圧による知識伝達に過ぎない教育では、人々の活動的創造力や真の意味での知性を涵養することは困難であり、成長を妨げられてしまう、そのような教育は民主主義的ではない、というの

がデューイの主張である。デューイにとっての教育とは、子どもが社会に参加し、その社会で自己実現していく過程を意味しており、民主主義は人間の自己実現過程を障害なく自由に進行させるための社会条件であった（杉浦1995）。そのことは次の記述からも読み取ることができる。

> ある人の能力が他の人の能力と量的にどのように相違するかということは、教師にかかわりのある事柄ではない。…必要なことは、あらゆる個人が、意味のある活動において自分自身の力を使用する機会を持つようにすることなのである。　　　　　（Dewey 1916、訳　松野 1975 p.273）

　デューイの論考（例えば、Dewey 1916, 1938, 1956）を読み解いていくと、彼の教育哲学の礎となったものは、「人間には固定された能力というものは存在せず、教育においては、学習者が意味のある経験ができるような環境を整えることにより、彼らは学習者としても人間としても成長していくものである。その環境とは、各々が社会において意味のある構成員として互いにコミュニケーションをとり合うことができ、各々がそれぞれの形で社会に貢献しているという認識をもつことができるような民主的な社会である」という理念であることが分かる（中田 2004）。能力に関わらず生徒に意味のある学習ができる環境を提供するという主張は、学習者オートノミーの理論とも符合する。

　デューイが唱えた民主主義的な教育環境では、教師と学習者の関係性にも言及している。教師には教師としての社会の構成員としての役割があるように、学習者にも学習者としての社会の構成員として同じだけの責任がある（中田 2008）。教師には教師として取り組むべきこと、生徒には生徒として取り組むべきことがそれぞれあり、生徒が学習方法を習得し英語力を高めることをその責務とするように、教師は学習者のオートノミーを伸ばす環境を提供できるだけの自らの教授法と英語力の習得を目指して努力をしなければならない。教師（達）がオートノマスに学び続ける教師になる過程において、

時には学習者としての過去の失敗、授業における自らのミスを生徒の前で認める勇気と自信を持つことが必要であり、生徒もそのような教師の姿勢をみて自身も努力していかねばならないと気づくからである(中田 2008)。

さらに、デューイが唱えた民主主義的な教育環境とは、教師間の問題にもあてはめることができるだろう。社会の中で各々の立場で目的やアジェンダが違うのは当たり前のことであるが、各々が同じ社会に所属し、責任のある構成員としてそれぞれが置かれた立場から社会に貢献するよう取り組む。その過程で、立場や考え方の違いから意見が多少食い違うことがあっても、互いに違いを尊重しつつ向かうべき方向性を共有することで、むしろその違いは有益となるはずである。

しかし、デューイは、必ずしも彼の考える民主主義的な社会を実現する上での制約を排除すべきだと主張したのではない、と私は考えたい。むしろ、いずれの社会にも常に存在する一定の制約の存在は認めつつも、その制約を乗り越えていくように学習者を導くことのできる、そのような教育のありようを論じたのだと私は理解している。つまり、一定の制約の中においても、個々の様々な資質や興味に自由な発展を促しつつ、開かれた心、主体的に行動し感受する人間を育てる教育を目指した。

デューイ教育哲学のアジェンダは、次のようなものであったと考えられる。民主主義的な教育環境という理想を一方で挙げ、それと現実とのギャップを認識させることで、理想を実現する上での制約や障害の存在に気づかせ、所属する社会の向上のため社会にとって残すべき部分と変えるべき部分をそれぞれに責任を持って考えさせることにあった。それらの制約や障害を乗り越えていく過程を経てこそ、社会にとって意味のある構成員となるからである。このことは教師にも学習者にも当てはめて考えるべきだろう。

社会からの期待がある以上、学校教育において制約は存在する。何でも好きなことだけを学んだり、好きなように教えたりできるものではない。とするならば、制約を否定するのではなく、むしろ制約の中における学習の意義を理解させつつ、学習をより効果的にする教育が必要となる。

このことは、『学校と社会』の中で述べた復誦（復唱）のありようについてのデューイの見解からも見て取ることができる。

> 単に事実や真実を吸収するというだけのことなら、それはひとえに個人的な事柄であるので、利己主義に陥りがちになるのも、ごく自然なことである。単なる学識の習得には、なんらの明白な社会的動機もないし、また、そこで成功したところで、とり立てて社会的な利得があるわけでもない。どの子供が他者に先んじて、最も多量の知識を貯え、蓄積することに成功したかをみるために、復誦あるいは試験の結果が比較されているにすぎない。

> 自由なコミュニケーションの精神、すなわち、考え方や示唆や成果が以前の経験ではそれらが成功したことであっても、失敗したことであっても共に、それらを相互に取り交わすという精神こそが、本来の復誦のあり方を支配している基盤となるものである。ここで仲間との競い合いが行われるが、それは個人的に吸収された知識の量についてではなく、為された作業の質に関連して、個々の人を比較するという形でおこなわれるのである。形式にとらわれることなく、一段と深い浸透力をもったやり方で、学校生活は、社会的基盤のうえでみずからを組織することになる。　　　　　　　　　　　　（Dewey 1956、訳　市村 1998 pp.73-76）

これは復誦そのものを否定したのではなく、復誦の質、つまりそのありようを述べたものであるが、このような復誦は単なる「知識」ではなく「知恵」をもたらすことになり、学習者オートノミーの促進にも貢献するだろう。

　経験のある教師も新任の教師も、あるいは英語が得意な生徒も不得意な生徒も、同じ社会の構成員として、制約と対話しつつも、主体的に学ぶことのできる環境の創出を目指し互いに努力することが大切だ。そうすることで教育や学習は随分と変わってくるものである。

学習者オートノミーとは

> 私はオートノミーを構成する能力を箇条書きしたことがありますが、それを全部、授業で扱わなくても、どこかで何かが起こるかもしれない。(中略) 生徒が自分たちの手元を離れて何年かたったときに、その人がどういうふうになっているかというところまで見ていかないと、私たちの実践の成果というか結果はわからない。(青木　p.259)

　学習者オートノミーの問題は、学習者だけの問題だと誤解されがちだが、教師がそのための支援をできるか、それが可能な環境を創出できるかどうかの問題でもある。学習者オートノミーを考えた教育とは、教育者自身が、英語教育の目的や提供する学習経験の質を議論しながら、学習者とともに歩んでいくことである。英語教育者が取り組むべきは、「意見の背景を尊重する態度をもちながら相手の意見にも耳を傾け、書面においても口頭においても正しい英語で自身の意見を述べ、複数の他者と建設的な意見の交換ができ、理想的な学習者に近づくために努力し続ける素養をもつ、そのような英語学習者を育てる」(中田 2011b p.201) ことである。学習者オートノミーを育てることは、英語力のある利己的な人材を育てることではない。他者へ配慮ができ、自身を内省でき、社会の責任のある市民として、組織の構成員として、主体的かつ長期的に活動できる技能と心を身につけるよう学習者を導くことである(中田 2011a)。

　このように解釈すると、学習者オートノミーという概念が、必ずしも教育において教師や学習者がより多くの自由度が与えられているとか、西洋における特有の概念ということでもなくなる。安易にすべての制約に反対するのではなく、もし社会的に必要な制約があるならば、その制約とともに生きることも必要だ。社会にあるいは学校に制約がつきものであるならば、制約の中で学習者のオートノミーを伸ばす方法を考えることも大切だろう。オート

第1部　学習者オートノミー　理論編

ノミーの理論もそのためのものでなければならない。なぜなら、その制約が社会にとって意味のあるものであるならば、子供がやがて社会に出たとき、その制約とつきあっていかなければならないからである。学校教育においてオートノミーを育てるには、一歩下がって自らにとっての制約の意味を考えることのできる人材を育てることも求められる。制約があるからこそ、その制約に応じたオートノミーが発達するものでもある。

　では一体、学習者オートノミーとは何なのか。オートノミーについて議論する際、「その概念があまりに抽象的かつ曖昧で、結局何のことかわからない」という人がいる。こう感じる人がいる以上、我々はこの点から目を背けるべきではない。オートノミーの研究は、様々な議論を引き起こすだけの力と幅を持つものであるべきだ。しかし、同時に具体的にこうであるという「わかりやすさ」も追求していかないと、多くの人は「やはり英語教育は実学的でなければ意味がない」という結論を下してしまいかねない。そうなると、オートノミーも、わかる人、興味のある人たちだけの議論に終わってしまうことになる。これでは、結局これまで誤解されてきたオートノミーは誤解されたままで、わかる人とわからない人、わかろうとする人とわかろうとしない人が生まれ、これらの間にさらなる乖離を生むだけである。本書はこの課題に取り組むべく書かれたものである。

特徴

　まずは、どのようなことができることが学習者オートノミーなのか、学習者オートノミーを特徴づけるものについて考えてみたい。

・英語学習者としての強みや弱点を把握する
・英語学習における目標を設定する
・学校の外で英語をどのように学ぶかを決める
・自身の英語学習過程や英語力を評価する
・英語を学ぶことに自らを動機づける

- 教師からだけではなく、クラスメートからも学ぶ
- 英語学習に自ら取り組む態度を持つ
- 学習に関して意見を言う機会を与える
- 教師から教えてもらうのを待つのではなく、自ら進んで英語学習に取り組む
- 教室で何を学ぶかについて意見を言う 　　　　　　　　　　（Chang 2007）

側面

　しかし、上記の特徴すべてがそろわないと学習者オートノミーがないということではない。学習者オートノミーには大きく分けて3つの側面があり、総合的にオートノミーの程度を評価するものである。

　オートノミーは、決して技能論だけではないと、先に述べた。英語力自体がそもそも多面的であるが、英語で出来ることが多いというだけで、必ずしも高度な学習者オートノミーを保持しているとも限らない。Benson (2010) が言うように、学習者オートノミーには観察可能な部分とそれが不可能な部分とがあり、①「〜ができる」という行動面のコントロールをあらわす程度、②「〜をやろう、興味がある」という心理面のコントロールをあらわす程度、③置かれた状況のコントロールをあらわす程度など、主に3つの側面から構成されているからである。

発達

　学習者オートノミーは多面的であるが、その発達の過程はダイナミックなものでもある。学習者オートノミーの発達過程における特徴を考える上で、まず、「オートノミーは本来すべての人間に生得的に備わっている」という前提に立ちたい。その上で、学習者オートノミーは、特にその機能の拡張の段階においては、以下3つの側面があり、個人が置かれている環境の中でそれぞれ発達していくものであることをおさえたい。第一は、「人間としてオートノマスである」こと。例えば、部活のキャプテンをしてチームをまとめあげて、その活動においては自身も選手としてオートノマスである人材。

引っ張ってくれるリーダーがいれば、それについていくことが出来るオートノミーもあるだろう。つまり、社会性の伴ったオートノミーの側面である。この側面のオートノミーを持つ学習者には、意味のある経験を通して、将来他の部分を伸ばす可能性がある。第二は、言語学習に限定せず学習一般をさす「学習者一般としてオートノマスである」こと。学ぶという行為に関して自律的に学習できるということを意味し、将来言語学習にも広がる可能性がある。第三に、「言語学習に特化してオートノマスである」ということ。他の科目ではそれほどオートノマスでないかもしれないが、言語学習のオートノミー（特に学習方略など）が高度になっていく過程で将来他のオートノミーの側面も拡張する可能性がある。

　図3にもあるように、オートノミーの機能の発達は、社会的・文化的・政策的要因などの影響を受ける。Littlewood (1999) は、学習者オートノミーには、積極的オートノミー (Proactive autonomy) と反応的オートノミー (Reactive autonomy) の2つの形態があるとした。前者は、学習者自らが学習をコントロールし、目標を決め、学習方法を選択し、評価するというオートノミーの形態である。一方後者は、与えられた課題をこなすために、自ら進んで自分のやり方で学んだり、他者と一緒に学んだりするというオートノミーの形態である。Littlewoodによると、東アジアの学習者の多くは、学習経験の影響で反応的オートノミーを保持していることが多いが、西洋の学習者と同じオートノミーの機能を保持しており、特にグループ活動に取り組んだ場合は、両方のオートノミーの形態が発達するという。

　学校教育においては、学校や教師というフィルターを通して、意味のある学習経験の機会を与えられた場合には、本来備わったオートノミーの機能が高度に拡張する。学校教育においては、際限のない選択の機会があるものではないが、制限の中であっても選択の機会をつくることは可能であり、限られた選択の機会であっても、その価値を内在化する経験を経た場合には、意味のある経験を経たことになる。オートノミーの発達過程には制約がつきものであるため、何らかの理由で本来広がるべき機能が拡張しにくいこともあ

オートノミーが拡張していない状況　　　オートノミーが拡大した状況

図の説明：言語学習者／学習者一般／一人の人間／オートノミーの範囲／生得的なオートノミー／意味のある学習経験／フィルター（両親・教師・学校）／環境（社会的要因・文化的要因・政策的要因）

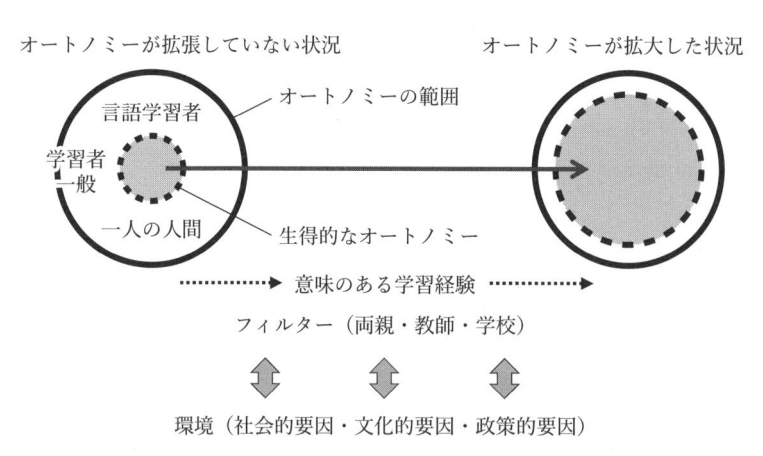

図3　学校文脈における教師オートノミーの発達（Nakata 2009b を改変）

るが、教師の教室環境づくりや学習者個々の支援によってその障害はある程度取り除かれることは可能である。

　最後にもう1つ注意したいことは、オートノミーは拡張する可能性があるが、必ずしも上限があるというものではない、ということである。ある段階に到達したならばまた次の段階のオートノミーを目指す、オートノミーとはそういう概念である。この考えに立つならば、学習者オートノミーの程度は、容易に他者と比較できるものでも終わりがあるものでもない、ということになる。

学習者オートノミーを育てる環境づくり

教師の声2：授業の制約

極端な話、和訳の授業だけずっとやっていても、模擬試験の結果とか大学の進学率がよかったらそれでいい。そうなってしまうこともある。要するに、大学に何人は入った［合格した］とか、そうい

> う風なところがある、現実問題。僕も若い時は、結構「オーラルで
> やるぞ」とか「あの学年の先生はなんや［何だ］」とか言ってたけ
> ど、結局その学年の方の成績がずっと良い。そうするとこちらが「何
> 言ってるの？」という風になってしまう。

　学習者のオートノミーを伸ばすためには、そのための環境をつくらないといけない。概念的には、デューイの考える教育における民主主義的環境は、共有できるものであろう。青木（2010）の唱える、学習者オートノミーを支える3つの社会的条件（マクロのレベル・ミクロのレベル・メゾのレベル）は、「では、具体的にどうすればよいのか」という疑問に答えてくれるものである。なぜなら、教師が実践をする上で、学習者オートノミーを促進しようしたとき、そのための内省を支援してくれるからである。

マクロ・レベル
　第二言語使用者を取り巻く経済、社会、政治などの条件

- 学習の時間と場所を確保するための制度はあるか
- リソースに自由にアクセスできるか
- 学習の成果は社会的に認知されるか

　例えば、社会が学歴や大学入試の結果しか重視しない環境であったならば、教室内でいくら自己表現の活動やディベート活動をやってみても、その活動を通してオートノミーを伸ばすことは難しくなるだろう。また、高度な教育機器があればよいが、その有無だけで学習者オートノミーの促進が左右されるということでもないだろう。生徒が様々なリソースにアクセスしやすくなるような工夫を少しずつ加えることで（インターネットでの検索を手助けするとか）、学習者オートノミーを育てる環境は随分改善されるものである。

ミクロ・レベル

　第二言語使用者が社会的インターアクションを通して、特定の行動が他者の助力を得られればできる段階から、自力でできる段階に至るまでの一瞬一瞬の過程（言語の微視的発生）(Ohta 2001)

- 会話の相手は言語の微視的発生に適した環境をつくるために学習者が会話の流れをコントロールするのを許しているか
- 理解しよう、意味の交渉をしようという気持ちがあるか
- 学習者が理解できるように発話を調整しているか
- 学習者が発話できるように十分待っているか
- 学習者が言語項目を記憶に留めるためにプライベート・スピーチをする時間をつくっているか
- 学習者が援助を求めた時に過不足なく助けているか

　このミクロ・レベルの条件は、生徒にとっての言語インプットが、生徒の中に取り込まれてインテイクとなり、生徒の知識として蓄積されるような授業における教師の働きかけや工夫を示している。同時に、学習者個々の背景を理解し、発達を考慮した上での、学習者に応じた場面に即した教室内英語の使用を意味している。能力や進路に関係なく、それぞれの学習者がその人なりに主体的に学習に取り組むことのできるように質問や支援をする。つまり、それぞれの場面で求められる生徒のオートノミーを伸ばすための足場掛け（Scaffolding; Bruner 1983）である。そのためには生徒の状況を把握していなければならない。教師および仲間の支援によって学習者のオートノミーは発達する。（これらについては、本書の稲岡の実践・座談会を参照されたい。）

　同時にプライベートスピーチにあるように、学習者が自らのもう一人の自分と対話（自己内対話）をすることで、自らがオートノマスになる。これはオートノミーの育つ過程においては、ただ自分で学習するという意味の自立性（independence）のみならず他者（教師やクラスメイト）とのやり取りや助け

合いにより学習する相互依存性（interdependence）を内包していることが分かる（Little 1995）。

メゾ・レベル
　第二言語使用者が日常生活で接する人々を取り巻く経済、社会、政治などの条件

- 周囲の人々は学習者が特定の言語を学ぶことに対して理解があるか
- この人たちは学習者が第二言語使用者としてのアイデンティティを構築するのを助けているか
- この人たちは差異に寛容であるか

　教室には能力や背景において様々な学習者がいるが、互いを尊重できる環境があることで、学習者のオートノミーは伸ばされる。30〜40人を対象とした教師主導による授業であっても、教師の対応や環境づくり次第で学習者オートノミーは伸びることもある。逆に、15〜20人程度の教室で、オーラルの活動をしていても、学習者各々が主体的に学ぶことできる環境を提供しないならば、学習者オートノミーは育たないことになる。このマクロおよびメゾ・レベルの条件は、デューイの考える民主主義的な教育環境の程度を示していると考えることができる。

生徒の学習のプロセスを理解する―自己調整学習

　前項では、学習者オートノミーを伸ばすための条件について述べた。ここでは学習者のプロセスについて自己調整学習の観点から考えてみたい。
　学習者オートノミーを議論する際、自己調整学習と同義に捉える研究者もいるが（例えば、衣川 2010）、学習者オートノミーの研究において、自己調整学習のメカニズムそのものを扱った先行研究はほとんど見当たらず、学習

者オートノミーが自己調整学習と同義であるとは言いがたい。しかしながら、自己調整できている学習者は、行為主体者（agent）である。その限りにおいては、自己調整学習が学習者オートノミーとも関連があることに間違いはない。先に、学習者オートノミーの促進には育てるべき学習者像という理念の存在が前提であると述べたが、自己調整学習が理念を伴うものであるならば、そのような自己調整学習は学習者オートノミーに内包されると考えることができる。

　学習者オートノミーをいかに促進させるかを考えるならば、自己調整学習のプロセスを考えることも大切なはずである。青木・中田（2011）の「あとがき」で、学習者オートノミーを促進する上で重要なこととして、「適切な助力を提供できる、あるいは出し過ぎと引き過ぎの幅が少なくする」ことを挙げた。このことを理解するには、学習者がどのようなプロセスで学習しているのかを考える必要があるだろう。自己調整学習について考えることで、学習者オートノミーの理論が実践者にもより具体的に分かりやすくなることが期待されるからである。少なくとも学習のプロセスに関しては、そう言ってよいだろう。

　まず、自己調整とはどのようなものか説明することから始めたい。みなさんの知っている理想的な学習者の特徴を思い浮かべてほしい。理想的な学習者は、「学習を楽しみ、学習の目標を立て、自身の学習をコントロールし、学習の過程をモニターし、成果を評価し、必要な修正を加えながら、建設的な学習を継続する」ことができる（Nakata 2010）。Zimmerman（2001）は自己調整学習を「自己調整は、知的能力でも学業成績のスキルでもなく、自発的過程のことであり、その過程を通して学習者たちは、自分たちの知的能力を課題に関連した学業スキルと変換するのである」（p.2）と定義している。言い換えれば、学習者がメタ認知、動機づけ、行動において自分自身の学習に能動的に関与していることである。つまり「英語力がついていると実感している」「自身にあった学習方法を確立している」「目標を含めた学習の意義を内在化して自分のものにしている」「長期的な視点に立った英語学習に取り組

んでいる」という自己調整学習が出来ている段階である。このような学習者は、以下のような情意要因・認知要因・行動において高度な状況を維持できている(中田 2011)。

- 情意要因(affect)「やっていることに意義を見出す」「できると思う」「やる気になる」
- 認知要因(cognition)「出来ているという認識を持つ」「できる事とできない事とを区別できる」「できない理由を理解する」
- 行動(behavior)「〜しようという気持ちになるだけでなく、実際に目標を設定し、学習行動に移すことができる」

　自己調整学習には大きく分けて「予見」「遂行コントロール」「自己省察」の3つの段階があり(Zimmerman 2000)、学習者はこのサイクルを繰り返しながら成長していくと考えられている。次のように自己調整学習のループ(循環的)のプロセスができあがる(伊藤 2009; Zimmerman 2000)。

予見の段階(目標設定・方略の計画・自己効力感・興味)
　　　　学習者は、何らかの目標を設定し、学習計画を立て、「やればできる」という自己効力感を持ち、学習に興味づけをする、など効率的な学習のための下準備をする。
遂行コントロールの段階(注意の焦点化・自己教示・自己モニタリング)
　　　　学習者は自らの学習がうまくいくよう、必要なところに注意を焦点化し、自己教示し、自らの学習の過程をモニターする。
自己省察の段階(自己評価・原因帰属・自己反応・適応)
　　　　学習者は自らの成果の程度を評価し、「なぜうまくいったのか、いかなかったのか」ということについての成果の原因を定め、学習の方法に問題があると判断した場合はより良い方法を考える(適応)ことで次のレベルの「予見段階」に反映される。

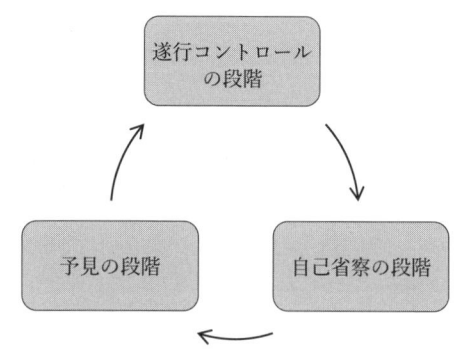

図4 学習者の自己調整学習ループ（Zimmerman 2000 をもとに作成）

　多かれ少なかれ、学習者はこの自己調整学習ループのどこかに問題を抱えている。自己調整学習のループが確立された学習者の場合は、教師はその様子を観察するだけでよいが、そうでない場合は、このループのどこに問題があり、それぞれの学習者にどのような支援をするべきか考えないといけない（支援のありようの具体については、後述する）。
　この自己調整学習プロセスという観点から大きく2つのタイプの学習者の特徴を提供したのが表1（Zimmerman 1998）である。未熟者は、基本的に非常に他者への依存心が強く、学習目的が明確でなく、学習を否定的に捉え、結果を恐れている。誤りへの恐れから学習することを避けつつ表面的な結果のみを追求するため、学習に集中できず、自己調整学習のプロセスがスムーズにすすまない。また、学習の成果の予測についても悲観的であるため、学習に結びつかない。学習の成果を帰属させる際も、学習のやり方ではなく、自らの能力に帰属させることが多い。
　逆に熟達者は、学習目標が明瞭で、学習を肯定的に捉え、間違いから学ぶことができるため、学習に集中でき、学習方法を改善できるため、自己調整学習のプロセスはよりスムーズである。仮に思うような結果が出なかった場合でも、その原因を学習のやり方に帰属させ、その理由を明らかにし、今後の学習の改善に役立たせる。

言うまでもなく、学習者をこのように単純に2つのタイプに分けてしまうことは危険である。この2つのタイプは連続線上に存在するし、個々の自己調整の程度も多面的であり、その発達過程もそれぞれ固有のものである。しかし、これらの全体的な違いを理解することは、学習者を理解する上での考える材料となる（自己調整学習の実践は、津田の章をご覧頂きたい）。

学習方略の研究では、**熟達した学習者**の学習方法を精緻に分析し、それができていない**未熟な学習者**に効率的な学習方法を教えようとしてきた。しかし、実践においてはそれではうまくいかない。上に挙げられた2つのタイプの学習者を連続した線の上に捉えることが大切である。教師はその前提に立ち、学習者個々がどの部分ができ、どの部分ができていないのかを把握し、それぞれに適した支援のあり方を考え、その変化をモニターしつつ、対応を柔軟に変えていくことが求められるからである。それが学習者オートノミーに内包される自己調整学習を育てることでもある。

表1　自己調整学習における未熟者と熟達者

自己調整の段階	自己調整学習者の区分	
	未熟な学習者	熟達した学習者
予見	曖昧で、遠くに設定された目標	具体的で段階的に設定された目標
	遂行目標志向	習得目標志向
	自己効力感が低い	自己効力感が高い
	興味関心が低い	内発的興味あり
遂行コントロール	様々なことを考え集中力が散漫	課題の遂行に集中する
	セルフ・ハンディキャップ方略	一歩下がって考え、自己教育する
	結果を重視して自己評価する	過程を重視して自己評価する
自己省察	自己評価を避ける	自己評価をする
	能力に帰属させる	学習方略や実践に帰属させる
	否定的に反応する	肯定的に反応する
	適応力が不足している	柔軟に対応できる

（Zimmerman 1998をもとに作成）

自己調整学習を支援する

> 愚痴をこぼすべき時にこぼせるというのは、力じゃないかと思います。「大学、つまんないね」と。それは、ある意味で、人にちゃんと助けを求めたり、人に頼れるということかもしれないですよね。(松本　p.278)

　先に述べたように、自己調整学習のプロセスを効率的に進める学習者もいれば、どこかの段階において情意・認知・行動のいずれかに問題を抱えて効率的に学習を進めることができずにいる学習者もいる。Newman (2008) は「適切な支援を求めることができる学習者」と「適切な支援を求めることができない学習者」の特徴を以下のようにまとめている。

適切な支援を求めことができる学習者
　自己調整学習のプロセスが促進されるように、適切な助けを適切な相手に求め、その助けを自らの学習に生かすことができる。分かっていること・分からないことを精査し、質問のポイントを明らかにした上で、教師や友人に自らの能力向上に役立つようなアドバイスを依頼することができるからである。

適切な支援を求めることができない学習者
　本当は自分でできる問題でも教師に答えてもらおうとして、その場しのぎの対応に終始し、教師がこのような依頼に応じた場合は、彼らの学びは消滅することになる。あるいは、助けがないと学びにつながらないのに、独自で課題に取り組もうとする。この場合、彼らの学習者としての成長につながらず、自己調整学習のループもスムーズに進まない。

　ここで提示された学習者の求める支援の質から、学習者が行為主体者となる過程において教師が与えるべき支援をも考えることができるだろう。教師

は、後者のような学習者はもちろんのこと、前者のような学習者に対しても不要な支援は慎みつつ、必要な支援のみを学習者に提供できるよう、学習者のニーズを見極め、場面場面で適切な対応を判断しなければならない。

さらに、その前提として、学習者とのしっかりとした信頼関係を築くことである (Newman 2008)。この信頼関係がないと、学習者は求めたい助けを教師に求めないことがあり、それは教師の側の問題であるとも考えられる。教師は、まず学習者の心の内面を解明し、学習者が自ら教師や仲間に必要な支援を求めることができるよう導くべきである。そのために、必要以上の助けを与えることのない「勇気」と「余裕」を持つことである。「生徒に助けが本当に必要か」、「無用な助けを提供していないか」、「本人の自己調整学習につながる支援をしているか」、「学習者自身に考える余地と責任を与えているか」などを考えることが大切である。このようなプロセスを経て、学習者は徐々に自らの学習に責任を持つようになり、言語学習における行為主体者への道を歩み始めるからである。

自己調整学習のプロセスにおいては、効率的な学び方を教えたり、目標の設定を手伝ったり、選択肢を示したり、うまくいかない理由やうまくいった理由を考えさせたり、ヒントを与えたり、不必要に過度な不安を取り除いたり、できると思わせたりと、「学び方」(技術面) と「気持ちの持ち方」(心理面) の両面における様々なサポートが必要になる。しかし、その過程において与える支援は、それぞれの学習者の状況に合わせた適度なものでなければならない。また、適度な支援をするためには、教師は学習者のみならず「過度な支援を与えてないか、あるいは必要以上に学習者を放ったらかしていないか」自らを振り返ることができなければならない (支援要請の例については、大目木の実践に見られる「生徒の声」を参考にされたい)。

教師主導から学習者主導への変換

学習者オートノミーの促進には、学習者が自身の学習においての行為主体

者にならなければならない。教師に依存し続けていては、学習者はいつまでたっても未熟な学習者のままで熟達した学習者にはなれない。熟達した学習者に育てるためには、教師は学習者が自ら自身の学習に責任を持てることのできるところまで導かねばならない。つまり、いつまでたっても教師の指示待ちをしている学習者から、自身の学習に責任を持って学習できるオートノマスな学習者へと変貌させることが必要なのである。

しかしながら、他でも述べたが、学習者中心の活動をしたからといって学習者オートノミーの促進に必ずしもつながるとは限らない(青木・中田 2011；山元 2011)。学習者が英語学習において行為主体者になることが不可欠であり、デューイ(1916)が指摘したように、意味のある経験を通して知識を再構築し既存の知識に統合されて初めて、後に主体的に使える知識とすることができるからである。言い換えれば、形式上教師中心の授業であるからといって(多くの場合はそうであろうが)、必ずしも学習者の行為主体性(agency; Haggard & Tsakiris 2009)が構築されないと断定できるものではなくなる(大目木の実践を参考にされたい)。

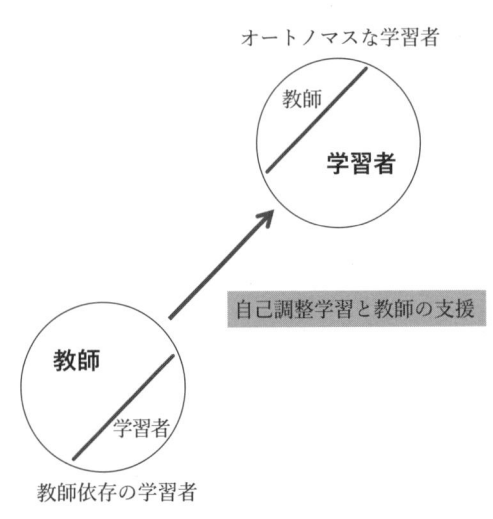

図5　学習の行為主体者の変遷

図5は、学習者が教師の指示を待ち、学習の行為主体者となれていない段階から、自己調整学習の経験を重ね、徐々に自身の学習に責任を持ちはじめることにより、教師依存から脱却し、学習の行為主体者となる過程を示している。学習者が自らの学習の行為主体者となるには、「教師主導の学習」から「学習者主導の学習」への学習のモードの変換が必要である。学習者が徐々に自らの学習に責任を持ち、自己調整学習を自分のものにしていくことにより可能になるからである。

学習者と教師の相互依存性

> 生徒が変容したという以上に、生徒の変化に刺激を受けたり、他の教科の先生方の取り組みに触発されたりして、教師自身が変わったことは意義深かったのではないかと思います。(茶本　p.263)
> 失敗を振り返ったあとに、自分に対するアドバイスが浮かんできて、次のときはクリアさせます。このヒントをすればあの子はぱっと書いたのに、それをそのときの思いつきでぱっと、言葉は多くなるんですよね。(稲岡　pp.271–272)

　学習者の自己調整学習を促進する上において、教師の内的対話が欠かせない。言い換えれば、学習者の自己調整学習と教師の自己調整も相互依存の関係になると考えることができる(中田 2014)。学習者が言語学習において行為主体者となるように導くには、教師が自らを内省できることが前提である。
　このことはオートノミーの概念にもあてはまる。確かに、オートノミーの概念には自立という要素も含まれるが、外国語教育において他者との交流のない完全な自立は、自立ではなく自閉である(Little 1995)。学習者がオートノマスになるような実践を行うことは、教師が不要であることを意味するのではなく、むしろ知識伝達者から学習の支援者へとその役割を変えることを意味する。その意味で、教師と学習者とは相互依存(interdependence)の関係

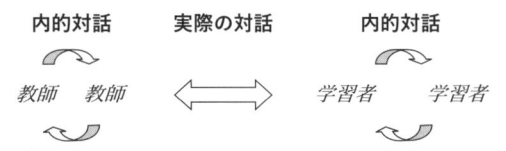

```
  内的対話      実際の対話      内的対話
    ⤶                           ⤶
   教師  教師  ⟺  学習者  学習者
                                 ⤶
```

図 6　教育的対話モデル（David Little の許可を得て作成した Nakata 2009a をもとに作成）

にある。このような考え方は、デューイの教育哲学とも符合するものである。

　教師と学習者の相互依存性は、Little (1995) の提唱する教育的対話の概念によりうまく説明することができる。その概念を図にしたのが教育的対話のモデルである (中田 2008; Nakata 2009a)。

　教室においては、教師は生徒に対して指導をし、生徒は教師に質問をする。そうすることで、お互いに**実際の発話による対話**を行う。そして、学習者である生徒は「教材・学習内容・授業などに価値があるか」「更なる努力をする価値があるか」など自らに問いかけをし、もう一人の自分と**内的対話**を行いつつ、実際に学ぶという行為をするかどうか決める。積極的に学ぶ行為に及ぶこともあれば、逆に消極的な行動や問題行動を起こす場合もあるだろう。もう1つの必要不可欠な対話は、教師自身が自己の授業や自らの専門的技能・英語力などを評価し批判的省察を加えるという**自己内対話**ができているかどうかである。生徒の自己調整学習の促進のために適切な支援をしようと思ったら、教師がもう一人の自分との自己内対話ができていなければならないからである。

　これら3つの対話が成立して初めて教育的対話が現実のものとなる。教師が自己内対話を継続していくことで、教師ばかりでなく学習者も次第にオートノマスになっていく。例えば、ポートフォリオを教育的対話の道具として使用することにより、教師と学習者の対話・学習者の内的対話・教師の内的対話それぞれが可能となり (Little 2001)、Can-Do list やシラバスの開発においても、教師間の実際の対話やそれぞれの内的対話が生まれる（第4部の澤田・今井や高塚の例）。

第1部　学習者オートノミー　理論編

学習者オートノミーを育てる授業

教師の声3：自律学習を促進する授業

> 生涯学習っていう、そういう意味での、自律した［オートノマスな］学習者を育てるためには、生徒の視点から見る授業構成というものをやっぱり教師が考えないといけないと思います。そこの部分と入試との兼ね合いがね、うまいことできるんでしょうけれども、効率を考えるとね、能率の良さっていうのを考えると、知識を詰め込む方が早いんですよ。その辺のすり合わせが難しい。やっぱり楽しいって思うのは、自分が何かをする、体験する、自分が何かする、動かしてみる、体を動かしてみる、何かやってみる。でも、知識を吸収するのは、その生徒が覚えるかどうかは別として、与える側として、言う方が絶対量が多いんですよ。その辺の兼ね合いやと思います。

　学校文脈において学習者オートノミーを伸ばす場所は、多くの場合教室（授業）ということになるだろう。我々多くの教師は、日々生徒と向き合いながら、生徒に意味のあることを「教えたい」「教えなければならない」という願望や強迫観念とも直面している。教師がこのような思いを持つことは、決して不思議なことではない。しかし、このような思いばかりが先立ちすぎたとき、ともすると、誰が学ぶのか「学びの主体」（行為主体者としての学習者）が分からなくなることがある。

　優秀な学習者にせよ問題行動を示す学習者にせよ、「学びの主体」は常に学習者にある。この前提に立つならば、教師はまず、生徒の学習を阻害する要因や促進する要因およびその過程について学ぶことから始めなければならない。そして、学習者自身が徐々に英語学習上の自身の問題に「気づき→改

善し→学習に取り込み→また評価する」という一連の自己調整学習のプロセスを理解することで、より学習者の取り組みを理解した指導が可能となる。これは、教師がどのような授業をするべきか、あるいはどのような支援をするべきかについて考えるための大事な前提条件の1つである。

しかし、学習者を知っているだけで、学習の主体者は学習者であることを前提とした教授が可能となるという訳でもないだろう。教師自身が自らの状況、技能や心情などを理解していなければ十分ではない。学習者と自らの両方を理解して初めて、学習の主体者は学習者であることを前提とした教授が可能になるからである。

本来人間には、「自分でやりたい」、「できるようになりたい」、「他者とかかわりたい」という3つの心理的欲求があると言われている(Deci & Ryan 1985)。これらの欲求や条件を満たすような授業においては、生徒は自然に主体的に学習すると考えられる(稲岡の実践を参照されたい)。

しかし、生徒の学習が教室に限定される現状を考えたとき、生徒が学校での学習をどのように判断するかが、個々の学習者としての成長に影響することが多いだろう。学校教育においては、すべて生徒任せで何でも好きにやらせればよいというものではない。社会から求められる人材を育てるという責任がある。それだからこそ、教師は生徒に社会規範やルール・制限を教えつつ、生徒のオートノミーを高めようとするのである。そこに各々の文脈における学習者と教室環境との対話が存在する。

この学習者オートノミーの概念が示す育てるべき人材像と符合するのが、Reeve (2006) が提唱するモデルである。生徒には内発的リソースというものがあり、教室において自己を表現するために、また他者とうまくやり取りをしたいという欲求から教室環境で学習に従事する。そこには先に示した3つの欲求の他に、自らの目標・好み・学習への価値判断・それに伴う努力の度合いなどがある。教師は生徒の内発的リソースを引き出すような教室をつくろうとするが、その環境次第で時に生徒の内的動機づけ要因を涵養することもあれば、その動きの邪魔をすることもある。アフォーダンスとは、理想の

第 1 部　学習者オートノミー　理論編

様々な要因が人に働きかけ動作や感情が生まれることを意味する。

　日本の学校教育においては、学習者にとっての英語学習機会は教室に限られることが多い。そう考えると、生徒は教師と対話しているだけでなく、教室と対話をしていることになる。自身の授業における行動は、学習者のオートノミーを支援しているか、学習者を統制しているかのいずれかである。それらを Reeve, Ryan, Deci & Jang（2008 p.231）を基に以下にまとめた。

生徒は、教室において自己を表現するために、また他者とうまくやり取りをしたいという欲求から教室環境で学習に従事する。

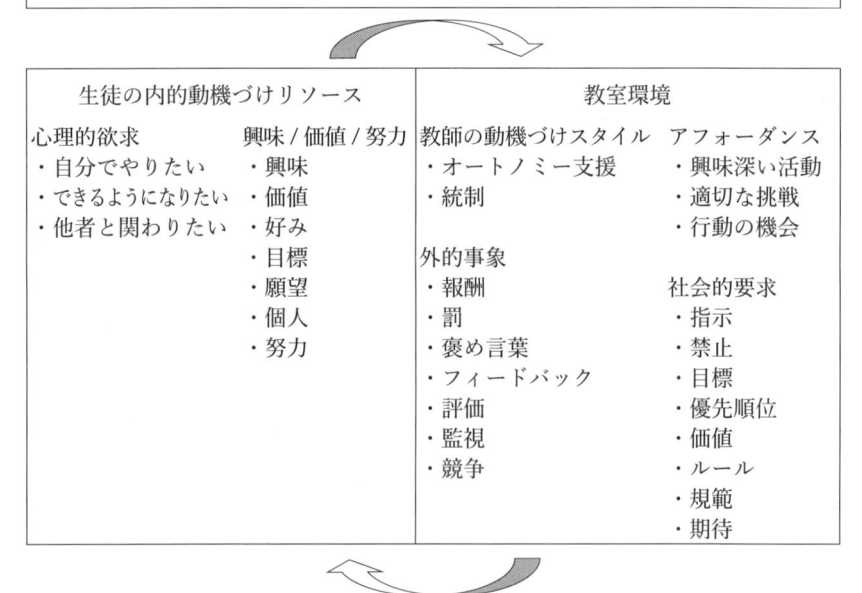

生徒の内的動機づけリソース		教室環境	
心理的欲求	興味／価値／努力	教師の動機づけスタイル	アフォーダンス
・自分でやりたい	・興味	・オートノミー支援	・興味深い活動
・できるようになりたい	・価値	・統制	・適切な挑戦
・他者と関わりたい	・好み		・行動の機会
	・目標	外的事象	
	・願望	・報酬	社会的要求
	・個人	・罰	・指示
	・努力	・褒め言葉	・禁止
		・フィードバック	・目標
		・評価	・優先順位
		・監視	・価値
		・競争	・ルール
			・規範
			・期待

教室環境は、時に生徒の内的動機づけ要因を涵養することもあれば、逆にその動きの邪魔をすることもある。

図 7　自己決定意志論による対話的関係の枠組み（Reeve 2006 をもとに作成）
　＊自己決定意志論においては、上記の 3 つの心理的欲求は、autonomy, competence, relatedness と言う用語で説明されているが、本書では用語の混乱を避けるため「自分でやりたい」「できるようになりたい」「他者とかかわりたい」という説明にとどめることとする。

オートノミー支援の教授行動
- 生徒の話を注意深く聞く
- 生徒のニーズを捉え、生徒が自分なりのやり方で取り組む機会を与える
- 生徒の話す機会を提供する
- 生徒が受け身の姿勢にならず、自ら操作したり会話したりできるよう、教材や席を工夫する
- 努力を継続するよう励ます
- 生徒が向上したり、やり遂げたことに気づいたりしたときは、その理由とともに具体例を褒める
- 生徒が行き詰まっているときは、助け舟を出す
- 生徒が質問したり、コメントをしたりしたときは、その内容を精査しつつ、生徒の学習につながるように反応する
- 生徒の立場や経験を理解していることを頻繁に生徒に伝える

生徒を統制する教授行動
- 指示を出した通りに生徒にやらせる
- 「～しなさい」などの言葉を使い、やるべきことを明確に伝える
- 正しいやり方をはっきり示す
- 使用する教材や使用方法について、教師自らがすべて決める
- 指示が明確に伝わるようにイントネーションを工夫する

ここでよくよく考えてみると、よい教師は、生徒を統制する教授行動ばかりでなく、オートノミー支援の教授行動ばかりでもなく、それぞれの文脈や生徒にあうように、それら両方をうまく組み合わせた授業を行っているものである。そして、そのような授業こそが生徒の学習者オートノミーを伸ばしていると言える。

このことを教室内英語使用の英語授業という視点から考えてみると、その授業の目的は生徒の自発的な言語使用ということになり、授業においては、

それを可能にするだけの環境整備が必要ということになる（稲岡の実践例を参照されたい）。

足場掛けの重要性

> 最初の10年、15年は、教師なんだから自分で全部しようと思っていたんですね。で、今度はクラスの子に「どう思う？　あんな風な意見を言うけどどう思う？」ってしたらスムーズに動く。（中略）生徒同士でもっともっと学び合いをし、生徒同士の方が私よりももっと知り合っているんですよね。（稲岡 p.272）

　学習者オートノミーをいかに育てるかを考える上で、教師の手の出し過ぎと引き過ぎを最小限にするべきであると述べた（青木・中田 2011）。つまりそれは、様々な背景や語学力を持つ学習者が、それぞれの段階において学習の行為主体者になることのできる支援のありようを考えることだ。

　学習者が学習の行為主体者になるよう導くことを考えるには、「能力的な意味でその学習ができる準備ができているのか」、「それだけの努力をしようという気持ちになっているか」、「学習に価値を見いだしているのか」など、学習者の準備の度合いを理解することが大切である。たとえ教師が学習に価値を見いだすように生徒に言ったからといって、必ずしも生徒がそのようになる訳ではない。また、価値を見いだしていたからといって、あまりに生徒の能力とかけ離れたことをやらせて適切な支援をしないのであれば、学習者が真の意味で学習の行為主体者になることもないだろう。

　学習者には、学習者の気持ちを適切な程度支える情意的側面の支援と実際に課題ができる能力を育てるという認知的側面の支援（学習方略など）の両方が必要である（Brophy 1999）。Brophy（1999）は、教師はまず学習者それぞれの認知的な発達（理解のレベル）と情意的な発達（できると思う気持ち）を考

え、学習者各々の潜在的目標(学習者が気づいてないが本来目指すべき目標)を定めた上で、学習者が学習に価値を見いだして、学習に取り組むことができるように導いていくことが重要である、としている。学習者の学習価値の内在化の程度、潜在的目標に対する情意的および認知的な準備の程度などを勘案しつつ、潜在的目標を達成するに到るまでの細かい階層的目標を段階的に細かく設定しつつ、学習者それぞれにあった支援の質を考えることが大切だろう。

　このような学習者一人一人への支援を改善しようとする教師の取り組みが、ペアやグループワークなどの学習者同士の学び合いの際に学習者に転移することがある。よりできる学習者はもう一人の学習者を支援し、そのことに価値を見いだすようになる。また、支援される学習者も教師の取り組みを見つつ安心して学習に取り組むようになり、よりできる学習者の支援を受け入れつつ一緒に学ぶことで、教室内に自らの居場所を見つけるようになる。そうすることで支援する側もされる側も互いのオートノミーが促進される。このような経験を積んだ学習者は、今度は授業改善に貢献したり、教師を支援したりするようになる。結果として、学習者と教師の相互の支援が存在する、オートノミーの促進に適した環境が創出される。

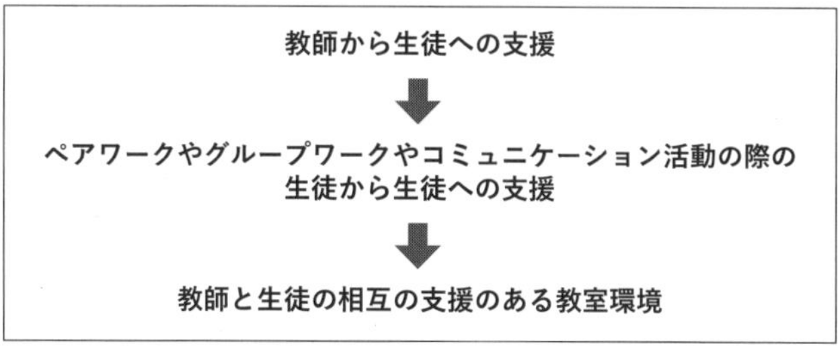

```
┌─────────────────────────────────┐
│        教師から生徒への支援        │
│              ⬇                   │
│ ペアワークやグループワークやコミュニケーション活動の際の │
│        生徒から生徒への支援        │
│              ⬇                   │
│   教師と生徒の相互の支援のある教室環境   │
└─────────────────────────────────┘
```

図8　足場掛けの転移

第1部　学習者オートノミー　理論編

教師オートノミー

　学習者オートノミーをいかに育てるかを考える上で、教師が自身のオートノミーをいかに育てるかを議論しないわけにはいかない。学習者をオートノマスにするには、まず教師が職業人としての自己をオートノマスに磨く姿勢を持つことが必要となる (Little 1995)。リトルはその条件として次の3つを挙げているが、4つ目として「学習者の理解」を加えたい(中田 2008)。

1. 教師自身がオートノマスな学習者になるとは如何なることか、体験を通して理解している。
2. 学習者が自己の学習を支配するために活用するのと同じように、教師が自らを振り返りながら、授業において専門的な技術を自律的に活用することができる。
3. 教室内で求められる英語力、つまり自律的な活動において教師に求められる様々な英語に熟達している。
4. 学習者のことを十分に理解している。

　学習者オートノミーの促進は、学習者オートノミーを促進するために教師がどのようになるべきかということであり、あくまでも教師オートノミーの存在が前提になっている。学習者オートノミー促進のために教師が担うべき役割は、生徒の学習経験や教育環境による制約や制限など様々な要因を考慮しつつも、教師自身の学習経験やそれにより影響されているかもしれない自身の教育観を理解し、また教師としての自身の力量の程度も把握しながら、学習者オートノミーを促進するような仕掛けと支援を工夫し続けることである (中田 2011a p.194)。教師オートノミーを特徴づけるのは、自身のやり方で、自身のペースで、自身の責任において行う、生涯にわたり個人が主体的に(少なくともその価値を理解して)取り組む自己研鑽であることである。この意味において、専門的知識の開発 (Professional development)(他者から押

しつけられるものであるならば)とは異なる概念である。

　教師がオートノミーを発展させる過程において必要なことは、存在する様々な制約と対峙するのではなく、対話することにより制約の中でできることを考えることである。所属する教育機関が許す程度に教師のオートノミーも伸びる(Howell, Mar 20 2013 mailing list)ということも、その通りだろう。しかし、同じ学校に勤める教師でもオートノミーの程度は様々であり、取り組み次第で様々な可能性があることも事実である。実際、後に紹介する様々なオートノミー実践例は、比較的制約が多いとされる日本の学校教育現場でのものである。

教師の声4：教材の制約

> やっぱり使う教材が決まっていて、僕たちが選ぶ場合がほとんどですけど、まあ二人か三人で話し合ってこの教科書使いましょうって決めてこなしていくだけ、もうカリキュラム上ここまで期末まで、中間までいかないといけないとかあるし、というようなかたちでやっているから、あまりにも流れができてしまっているというところがあると思いますね。

多くの教師は、その概念や用語を意識しているかどうかは別にして、実質的にはオートノマスな学習者を育てるべく教育にあたっているのではないだろうか。もし学習者オートノミーを促進しようとする実践や取り組みが存在しないならば、それは専門的知識や技能を持ち合わせていたとしても、教師オートノミーの大切な部分が欠如していると考えるべきではないだろうか。こう考えると、教師としての技能向上に努める部分も教師オートノミーではあるが、学習者オートノミーを促進するための実践なしに教師オートノミーは成立しない。

　この前提に立つならば、図9にあるように、教師オートノミー(Teacher

Autonomy）には、職業人として自己を向上させるプロフェッショナル・オートノミー（Professional Autonomy）と学習者オートノミーを促進する実践（Teaching Autonomy）の両方が内包されることになる（Nakata 2011）。この考えに基づき、教師オートノミーの代表的な特徴を以下に挙げた。

Professional Autonomy には以下の特徴が含まれる。
- 生徒の声を聞いて（アンケートなど）、生徒から学ぶ
- 英語教師として自身の強みや弱点を把握する
- 英語教師としての自身の目標を設定する
- 学校外で英語教師として自分が何をどのように学ぶかを決める
- 自身の授業の実態や授業力を評価する
- 英語教師としての自身の英語力を評価する
- 英語教師としての授業力向上へむけて自らを動機づける
- 英語教師としての英語力向上へむけて自らを動機づける
- 教師仲間や外部の教師から学ぶ
- 授業改善に自主的に取り組む態度を持つ
- 自身の英語力向上に自主的に取り組む態度を持つ

Teaching Autonomy に含まれる特徴は以下の通りである。
- 先に挙げた学習者オートノミーの特徴にあてはまる実践を行っている
- 学習者のオートノミーの意味を考えつつ、授業に取り組んでいる
- 学習者の学習のメカニズム（自己調整学習を阻害するものと促進するもの）を理解する
- 個々の学習者オートノミーを伸ばすような、学習者が学習の行為主体者になれるような授業の工夫を行っている
- 様々な背景を持つ学習者が学習の行為主体者になれるよう、生徒の背景や状況を勘案し、英語のレベルや発話スピード・ポーズを調整しつつ、英語での授業を行っている

- 学習者オートノミーの促進を目指して、授業や教材について他の教師と意見交換をする　　　　　　　　　　　　　　（Nakata 2011 を改変）

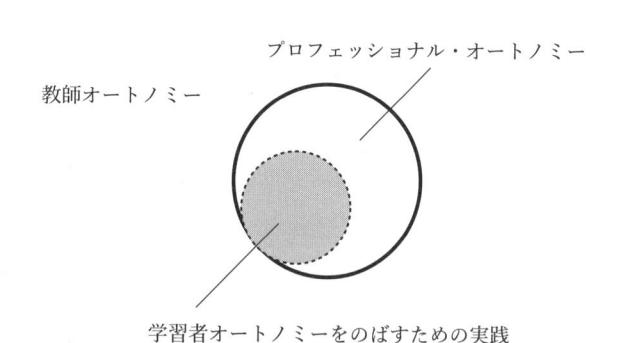

図9　教師オートノミーモデル（Nakata 2011 をもとに作成）

しかし、これらすべての要素が揃わない教師はオートノマスではない、という訳ではない。他でも述べたが(Nakata 2011)、行動面・状況面・心理面の3つの側面から全体的にオートノミーの程度を判断するものであるからである。

行動面：学習者オートノミーを促進させる実践を行っている程度
状況面：学習者個々に適したオートノミー促進の方法を理解している程度
心理面：学習者オートノミーを促進させるための技能の向上と実践の取り
　　　　組みをする意志の程度

教師オートノミーの発達段階

では教師オートノミーはどのような発達過程をたどるのか。上にも述べたように、学習者オートノミーを伸ばす試みをする上で、教師が自らの状況を把握していることは大切なことである。その発達過程には、大きく分けて4

つの段階があると考える。この４つの段階は明確に分かれるものではなく、徐々に傾向が教師各々に特有のかたちで顕われてくるというものである。

以下は、他で論じたプロフェッショナル・オートノミーの側面に（中田 2008; Nakata 2009b）、学習者オートノミーを促進する実践という側面をいれて論じたものである（教師又は教師集団のオートノミーの発達過程については高塚の章を参照されたい）。

第一段階と第二段階

まずは、学習者を知ること。例えば、ニーズ分析やリアクション・ペーパーなどを通して生徒の声に耳を傾け、自身の授業や教師としての自身の実態に気づくことから始める。ここでは、生徒の学習歴・英語力の認識・間違いへのフィードバックなどについての声を聞くことができる。このような気づきは、教師に疑問をもたらし、オートノマスになりたいと感じ、自身の英語力と教授力の向上に挑戦しようと試みる第二段階へ進む契機となるだろう。ここでは、少なくとも学習者オートノミーを伸ばすということに関心があることが望ましい。オートノミーを伸ばすある実践を見て、こんなことをやってみたいというような衝動にかられるだけでもよい。

第二段階から第三段階への壁

第二段階から第三段階へと進むために、乗り越えなければならない壁があり、そのためには、「気づき」「同僚性」「行為主体性」が鍵になってくる。

自身の英語力や授業力の実態を知れば知るほど、その意味での「気づき」が高まることで自信喪失になることもある。英語教師としてのキャリアに関係なく、自らの欠点と対峙することは誰にとっても決して容易なことではなく、他者とそれを議論するとなるとさらに大きな精神的負担に違いない。議論する相手が気の許せる相手であればいいが、お互いをさらけ出したことのない相手の場合は大変な葛藤がうまれることも十分に考えられる。

だからこそ、気の許せる仲間の薦めや支え、そして互いに学ぶ環境という

意味での「同僚性」が必要になる。この同僚性とは、単に職場に仲間がいるという意味ではない。また、同じ学校に勤務する英語教師に限定するものでもない。ここでいう同僚性とは、教師としての立場や背景や信条は違えども、相手の成長を願い、本人が自ら様々な点に気づくよう支援する、互いの向上に取り組む仲間のことである。気心の知れた外部の英語教師や考え方の近い外部の教師仲間との同僚性もあるだろう。これは、斎藤喜博のいう「他との競争はなくとも、自己の進歩努力を喜ぶ、あすの自分と競争する、今の自分と競争し進展していこうとする、そして他と協力し、他の進歩を喜び励ますことのできる」人材をさし、デューイの言うところの「いろいろな形の共同体の相互作用を通じて、その制度を柔軟に調整し直すことのできる社会」を構成する人材でもある。

　このような同僚性の芽生えとともに、どのように自らを改善するかという次の次元の「気づき」へとその質が変化し、他者とのやり取りをする中で、当事者としての「行為主体性」が生まれてくる(例えば、高塚に見られる実践)。この壁を乗り越えようとする上で、Little (2007)が提示した条件を満たすことのできる同僚、又は上述の第四段階に到達した英語教師や専門家の存在は非常に心づよい。

　もう一人の重要な同僚として、生徒が挙げられる(中田 2008)。教師は生徒を理解することにより成長し、それにより生徒も成長していくものである。教師オートノミーへと導き、教師を向上させてくれ、厳しい道のりを支えてくれるのが生徒であると考えるならば、生徒も学校および教室における同僚と考えることができるだろう(Allwright 2003)。教師オートノミーの発達には、教育的対話が必要であり、教育的対話には生徒という同僚が不可欠なのである。先に学習者のところで述べたが、これは教師が他者の助けを借りつつ、必要な支援の質が変化していく最近接発達領域(Zone of Proximal Development; Vygotsky 1978, 1986; Wertsch 1991)でもある。

　ここで重要なことは、学びの行為主体者が学習者であるという前提にたち、教師オートノミーをプロフェッショナル・オートノミーに限定しないこ

とである。生徒のオートノミーを高めようと思ったら、生徒に主体的に学習するようになってもらわないといけない。そのためには、教師自身が学習者オートノミーの重要性に気づき、学習者オートノミーがどのようなものかについて自分なりに考えてみることが大切だ。これが後に、教師主体の授業から生徒主体の授業へ、あるいは教師依存の学習から学習者主体の学習へと、授業の形態と教師の役割の変換をよりスムーズにする。

　現実的な制約を考えたとき、教師としては、生徒に技能が身に付いて、結果がでて、取り組みの価値を内在化しないことには、それ以上先には進むことも容易ではない。結果の1つには入試もあるだろう。つまり、入試も生涯学習の一部として組み入れて考えることにより、学校教育における学習者オートノミーがより現実のものとなるからである。このような様々なことを総合的かつ客観的に考え、生徒の学習者オートノミーの促進のために行動することが、教師オートノミーの発達に不可欠な「行為主体性」である。

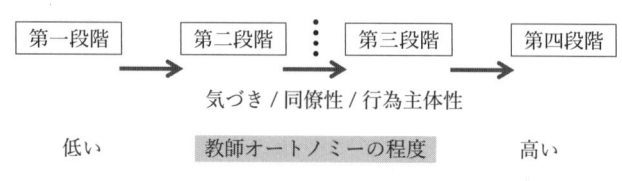

```
┌─────┐   ┌─────┐ ┊ ┌─────┐   ┌─────┐
│第一段階│ → │第二段階│ ┊ │第三段階│ → │第四段階│
└─────┘   └─────┘ ┊ └─────┘   └─────┘
              気づき / 同僚性 / 行為主体性
     低い      教師オートノミーの程度      高い
```

図10　教師オートノミーの発達過程（Nakata 2010 をもとに作成）

第三段階と第四段階

　この段階を超えることができれば、批判的省察を加えながら他者と議論してきたことが徐々に理解できるようになり、授業も改善され、授業で使える英語力や英語教師として備えておくべき英語力が身についてくる第三段階に入ったことになる。

　自身も欠点を認識し、それを克服する継続的な努力や心構えを身につけることができれば、ある程度の教師オートノミーが定着してきた第四段階になり、第一・二段階の教師を支援できる立場に到達できていることになる。こ

こでは学習者オートノミーが生まれてきている状況を自身の視点で観察できるようになってくる。このような第四段階に到達した教師が増えることで、学習者や他の教師のオートノミー発達への波及効果が期待される。

理論編の総括

　ここまで学習者オートノミーおよび教師オートノミーについて様々な観点から論じてきた。これらについてすべて同意する必要はない。むしろ、読者の皆さんがオートノミーの意味をお考えになる批判的材料となれば幸いである。またそのことが、この後紹介される様々なオートノミーの実践を理解する上で役立つだろう。

　第2部～第4部のそれぞれの章の冒頭で紹介される導入シートは、それぞれの筆者の考えるオートノミーについての読者の理解を深めてくれることと思う。その部分を理解した上でそれぞれの実践を読んでいただきたい。そのことが最終的には、読者それぞれが考えるオートノミーの定義の構築につながることになり、それこそが本書がめざすところである。

参考文献

Allwright, D. (2003) Exploratory practice: Rethinking practitioner research in language teaching. *Language Teaching Research*, 7(2), 113–141.

青木直子 (2010)「学習者オートノミー、自己主導型学習、日本語ポートフォリオ、アドバイジング、セルフ・アクセス」『日本語教育通信日本語・日本語教育を研究する　第38回』
　　http://www.jpf.go.jp/j/japanese/survey/tsushin/reserch/201003.html（最終アクセス 2015年3月17日）

青木直子・中田賀之（編）(2011)『学習者オートノミー―日本語教育と外国語教育の未来のために』ひつじ書房

Benson, P. (2010) Measuring autonomy: Should we put our ability to the test? In A. Paran, & L. Sercu (Eds.), *Testing the untestable in language education* (pp.77–97). Bristol: Multilingual Matters.

Brophy, J. E. (1999) Toward a model of the value aspects of motivation in education: Developing appreciation for particular learning domains and activities. *Educational Psychologist*, 34(2), 75–85.

Brophy J. E. (2004) *Motivating students to learn* (Second Edition). Mahwah, NJ: Lawrence Erlbaum.

Bruner, J. (1983) *Child's talk: Learning to use language.* New York: Norton.

Chang, L. Y-H. (2007) The influence of group processes on learners' autonomous beliefs and behaviors. *System*, 35(3), 322–337.

Deci, E. L., & Ryan, R. M. (1985) *Intrinsic motivation and self-determination in human behavior.* New York: Plenum.

Dewey, J. (1916) *Democracy and education.* New York: Macmillan.（松野安男訳（1975）「民主主義と教育」岩波書店）

Dewey, J. (1938) *Experience and education.* New York: Touchstone.

Dewey, J. (1956) *The school and society* and *The child and the curriculum.* Chicago: University of Chicago Press.（市村尚久訳（1998）『学校と社会・子供とカリキュラム』講談社）

Haggard, P., & Tsakiris, M. (2009) The experience of agency: Feelings, judgments and responsibility. *Current Directions in Psychological Science*, 18, 242–246. doi: 10.1111/j.1467-8721.2009.01644.x

伊藤崇達（2009）『自己調整学習の成立過程―学習方略と動機付けの役割』北大路書房

衣川隆夫（2010）「自己学習能力の育成を図る教室活動―モニタリングと自己評価の基準確立を目指して」2010 年度第二回日本語教育巡回研修会　台北、台湾　http://www.koryu.or.jp/nihongo/ez3_contents.nsf/12/7490415879A60A14492577DE001755C1/$FILE/20100824-23_workshop01.pdf（最終アクセス 2015 年 3 月 17 日）

Little, D. (1995) Learning as dialogue: The dependence of learner autonomy on teacher autonomy. *System*, 23(2), 175–181.

Little, D. (2001) We're all in it together: Exploring the interdependence of teacher and learner autonomy. In L. Karlsson, F. Kjisik, & J. Nordlund (Eds.), *All together now. Papers from the 7th Nordic conference and workshops on autonomous language learning* (pp.45–56). Helsinki: Helsinki University Press.

Little, D. (2007) Language learner autonomy: Some fundamental considerations revisited. *Innovation in Language Learning and Teaching*, 1(1), 14–29.

Littlewood, W. (1999) Defining and developing autonomy in East Asian contexts. *Applied Linguistics*, 20(1), 71–94.

中田賀之 (2004)「英語教師の自律と民主主義的環境」『兵庫教育大学研究紀要』第27号, 47–55. 兵庫教育大学

中田賀之 (2008)「今、なぜ英語教師にオートノミーが必要か」『英語教育』第56巻12号, 25–27. 大修館書店

Nakata, Y. (2009a) The teacher as a motivation researcher. In T. Yoshida, H. Imai, Y. Nakata, A. Tajino, O. Takeuchi, & K. Tamai (Eds.), *Researching language teaching and learning: An integration of practice and theory* (pp.235–251). Oxford: Peter Lang.

Nakata, Y. (2009b) Towards learner autonomy and teacher autonomy in the Japanese school context. In P. Voller, F. Kjisik, N. Aoki, & Y. Nakata (Eds.), *Mapping the terrain of learner autonomy: Learning environments, learning communities and identities* (pp.190–213). Tampere, Finland: Tampere University Press.

Nakata, Y. (2010) Towards a framework for self-regulated language learning. *TESL Canada Journal, Perspective*, 27(2), 1–11.

Nakata, Y. (2011) Teachers' readiness for promoting learner autonomy: A study of Japanese EFL high school teachers. *Teaching and Teacher Education*, 27(5), 900–910.

Nakata, Y. (2014) Self-regulation: Why is it important for promoting learner autonomy in the school context? *Studies in Self-Access Learning Journal*, 5(4), 342–356. http://sisaljournal.org/archives/dec14/nakata (最終アクセス 2015年3月17日)

中田賀之 (2011a)「学習文脈における英語教師の同僚性とオートノミー」青木直子・中田賀之 (編)『学習オートノミー―日本語教育と外国語教育の未来のために』(pp.193–220). ひつじ書房

中田賀之 (2011b)「自己調整とその他の学習者要因認知要因・情意要因・行動の観点から」佐野富士子・岡秀夫・遊左典子・金子朝子 (編)『英語教育学体系第5巻 第二言語習得 SLA 研究と外国語教育』(pp.204–210). 大修館書店

中田賀之 (2014)「自己調整学習が外国語教育にもたらすもの―学習者・教授者・教室の観点から」『山岡俊比古先生退任記念論文集』開隆堂

Newman, R. S. (2008) The motivational role of adaptive help seeking in self-regulated learning. In Zimmerman, B., & Schunk, D. H. (Eds.), *Self-regulated learning and academic achievement*. New York: Laurence Erlbaum. (塚野州一編訳　伊藤崇達・中西良文・中谷素之・伊田勝憲・犬塚美輪翻訳『自己調整学習の理論』北大

路書房）

Ohta, A. S. (2001) *Second language acquisition processes in the classroom: Learning Japanese.* Mahwah, NJ: Lawrence Erlbaum.

Reeve, J. (2006) Teachers as facilitators: What autonomy-supportive teachers do and why their students benefit. *The Elementary School Journal*, 106(3), 225–236.

Reeve, J., Ryan, R., Deci, L. E., & Jang, H. (2008) Understanding and promoting autonomous self-regulation: A self-determination theory perspective. In Zimmerman, B., & Schunk, D. H. (Eds.), *Self-regulated learning and academic achievement* (pp.223–244). New York: Laurence Erlbaum.

瀬尾美貴子（2012）「学業的支援要請」自己調整学習研究会編『自己調整学習　理論と実践の新たな展開へ』(pp.93–114). 北大路書房

杉浦宏（1995）『アメリカ教育哲学の動向』晃洋書房

山元淑子（2011）「学習者主体の活動型授業―学習者オートノミーの育成を目指して」『琉球大学留学生センター紀要 留学生教育』第8号，73–92. 琉球大学留学生センター

Vygotsky, L.S. (1978) *Mind in Society.* Cambridge. MA: Harvard University Press.

Vygotsky, L. S. (1986) *Thought and Language* (A. Kozulin, Ed.). Cambridge, Mass: MIT press.

Wertsch, J. V. (1991) *Voices of the mind: A sociocultural approach to mediated action.* Cambridge, Mass: Cambridge University Press.

Zimmerman, B. (1998) Developing self-fulfilling cycles of academic regulation: An analysis of exemplary institutional models. In D. H. Schunk & B. J. Zimmerman, *Self-regulated learning: From teaching to self-reflective practice* (pp.1–19). New York: The Guilford Press.

Zimmerman, B. (2000) Attaining self-regulation: A social cognitive perspective. In Boekarets, M., Pintrich, P. R., & Zeudberm N. (Eds.), *Handbook of self-regulation* (pp.13–39). London: Academic Press.

Zimmerman, B. (2001) Theories of self-regulated learning and academic achievement: An overview and analysis. In Zimmerman, B., & Schunk, D. H. (Eds.), *Self-regulated learning and academic achievement.* New York: Laurence Erlbaum.（塚野州一編訳　伊藤崇達・中西良文・中谷素之・伊田勝憲・犬塚美輪翻訳『自己調整学習の理論』北大路書房）

第2部
授業

中学校における
「教室内英語と学習者オートノミー」

稲岡章代（賢明女子学院中学校・高等学校）

・これまでの教育経験
34年間の公立中学校での教育経験を経て、2013年度より、姫路市内の私立中・高等学校で教えている。（本章の内容は、公立中学校での教育経験によるものである。）

・育てたい学習者像
互いに尊重しあい、高め合うクラスコミュニティの中で、自分の英語（ことば）を使って、自分の思いや考えを伝え合おうとするコミュニケーション能力のある学習者。

・学習者オートノミーの定義
学習全般に対する目的や目標を持ち、自分の学習状況や課題を把握しながら学習を進めていくために、授業内外で学んだことを積極的に自分の学習に取り入れ、問題解決していく能力。

・対象者学年　中学1年

・対象者の背景・特徴・英語力
1クラスを機械的に2分割した少人数授業。英語力のとても低い生徒も数人いるが、互いの英語を聴き、学び合う態度が定着してきた。Be動詞・一般動詞の現在形、whoなどの疑問詞、人称代名詞の学習を終えた。

・授業の目的および伸ばそうとする技能
canを使った表現を、「聞く」「話す」「読む」「書く」の4技能の統合を図った活動を通して理解し、それを使って自己表現すること。

1. はじめに

　今日の中学校での英語科の授業においては、小学校における外国語活動で育まれた素地を活かし、「聞く」「話す」「読む」「書く」の4技能の統合を図りながらコミュニケーション能力を育成することが求められている。そのため授業では生徒が主体的に授業に取り組めるように、目標に合った活動内容・方法・学習形態などに工夫を凝らしている。そうした授業を通して、生徒は学ぶ意欲を高め、自己表現を楽しみ、学習能力を伸ばしていく。

　ここでは、中学校1年生の11月に実施した「can の指導」の授業を紹介しながら、「教室内英語と学習者オートノミー」について考える。

1.1　Teaching Aids（使用教材）

　生徒の理解を進めるため、自作チャンツ・自作ビデオ・観光パンフレットが入った封筒・世界地図・この授業の目標を示した小黒板・プリント（広告シート）を用意した。授業では新出事項の文法説明を簡潔に日本語で行い、その他はほぼ英語で行ったが、上記の教材教具を使いながら授業者がモデルを示してわかりやすく活動内容を提示したので、どの生徒も無理なく理解を進め、全員が目標の活動をすることができた。

1.2　Teaching Procedure

（1）Greetings & Small Talk

　あいさつ後、ニュースなどを話題にして、英語で話す雰囲気づくりをした。

（2）Warm-up: Chant "What Time Do You Get Up?"

> What time do you get up? ― I get up at 5:00.
> 　Wow! That's early! I get up at 7:00.
>
> 　What time do you go to bed? ― I go to bed at one.
> 　Wow! That's late! I go to bed at 10:00.

第2部　授業

　このチャンツは前時の学習内容の復習ができ、さらに創作チャンツやチャットに発展させることができるものである。What time do you get up? という質問に答える練習に留まらず、相手の返事の内容によって、Wow! That's early! と言ったり、Wow! That's late! と言ったり、さらに Really? や Me, too. など自分で考えた返事をすることができるようになるものである。生徒たちはこのチャンツをきっかけに、相手の英語をしっかり聴いて間髪入れずに自分の返事を決定し、自分の思いを相手に伝える、ということを大いに楽しんだ。それまで人とやりとりをするのが苦手だった男子生徒がこのチャンツにとても興味を持ち、クラスのどの人とでも対話ができるようになった。

（3）Review: Chat & Report
a. Pair Work（Q&A）"What time do you …?"
　上記のチャンツをクラス全体で楽しんだあと、ペアになって自由にインタビューしあった。その際、起床や就寝の時刻だけでなく、いろいろなことについて互いに聞いたり答えたりしてコミュニケーションを進めていった。さらにこの活動は、次の活動である Chat with the Teacher のレディネスにもなっている。ここで一度、生徒同士で自由会話を体験するため、次の Chat with the Teacher の場面で教室の前に出て授業者と自由に対話をする活動に発展しても、生徒は力を発揮してくる。実際に授業で行われたやりとりを次に記す。

b. Chat with the Teacher

> Teacher: (to the class) Let's enjoy *Oshaberi* Time!
> (One student comes up to the teacher and speaks with her.)
> Teacher: Hi, S1. How are you? I have a question. What time do you get up?
> Student: I get up at six o'clock.
> Teacher: You get up at six. Me, too. I eat bread for breakfast.
> 　　　　　How about you?
> Student: I eat bread too. I like it.
> Teacher: S1, what do you do after school?

> Student: I practice running after school. I'm in the track and field club. I like running.
> Teacher: Are you a fast runner?
> Student: Yes, I am.
> Teacher: That's great! Who is your coach?
> Student: He is Mr. Fukuhara. He is a good coach.
> Teacher: Nice! Well, what do you usually do after dinner, S1?
> Student: I study English and social studies.
> Teacher: Wow, I'm happy.
> Student: I like English.
> Teacher: Great! Well, do you read books at night?
> Student: No, I don't. I'm sleepy at night.
> Teacher: I see. What time do you go to bed?
> Student: I go to bed at ten.
> Teacher: Really. I go to bed at eleven thirty. Thank you for talking. Have a nice day!

　毎時間この活動を通して、授業者は一人の生徒との即興会話を行う。生徒はたいてい緊張した面持ちで教室の前に出てくるが、一旦会話が始まると、授業者の微笑みと表情たっぷりの話し方に安心感を覚え、また他の生徒が醸し出す温かい支援に包まれ、無事会話が終わった頃には満願の笑顔となって自分の席に戻っていく。このようにして、生徒はお互いにそれぞれの存在を大切にしながら支援の輪を高めていく。

c. Reporting in Pairs

　再度ペアになって、今聞いた授業者とS1の会話の内容をオーラルで要約する。そのとき、自分の感想や意見を加えても良いこととしている。

d. Reporting in Front

　cの活動においてペアで確認しあった会話内容の要約を、アナウンサーになったつもりで、前に出て個人で発表を行う。他の生徒たちは発表内容に集中して耳を傾け、自分たちの要約した内容と比較しながら、発表者の生徒から学んでいく場面である。

> Hi. S1 gets up at six. Ms. Inaoka eats bread for breakfast. S1 eats bread too. He is in the track and field club. He practices running after school. He studies English and social studies after dinner. He goes to bed at ten. Me, too. Thank you.

　発表が終わると発表者にねぎらいの拍手が沸く。授業者は発表についての

コメントやフィードバックを行う。

e. Writing

　生徒は、bの会話内容やaでパートナーから聞いたこと、さらに自分自身について各自のノートに英語で書いてまとめる。どんな風に書くか、どの話題から書くかなど、それぞれの生徒が自分で考えてまとめていく。まとめ方もそれぞれに違う。全員がそれぞれの個性を出して英文を書くので、互いにノートを読み合っても楽しい。以下、実際にある生徒が書いたノートを示す。

> S1 gets up at six. He eats bread for breakfast. Ms. Inaoka, too. S1 practices running after school. He likes running. He is a fast runner. His coach is Mr. Fukuhara. He is a good coach.
> S1 studies English and social studies after dinner. He likes English. Ms. Inaoka is happy. He speaks English very well. He doesn't read books at night. He is sleepy. He goes to bed at ten.
> I get up at six thirty. I usually eat bread for breakfast. I drink milk too.
> I practice the koto after school. I like the koto. My teacher is Ms. Wada. She is a very good teacher. I practice the koto on weekdays at school.
> I study English after dinner every day. I take a bath at eleven thirty. I go to bed at twelve.

　授業者は毎授業後、生徒のノートを回収して赤ペンチェックを行う。生徒の書いた英単語のスペリングや構文チェックだけでなく、英文内容に感動したなどのコメントも加えている。生徒の英文を読むのはとても楽しい。

(4) Presentation of the New Materials

　授業者は、Japanese, English, French, Spanishなどの代表的な言語を使って自分は何語をどれくらい話せるかを話題にして、生徒とのオーラル・インタラクションを進めた。その中で、新出であるcanと、生徒にとって聞き慣れないFrenchやSpanish、さらにa littleの語の導入も行った。この授業ではALTはいなかったのだが、「彼女はフランス語やスペイン語をしゃべることができるか」、を生徒に予想させ、ALTと作成したビデオを見て答えを見つける必要性を持たせた。なお、ビデオ作成において、ALTには中1に適したスピードで、生徒に語りかけるように話すことをお願いした。

a. Watch Video（ALT によるビデオ）

> Hi, You study English. I study Japanese. I can speak Japanese a little. Listen. (*Konnnichiwa. Watashiha Jenifa-desu.*) Is my Japanese OK? I can speak French too. (She speaks French.) I know Spanish, too. Listen. (She speaks Spanish.) Can you repeat it? (She speaks Spanish again.) Good! Now you can speak Spanish! Great!

b. Comprehension Check

　授業者はポイントである can を使って、ビデオで ALT が話した内容を生徒といっしょに、She…. の英文で再構築した。さらに、ビデオを再び見せて内容確認をさせた。その際、生徒に I can speak Spanish. の感覚を味あわせるために、ALT が提示したスペイン語の文も覚えて使わせた。生徒はうれしそうにスペイン語をまねし、生き生きした表情であった。

(5) Explanation of Grammar Points

a. Write Today's Target Sentences on the Blackboard
b. Find the Grammar Points

> Jennifer can speak Japanese a little.
> She can speak French.
> She can speak Spanish, too.

　ビデオ内容の英文として、上記の3文を生徒のリードのもと黒板に提示し、本時のポイントである can の使い方を考えさせ、発見させた。

(6) Reading Practice

Read Aloud Today's Target Sentences on the Blackboard

　ビデオで視聴した内容なので理解しやすかったようだ。ペアになって、はっきりと伝わりやすい声量で英文が読めるかを互いに確かめさせた。

(7) Copy & Write More

Copy Today's Target Sentences in Notebook & Write More about Themselves

第 2 部　授業

　4 分程度で、黒板に示された can を含む英文 3 文と、それに関連した英文を自分で考えてノートに書かせた。普段からこのように、板書された英文をノートにまとめさせるときには、「聞く」「読む」ことによって得た関連情報や自分で考えたこと、書きたいと思うことを英文にする、という creative writing に取り組ませているので、この日も全員の生徒が自分の英文を書き加えていた。以下に示す生徒のように、数分で多くの英文が書ける生徒も徐々にふえてきた。

> Jennifer can speak Japanese a little. She can speak French. She can speak Spanish too. She can speak English very well.
> I can speak Japanese very well. But *kanji* is difficult. I can speak English a little. I like it. I can't speak French. I can't speak Spanish. But I know some Spanish words.
> I can play tennis a little. I practice it every day. I'm in the tennis club. I can play basketball too. It's fun.
> I like *ramen*. I can make it well. My *ramen* is delicious.

　この writing の部分も赤ペンで指導を加え、またノートに質問が書いてあればそれに返事を書いて、その日のうちに生徒本人に返却する。生徒はその日の家庭学習や自学習に、授業中に書いた自分の英文や質問に対する授業者からの指導事項も加えることができる。

（8）**Oral Practice**

　　a. Mechanical Drills with Meaning:　About Friends

　　　　　"Ken can play the piano."

　　b. Pre-communicative Drills:　*Jiman Taikai* in Pairs

　　　　　"I can play the *shamisen*. ― Wow! That's great!"

　　みんなが知らない自慢大会「私は〜ができる」を発表する。お互いに「すごい！」という歓声が沸く場面であった。

（9）**Communicative Activity: Group Work**

　　T Tourist Bureau "Let's go to .... It's a nice place."

Presentation in Front

　旅行代理店 TTB の広告づくりに取り組ませた。生徒は T 旅行代理店の社員になったつもりで、お薦めの旅行の広告文を作成するという設定である。まず世界地図を見せながら、授業者は生徒たちにどこに行ってみたいかを尋ね、その国への旅行広告文を下記のシートに従ってオーラルで作っていった。例えば、Let's go to Hawaii. It's a nice place. You can swim in the beautiful sea. You can dance the hula. You can surf. You can buy aloha shirts. Please have a nice trip! という具合である。授業者のモデルにより、生徒は活動内容をすぐ理解した。そこで、旅行パンフレットが入っている封筒を各グループ (4人組) に配布し、Let's open! で一斉に封筒からパンフレットを取り出し、行き先を確認させ、その地にふさわしい英文を創作させた。約10分後、各グループは教室の前で、自分たちが考えた広告文を全員で分担しながら読み上げた。中学生らしい楽しい広告文ができあがった。全グループの発表後、みんなで旅行代理店の社長になったつもりで、最優秀広告賞を決定した。

TTB（T Tourist Bureau）

```
Let's go to ... !
It's a nice place.
　You can ....
　You can ....
　You can ....
　You can ....
Please have a nice trip!
```

(10) **Consolidation**

a. Confirm Today's Points

b. Write T Tourist Bureau Advertisement (Homework)

　この授業のポイントである can の使い方を再確認した。その後、先ほどグループ活動で使ったものと同じ広告文シートを各自への宿題として配布した。2枚以上何枚でも広告を書いてくる、という課題を与えた。授業中にグ

ループ活動で取り組んだ内容であったので理解も深まり、家に帰ってからインターネットなどで調べたり、家の人に聞いたりして、5枚以上書いてきた生徒も多くいた。以下、「最優秀広告社長賞」を示す。

```
TTB (T Tourist Bureau)
Let's go to France!
It's a nice place.
You can listen to classical music.
You can eat delicious food.
You can see many world heritage sites.
You can drink high-class wine.
You can study French.
Have a nice trip!
```

```
TTB (T Tourist Bureau)
Let's go to the UK!
It's a nice place.
You can practice English.
You can eat fish and chips.
You can go to the Holmes museum.
You can listen to nice music.
Have a nice trip!
```

```
TTB (T Tourist Bureau)
Let's go to India!
It's a nice place.
You can see the Taj Mahal.
You can eat delicious Indian curry.
You can see many movies.
You can practice kabaddi.
Have a nice trip!
```

```
TTB (T Tourist Bureau)
Let's go to Kyoto!
It's a nice place.
You can go to many temples and shrines.
You can eat delicious food.
You can see the Kamo River.
You can see *maiko-san*.
Have a nice trip!
```

この課題は can の使い方に慣れるだけでなく、生徒の興味のある国について自由に調べて取り組ませることができた。他の生徒の発表を聞き、いろいろな国についての知識も広めることができた。

(11) **Closing Message**

授業の最後のあいさつは、授業での各生徒のがんばりを褒める気持ちを込めて、明るく元気にするようにしている。

2. My English Teaching Theory

授業づくりにおいて、生徒が自然にのびのびと学習しやすい環境づくりを

中学校における「教室内英語と学習者オートノミー」

進めるにあたり、筆者がいつも心に留めていることがある。生徒一人ひとりがこのように考える環境づくりを目指している。

2.1　SAFE ENVIRONMENT（居場所のある学び場）

- All of us in the class try to use English. I am one of them.
- I feel safe in a warm, friendly environment.
- I can create an environment for communication with my classmates and teachers through English.

2.2　FEELING OF BELONGING（「一人じゃない」という所属感）

- I am here in this class. I am happy to belong to this class.
- I can help my classmates.
- I am ready to work with my classmates.
- I will support my classmates. They will support me. My teachers will support us.

2.3　FEELING OF SELF-AFFIRMATION（自己肯定感）

- I think I can do it.

2.4　THE SPIRIT OF LOVE（生徒とつながりを持つ教師）

- L --- Listen carefully with good eye contact and a smile
- O --- Open my heart to the students and understand more one another
- V --- Volunteer to help the students have confidence
- E --- Enjoy the class together

3.　授業で教師が一方的に英語を話すのではなく、生徒の英語を引き出す工夫

3.1　生徒に語りかける態勢

授業者は英語の使い手として、生徒に語りかける態勢が常に必要である。

生徒も授業者に話しやすくなる。授業者の姿がモデルとなって、生徒も「相手」を大切にした態勢を身につけていく。

3.2 題材の選択

　授業に全員の生徒を引き込もうとするならば、生徒の学習段階や精神年齢に合った題材が不可欠である。また一部の生徒のみが知っている話題なども、最良の題材とは言いがたい。生徒全員が意見や感想を言いやすい題材がよい。

3.3 視聴覚教材の活用

　理解をより深めるために、写真やビデオ、ポスターやグラフ、また視聴覚教材の活用が効果をあげる。また、授業者がそれらを使って授業内容を提示することは、プレゼンテーションなどの生徒によるアウトプットのモデルともなる。

3.4 発問の工夫

　発問にはいろいろな工夫ができる。だれに尋ねるのか、授業のどの部分で発問するのか、また Yes/no を尋ねるものや 5W1H を使った発問などに加え、答えが決まっている発問もあれば、個人個人で異なった答えが返ってくる内容のものもある。授業のどこかで、生徒同士が互いの答えを楽しんで聞く場面もつくるように心がけたい。また生徒が自由に考えて、授業者や他の生徒に発問することも必要である。

3.5 生徒の応答を活用

　生徒の応答に対する授業者のフィードバックしだいで、そのあとに続くインタラクションを教室全体に広めることができる。ある生徒の応答に対しての他の生徒の意見や感想、反論を尋ねるなどして、互いの応答にしっかりと耳を傾ける集団づくりが大切である。また生徒の応答を活用して、誤文訂正

のチャンスとすることもできる。

3.6 生徒の興味や集中力を持続させる工夫

50分間の授業の中で、どのような活動を、どのように重ねていくかを考えた授業プランが必要である。またペアワークやグループワークを活用したりして、意見を出しやすい学習形態を取り入れて、4技能のバランスや統合を図った指導過程を取りたい。

3.7 後に続く活動へのレディネス

今している活動がその後に続く活動の基本となっていくことが多い。1つ1つの活動がばらばらではなく、つながりのあるものであれば、生徒の理解も無理なく自然に深められ、生徒から英語を引き出すことも容易となる。

4. おわりに

授業において一番大切なことは、生徒と一緒に授業を行なっていくことであろう。教師も生徒も自分のことば(My English)を使い、自分の個性や創造性を大切にした授業づくりをしていきたい。人はコミュニケーションによって情報のやりとりをするが、情報だけではなく、文字に表わしきれない大切なものも一緒に相手に運んでいる。授業を通して、生徒たちにそのことも気づかせたい。

ディベートを通じて学習者オートノミーを育てる

棟安都代子（兵庫県立加古川東高等学校）

- これまでの教育経験

福岡・兵庫の両県において普通科5校、工業科1校での勤務経験を持つ。実業高校や英語コースにおいては「受験英語」に縛られず、英語劇やスピーチに取り組んだ。総合科学科では多読・スピーチ・プレゼンテーションなどを通じ4技能にわたって、バランス良く教えられる環境にあった。

- 育てたい学習者像

日本語の世界だけでは気づかないものの見方や思考の枠組み等を発見し、知的好奇心を持って持続可能な学びを行い、生涯関心ある分野を柱としつつ、外界と積極的に関わっていく学習者。

- 学習者オートノミーの定義

状況を考慮しつつ、短期的・長期的視点を持ち、現在何をすべきか、自ら方法を考えて学び続ける力を持ち、同時に批判的思考を備え、自らを客観的に分析し（メタ認知の活用）、柔軟に軌道修正もできること。

- 対象学年　高校1～3年

- 対象者の背景・特徴・英語力

英検準2～2級程度の英語力を持つ高校生。ディベートのリサーチの際にも、自主的に様々なツールが利用できる。inputとoutputのバランスを意識しながら英語力を伸ばしたいという希望を持っている。

- 授業の目的および伸ばそうとする技能

友人たちと協力し合い、1つの論題について複眼的思考力を働かせながら、自分の意見を整理して述べられるようにし、統合的に4技能を伸ばす。

1. 学習者オートノミーを伸ばすディベートの可能性

1.1 ディベート活動に関心を寄せた背景

　最初にディベートに関心を抱いたのは、松本道弘氏の著書『やさしいディベート入門』を本屋で見かけたことにある。著書の中で「教育ディベートはどのような効果があるのか」という項目が以下のように述べてあった。

> ①客観的分析力が身につく　②論理的思考力が身につく
> ③発表能力が身につく　　　④よりよい聞き手になれる
> ⑤情報収集力が身につく

　同時期に批判的思考(Critical thinking)の伸張の必要性を感じていたこともあり、こうした利点をもつディベート活動を授業の中で生かせば様々な効果が期待できるかもしれないと考えた。

　英語教育は、国際理解に連なる教養や形式陶冶といった位置付けから、今まさに現実の中でどのくらい活用できるかという実質陶冶の道具としての位置付けがなされようとしている。自分自身が形式陶冶の1教科として英語教育を受けた人間であり、根がしっかりあれば、途中から実質陶冶の役割としての英語を学ぶことはいつでも可能だと考えていた。しかし、帰国子女の生徒たちに出会い、スピーチコンテストやディベート大会で自由に英語を駆使する生徒たちを見て、時代は随分変化しているのだということを実感する。

　その後研究授業で見学したり、DVDなどでディベートの試合を見たりして考えたことは、厳密な時間的制約のもと、時には攻撃的な言い回しで行われるこの活動は、英語に自信を持たない生徒にとって、教育的効果はなく、却ってマイナスに働くのではないか、生徒たちはディベートを単に勝ち負けの試合という観点で考えたりしないか、というものであった。あれこれ考えているうちに時は流れたが、どこかでディベート活動と向き合う必要性があると感じていた。

　ディベートについて何冊かの本や論文を読むうちに、ディベートにはいく種類かの型があり、何も実際の試合と同様にする必要もなく、ディベートの

試合に向けての準備過程で培われていく教育的効果を考えるにつけ、個人の4技能の伸張と協同学習が体験できるという意味で実施してみる価値は十分あるにちがいないと考えた。

Tamai (1993) は、英語教育においてディベート活動の効果を

> 1) content-based であること
> 2) 内容のあるコミュニケーションへの意欲を助長すること
> 3) 批判的思考力の育成に役立つこと
> 4) 4技能が統合されている活動であること

としている。特に、論理の展開をつくり上げる過程で資料を読み、それを必然的に output していかなければならないこの活動においては、大学入試を意識している高校生の英語学習としても、非常に効果的であるとしている。

そもそも筆者がディベート活動を授業に取り入れる目的としては、2つあった。1つ目は、生徒たちの意識の中で、まるで「受験英語」と「実用英語」は別物のように位置づけられているが、実は1つのものだということ、つまり英語学習の目的を統合することであった。そして、2つ目は将来、社会のどこにいても必要とされるであろう「コミュニケーション意欲」と「批判的思考」を促すことである。以下にこの2点が何故必要かを述べておきたい。

1.2 英語学習の目的の統合化

中津燎子氏の『なんで英語やるの？』という本を引き合いに出すまでもなく、「EFL環境にある日本人高校生にとって、英語学習の目的は何か？」という問いは、これまでどれだけ多くの人が問いかけてきただろう。例え「国際社会で必要である」とか「グローバルな社会では英語が使えなければならない」といった答えが出されるにしても、大方の高校生にとっては、「(大学)受験のための英語学習」というのが本音だろう。こうした高校における英語教育の中で、生涯学習として、継続できるように学習者オートノミーを育むためにはどうしたらよいのか。 このことは英語学習の目的について一般的

な説明を示せばよいというものでは決してなく、生徒が一人一人自分の人生と英語学習の関わりについて意味を見出し、納得しなければ自律的に学習が継続されていかない状況を示すものである。そこでの教師の役割は、教室という非常に物理的に限られた時間と空間だけでなく、教室外のどこに居ても気づきに触発されて、発見する喜びを感じながら英語学習を続けていくオートノマスな学習者を育てることにある。英語学習の目的が分裂している認識においては、受験が終われば英語学習も終わりということにつながってしまう。そこで、まず生徒の中で分裂した英語学習の目的を統合化し、英語学習、もしくは言語学習は生きている限り継続して学び続けるものだという意識を育てたい。

1.3　現実の社会で必要とされる力─「コミュニケーション意欲」と「批判的思考」

今後、加速度的に益々多様化していくグローバル社会において必要なものは、多様な文化的背景を持った人々と意思疎通を図ろうとする「コミュニケーション意欲」と、情報の洪水の中で真に必要な情報を取捨選択することのできる「批判的思考」ではないだろうか。ディベート活動はこれらを総合的に伸ばすきっかけとなる活動だと言える。その理由は、1つの論題について肯定・否定の立場から相手に自分の考えを英語で述べ、説得をしなければならないこと、そして論題を少なくとも肯定・否定両方から複眼的思考を働かせて考えなければならないからだ。

1.3.1　「コミュニケーション意欲」を高めるディベート活動

言語習得は実際に使用してこそ可能になるものである。しかし日本人のように教室を一歩出ると英語を使用せずとも不都合を感じずに生活できる環境にあっては、コミュニケーション意欲をどう持続させるかが大きな課題である。後に出てくる質問紙の記述からわかるように、実際に教室の外で自分の英語を試してみたいという生徒たちの意欲は高く、自分で話す英語がどのくらい使えるのかという点に強く関心を抱いており、その機会を求めている。

一方で、学校の授業における英語については「(大学)受験のための英語学習＝文法・読解・単語熟語の暗記」といった限られたイメージで捉え、コミュニケーションに使える英語を学習しているものではないという、いわば英語学習の目的に乖離感を持っていることも否めない。

ここで、第二言語習得の個人差研究の系譜から出てきた「WTC (willingness to communicate) モデル」(MacIntyre, Clément, Dörnyei, & Noels, 1998)をヒントに、このWTCモデルの第二言語部分を「外国語としての英語」に置き換えて、日本人学習者の外国語使用を促す媒体としてのディベート学習(図1)の活用を考えてみたい。

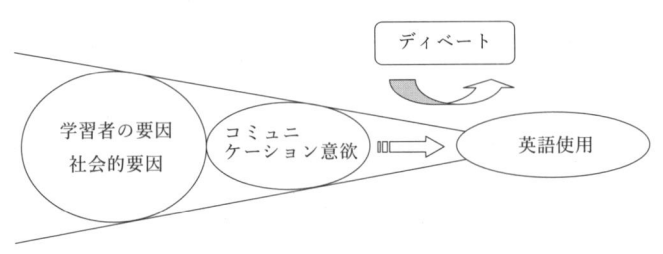

図1 媒体としてのディベート活動のイメージ

とりわけディベート活動においては、限られた時間の中で、目の前にある論題について意見を述べなければならない、という差し迫った目的があるため、個人のコミュニケーション意欲は大いに刺激されるのである。

1.3.2 「批判的思考」を促すディベート活動

「批判的思考」については様々な定義がなされている。筆者は大枠として「与えられた情報や知識を鵜呑みにせず、複数の視点から注意深く、論理的に分析する能力や態度」(鈴木 2008)を基に考え、Zechmeister & Johnson (1992)の a critical thinker に関する以下10項目を参照した。

1) 知的好奇心（intellectual curiosity）
2) 客観性（objectivity）
3) 開かれた心（open-mindedness）
4) 柔軟性（flexibility）
5) 知的懐疑心（intellectual skepticism）
6) 知的誠実さ（intellectual honesty）
7) 筋道立っていること（being systematic）
8) 追求心（persistence）
9) 判断力（decisiveness）
10) 他者の立場の尊重（respect for other viewpoints）

　では、ディベート活動はこのような批判的思考とどのような関係があるのだろうか。ディベート活動の特徴を挙げると、主に以下のように4つある。

① 1つの議題について必ず肯定・否定という2つの観点で考える必要があるため、複眼的思考を必要とする。
② 相手の意見に反駁することが求められる為、批判的思考を必要とする。
③ チームの意見をまとめるためには、まず開かれた心で相手の意見に耳を傾け、他者の意見を尊重しながらも自分自身の意見と比較するという態度が必要となる。
④ 準備段階で必要な資料を選び出し、論理的に証明していくことが求められる。

　このように上掲の a critical thinker に関する10項目とかなり重なっている。論題についての認識を深めていく過程でこの10項目は確実につながっていくことが予想される。

第 2 部　授業

2. 実際のディベート学習の流れ

2.1 ディベートチームの編成と授業の実際

　表 1 は、筆者が実際に兵庫県内の公立高等学校文系 2 年生 33 名（男子 12 名、女子 21 名）でディベートの授業を行った 1 例である。大半の生徒は中程度の英語力（英検準 2 〜 2 級）で、中学校時代にこの活動を経験しているのは 2 名だけである。

　この学校では、1 年生から 2 年生にかけて、週 1 単位で Public Speech という授業を 1 クラス 2 分割 ALT と team teaching 形式で行っていた。すなわち、クラス自体 33 名という比較的少人数であるが、これをさらに 16 名・17 名の 2 つに分け、50 分の授業を行うというものだった。

　ディベートチームは自動的に割り振り、1 チーム 4 〜 5 名編成とした。次の表 1 は、ほとんどが初めてディベートを体験する生徒に対して、その導入からチーム対抗の試合に至るまでの一連の授業の流れとその目的を示したものである。

表 1　授業の流れ

	内　容	目　的
I	① What is 'Debate'?（On the debate flow） ② Introductory debate video-watching（25 min） ③ Exercise: Distinguishing Facts from Opinions	・Debate の導入 → 基本的なディベートの idea とその概要を把握させる。
II	① Model micro-debate between ALT vs. JTE （'We should go to … during winter vacation'） ② Practice for taking notes ③ Warm-up: 'Which season is better, winter or summer?' （ジャンケンで勝った方が Winter 負けた方が Summer） ④ Useful expressions and vocabulary	・メモの役割の重要性と効率の良いメモの取り方 ・3 つポイントを整理しながら主張（立論）を作り上げる。
III	① Micro-debate / Rebuttal game （相手の立論に反論を考える） ② Useful expressions and vocabulary	・相手を納得させられるよう理由付けを行いながら、反論すること。

IV	① ペアで紙上英語ディベート ② 教師のスピーチに反論しよう！ ('○○ High School should abolish the uniform.') ③ Making an argumentative speech and the purposes of each section (e.g. rebuttal or summary)	・反論の復習 ・メモを取りながら反論の練習 ・相手が反論に失敗したこと、自分たちが反駁できたことを示す。
V	① How Judge should be ② Team organizing & meeting	・審判として考慮すべきことを注意 ・チームで役割分担、意見統一
VI	* The first debate 'Hyogo is better to live in than Tokyo.' * Reflection	・この活動以前に行った各都道府県に関するリサーチ＆プレゼンテーションをトピックの中で生かす。 ・お互いのディベートの試合を見て、振り返りを行い、自分たちの試合に生かせるようにする。
VII	* The second debate 'Osaka is better to live in than Tokyo.' * Reflection	
VIII	* The third debate 'High school students should have some part-time job.' 'Baby post should be banned.'	・資料をできるだけ活用させる。
IX	Review on the debates while watching the video.	・ビデオを見ながら振り返り、個人・各チームとしての改善点を考える。

　Ⅰ～Ⅸの区切りは、それぞれ１時間の授業を想定していたが、時には翌週にもう１時間やり直しを行わなければならないこともあった。中学時代の経験者に限っては別々のチームのメンバーとした。他の各チームにおいても、比較的リーダーシップが取れる生徒が必ずいたため、思った以上にスムーズに授業が展開した。

　ただ、この活動で留意すべきことは、一度だけでは「やれなかった」・「難しい」という不満感が残るので、生徒の様子を見ながら時にはやり直すこともあり、手応えを感じさせつつ進めていかなければならない。また、ほとんどが初めて経験する生徒なので、手順についての説明が必要であったため、かなり膨大な量の補助プリントを出している。

表1のV以降、生徒たちは立論や反論の証拠となるものを教室の外で積極的に準備をしていかなければならない。すなわち、授業以外で各チームが、いかに時間を確保し、協力し合って資料探し、作成ができるかがポイントとなる。

　また、ディベートを聴く側になった時、審判として個人的感情を交えずにどちらがより説得力があるか、メモを取りながら勝敗を決める必要がある。つまりディベートを行っていない生徒たちは、かなりの集中力とリスニング力が要求されるのだ。

　司会進行についても、最初のうちは教師が行い、徐々に生徒へその役割を移していくようにした。

　このように、最初は生徒も教師もかなりの時間と労力が必要となるが、流れを学んでいけば、生徒は要領を得て上手くこなしていく。

2.2　生徒の Reflection

　ディベート学習を始める前のクラス一括記述アンケートで、「受験のための英語学習とコミュニケーションのための英語学習は異なる」と回答した生徒は33名中24名（73％）であり、「大学受験のために英語は欠かせないので、勉強する」というものだった。しかし、ディベート学習後のアンケートを見ると、英語学習に対する生徒の認識が変化していることがわかる。すなわち、受け身の英語学習ではなく、「前もって準備をして授業に臨む必要がある」・「将来英語を活用するために、自分自身の英語の弱点を冷静に分析してみることが大切である」ことに気づいた生徒が多かった。また、ディベートという学習形態の中で、「他の友人の様々な意見が聞けることの興味深さ」・「意見を英語で述べることの難しさを実感すると同時に、やりがいのある学習である」という意見が3分の2を占めていた。難しいから回避するのでなく、「リスニング力をつける」・「語彙を増やす」・「1つのことを注意深く考えるようにしたい」など自分なりに方略を考えて、次回に備えたいという強い気持ちが記述の中に表れていた。

一方で、「ディベートはやりたくない」と回答した生徒が33名中2名いたことも事実である。ディベートがこれまでとかなり異なった学習形態であり、時間制限が厳格であるなど、かなり不安感を高める要素が含まれているためであろう。外国語学習の過程で不安が生じてくるのは、これまでの様々な研究の中で言及されていることであり、不安が学習の推進力となる場合もある。いずれにせよ、この点については、教師側に十分な配慮と工夫が必要であることを示している。

2.3 個々の面接

上記のクラスから6人（男子3名・女子3名）を無作為に選び、放課後15～20分程度の面接を行った。面接の質問は以下のものである。

〈Pre〉
1. コミュニケーションについての考え方
2. スピーキング・ライティングのどちらが好きか（得意か）
3. 自分の好きな英語の授業スタイル
4. 自分の考えを表現するときに心がけていること
5. 批判的思考を意識したことがあるか
6. 英語学習について考えること

〈Post〉
1. 批判的思考を意識するかどうか
2. 自分の考えを表現するときに心がけていること
3. ディベート学習を通じてコミュニケーションや英語学習について考えたこと

以上の質問に対する回答の中から、「コミュニケーション意欲」と「批判的思考態度」に関わる部分を抽出した。（＊B, C, Fは、男子生徒）

第2部　授業

コミュニケーション意欲

	Pre	Post
A	・他の人の前で、英語を話すのはあまり好きではない。	・英語でディベートを行うのは難しかったが、実際やってみて、面白かった。日本語でやってみたい。
B	・他の人の前で、英語を話すのは抵抗ないが、自分の意見を伝えるには、考える時間があるので、ライティングの方が良い。	・ディベートは今までの形式とは異なっていて、意見を闘わせたりして、興味を持った。
C	・人前で話をするのは、とても不安を感じるが、自分の意見を述べるには、書くことより話す方がよい。	・意見を友達と闘わせるのが、難しいけれど興味深いと思った。
D	・人前で英語を話すのは、特に問題ないが、自分の意見を伝えるには、書く方がよい。	・相手の意見に対する反論を考えて、それを伝えるのが面白かった。 ・ディベート学習を通じて、相手に自分の考えを伝えたいという気持ちが強くなった。
E	・人前で英語を話すことに戸惑うことはない。自分の考えを伝えるには、書くと、文法やスペルを意識するので、話す方がよい。	・予め調べたことや自分の意見を伝える、ゲームに勝つ、という体験に喜びを感じた。
F	・他の人とコミュニケーションを取ることはとても楽しいことなので、人前で英語を話すのは好きだ。 ・相手の反応がすぐ分かるという点で、自分の意見を伝えるには、書くことより、話すことの方が好きである。 ・外国人と英語で話をして自分の意図が伝わると、とても満足感を覚える。	・十分に自分の意見が伝わらなかったのは、残念だが、何度でも頑張ってみようと思えたのは良かったと思う。 ・日本人同士で、英語でコミュニケーションを取るのも、結構面白かった。

批判的思考

	Pre	Post
A	・話している相手の内容や書かれたものについて、批判的に考えることはあまりない。	・because 節はとても大切だということがわかった。 ・相手の言うことを十分理解し、考え、素早く応答することが大事だと思った。

B	・時々、相手の言うことや書かれたものの内容について、批判的に思うことがある。	・自分の考えをできるだけうまく構成し、相手にわかりやすいように伝えようと思うようになった。
C	・考えを伝える方法について考えたことは滅多になく、批判的にとらえることも少ない。	・相手の言ったことをよく考えるようになり、自分の意見と比較するようになった。
D	・相手の言っていることの一貫性について、考えたことはないが、矛盾をしていたら、批判的にとらえることもある。	・相手の言ったことを捉えようと、集中して考えるようになった。また柔軟に、多面的に考えることが必要だと思った。
E	・滅多に相手の意見を批判的に考えたことはない。	・何の疑問もなく、相手の言ったことを鵜呑みにすることを止めた。相手の意図に集中して聞くようになった。 ・意見を述べるときは、相手にわかりやすいように心がけるようになった。 ・単に考えたことだけでなく、事実に基づいた意見を述べることは、面白いと思った。
F	・相手の反応を見て、自分の意見が理解してもらえたかどうかを考える。	・相手の意見に集中して、理解に努める。

3. まとめと留意点

3.1 まとめ

　ディベート学習の授業を進める前後に行った生徒のアンケートから、最初に考えたディベート活動による効果について、①英語学習の目的の統合化、②「コミュニケーション意欲」と「批判的思考」を促すことについて、かなりの意識付けができたと考えている。以下にディベート学習の総括を示しておきたい。

1) ディベート学習は、英語学習について思考のプロセスを強く意識させ、学習者のオートノミーを高める。

2) コミュニケーション意欲については、短期間でディベート導入を行ったこともあり、英語学習不安が生じもしたが、意見を整理して英語で伝えようという気持ちは強まった。
3) ディベート学習を通じて、物事を多面的に見よう、自分でよく考えようという批判的思考は全体的に高まった。
4) ディベート学習は生徒にとって、「難しいがさらにチャレンジしたい」・「達成感が得られる」学習活動である。

この後、このクラスの生徒たちは、7割が外国語学部系統に進学している。何も大学の進学先や何を専攻するかということだけで、彼らの中に英語学習についてオートノミーが定着したと断言することはできないが、少なくとも大半の生徒が将来にわたって持続的に英語学習に関わろうとしたと言えるのではないだろうか。

この高校は、その後中高一貫校として初めて内部進学生を迎える。彼らは、既に中学校でディベートを経験してきており、あとは論題を少しずつ現実問題に近づけていくことで、レベルアップを図っていった。現実の問題を論題として考えさせる前段としては、新聞記事の紹介とそれに関する自分の考えを発表するという活動を行った。これもディベート活動に入る前の準備として有効であった。

現任校でのディベートについては、クラスサイズの問題やカリキュラム上での縛りから、学年全体でシラバスに組み込んで行うことができていないが、理数科の1クラスや、有志を募って夏休みから準備を始め、ディベート大会へ向けて練習していくといった形でディベートを行っている。

ディベートのチームを編成する際に考慮しておかなければならない点は、チームワークがうまくいくかどうかである。チームワークが成功の鍵を握るので、教師はチームリーダーを通じて、ある程度コントロールしていく必要がある。

3.2 ディベート学習を導入する際の留意点

ディベート学習は不安を高めることもあるため、教師は生徒にどのような scaffold が必要かを考えておかなければならない。

1) ディベート学習という形式に慣れるには、段階を追った指導（ノートの取り方・ディベート特有の用語・立論の組み立て方・反論の着眼点・資料の収集方法・プレゼンテーションの方法・チームの役割分担など）が必要であり、慣れるまで十分な期間を必要とする。
2) 論題にまつわる語彙や用語など、予めクラスで共有しておく。
3) チームを組む際、英語力や生徒の特徴を考慮して編成する。
4) 論題を選定する際、生徒にとって身近な事柄、具体的な事柄から抽象的な事柄へと難易度を考慮して段階的に編成していく。
5) ジャッジの観点・評価点を予め明確にしておく。
6) 次のディベート学習までの準備期間に、教師がいつでもサポートできる態勢を整えておく。（進捗状況やチームワークの様子など）
7) 3年間を見通した中でうまくカリキュラムに取り入れていく。

4. あらためて学習者オートノミー再考

この章を執筆するにあたり、有体に言えば大学で西洋教育史を専攻し、卒業論文のテーマに「J. デューイの道徳教育論」を取り上げた自分が、英語教師となってディベートを学ぼうなどとは思いもよらなかった。同時に、このように自分の実践について省み、その意図を述べることができる機会を頂いたことは、とても有難いと思う。

自分が新任教師であった頃の生徒理解の浅薄さを思い出すたびに、当時の生徒たちに申し訳ないと思う。この思いから、自分の未熟さに立ち止まり、「英語教師として何が必要なのか」と自分に問い続けてきたつもりである。大なり小なり、英語教育にまつわる研修を続けてきたことは、わずかなが

らでも教師としての成長につながっているのではないかと考えている。教師自身が学び続ける過程で、学習者としての生徒の気持ちを実感することができ、どうすればより深い理解を得られるかといった視点が常に問題となるからだ。

　また、これまでの教師生活で印象深い経験は、先輩教師との対話だった。日々の授業や指導に乗ってこない生徒たちと格闘していたある時、先輩の教師から「北風と太陽」のイメージを示唆されたことがあった。その時、はっと本当の教師の役割に気付かされたような気がした。一方的で強引な指導では生徒は心を閉ざしてしまう。心を閉ざされては、良かれと思って助言しても、聞き入れられないということだ。生徒が自力でやれるところは距離をおきながら、必要な部分では教師がさりげなく援助をしていけば、生徒は自分でどうすべきか考えて、自分がその人生の主体だということを自覚し、前を向いて1つのことに集中していくのだ。学びの主体は、あくまで生徒なのである。それを実感できた生徒は、1つのことに取り組みそれができるようになれば、またその次のこともやってみようということになり、自分自身で工夫しながら螺旋状に学びの渦を広げていく。これこそが、まさに学習者オートノミーが伸長していくイメージだと考える。

　様々な個々の性格とそれぞれの生育環境を持った生徒たちに高校教師が直接関わるのはほんの3年弱である。この短い期間であるからこそ、「一生涯にわたって学び続ける」という確固たる種を蒔いておくことが何よりも大切なことなのだ。このディベート活動もその種の1つである。ディベート活動を経験した生徒たちは、様々な問題について積極的に多くの人々と意見交換をすることに関わっていってくれると思う。

　一部社会進化論の影響を受けて、デューイは民主主義の中（それが当時のアメリカの民主主義だという歴史的制約はあるが）に、多様な意見との相互作用が必要であり、人はその相互作用の中で進化・成長が図られると信じていた。このことからもわかるように、意見の多様性、議論を通じての意見のやりとりは、人間が社会の中で生きていく以上必要不可欠なものであり、民

主主義の根幹でもあるのだ。

　教育現場の教師は、まず生徒たちの個々の状況を見つめながら、「このグローバル化する世界で、どうすれば多様な人々と協同しつつ学び続ける人間を育成することになるか」と日々悪戦苦闘している。将来を見据え、批判的思考を生かしながら学び続けられるオートノマスな学習者を育てる一方法として、このディベート活動を現場の状況にアレンジしながら定着させていきたいと思う。

　願わくば、生徒がこの世界で起こっている事柄に心を開き、知的好奇心を持続し、柔軟かつ批判的に思考を鍛えながら、問題解決に取り組んでいってくれたら、と思う。そして、生きている限り学ぶ必要があるということを身を持って感じ、学び続けることの喜びを是非体感し続けてほしい。

参考文献

Dewey, J. (1966) *Democracy and education.* New York: Macmillan. (Original work published 1916)

Dörnyei, Z. (2003) *Questionnaires in second language research: Construction, administration, and processing.* Mahwah, NJ: Lawrence Erlbaum.

川島範章(2006)「批判的思考態度の形成と深化に関する研究―高校生用思考態度質問紙の開発による」博士論文　兵庫教育大学

MacIntyre, P. D., Clément, R., Dörnyei, Z., & Noels, K. A. (1998) Conceptualizing willingness to communicate in a L2: A situational model of L2 confidence and affiliation. *Modern Language Journal*, 82, 545–562.

松本道弘(1992)『やさしいディベート入門』5刷　中経出版

道田泰司(2001)「批判的思考の諸概念―人はそれを何だと考えているか?」琉球大学教育学第59集, pp.109–127.

中津燎子(1988)『なんで英語やるの?』11刷　文藝春秋

鈴木健(2008)「クリティカル・シンキング教育の歴史」鈴木健・大井恭子・竹前文夫編『クリティカル・シンキングと教育―日本の教育を再構築する』3刷 (pp.4–21)世界思想社

Tamai, K. (1993) Integration of the four skills using debate: Theory and approach. *Annual Review of English Language Education in Japan*, 4, 11–20.

第 2 部　授業

八島智子（2008）『外国語コミュニケーションの情意と動機―研究と教育の視点』3刷　関西大学出版
Zechmeister, E. B., & Johnson, J.E. (1992) *Critical thinking: A functional approach.* Belmont: Brooks / Cole.

ICTを使って学習者オートノミーを促す授業

小笠原良浩（兵庫県立姫路西高等学校）

- これまでの教育経験

兵庫県立龍野実業高校（定時制）、同姫路西高校、同舞子高校、同相生高校を経て、現在再び姫路西高校で勤務している。教師歴28年。

- 育てたい学習者像

英語によるコミュニケーション能力を育成し、その1つとして、人前でスピーチやプレゼンテーションができる生徒を育てたい。

- 学習者オートノミーの定義

生徒が授業を受けることに喜びや面白さを感じ、あるいはその意義を見出し、積極的に授業に参加すること。また授業を中心に自分で家庭学習ができるようになること。

- 対象者学年　高校1年生

- 対象者の背景・特徴・英語力

学力の高い生徒集団であり、いわゆるペーパーテストには強い。素直で真面目な生徒が多く、授業中もよく集中できているが、積極的に発言したり、自分の意見を述べたりする場面は少ない。

- 授業の目的および伸ばそうとする技能

コミュニケーション能力の育成を目的とし、その1つの到達目標として、人前で「学習した内容をリテリングとしてアウトプットできるようになること」を掲げた。

1 授業を始めるにあたって

　平成24年の4月に高校1年生の授業を開始するにあたり、担当教師3名で生徒の到達目標と指導方法の確認をおこなった。1年生は英語Iとして週6単位の授業があるが、運用上それらを英語A（英語Iの教科書3時間）英語B（英文法2時間）英語C（ALTとの会話授業1時間）として振り分けた。今回は英語Aの授業について詳しく述べたいと思う。

　まず到達目標としては「学習した内容をリテリングできるようにする」ことを掲げ、指導方法については、「和訳・文法説明は極力避けて、音読等の言語活動に時間を割りあてる」ということでコンセンサスを得た。このように、複数の教師が授業を担当する際、生徒全員にできるだけ均質な授業を提供することは重要であると考える。

　授業開きにあたって、生徒たちに目標とすべきゴールを示し、高校での授業方法について説明した。この時、生徒に対して述べたことは、彼らが将来社会に出たとき、英語でコミュニケーションができるようになっておくということだった。これは学習指導要領の目標である「コミュニケーション能力の育成」そのものである。そして、そのためには、基礎的な英語力、つまり基礎となる英語の表現を、自分の頭のなかにデータベースとして構築しておく必要があることを説明した。

　授業進度は、1時間の授業で教科書1レッスンのひとつのセクションを読み進めるが、最初の1時間はイントロダクションとして、ビデオ教材等を使って生徒の興味を高め、おおまかにレッスン全体の内容確認に割り当てる。また、すべてのセクションが終了した後に1時間の音読暗唱テストを行う。例えば、4セクションに分かれているレッスンに割り当てる時間は6時間となる。教科書の各レッスン後にある内容理解と文法項目の復習問題はせず、解答をプリントで配ることにした。

第 2 部　授業

2　授業準備

　生徒に義務づけた予習は、教科書本文を読み、自分なりに意味を確認することであった。最初の 1 時間は全体の通し読みとなるため、家庭でレッスン全体を読んでくることを予習として課した。辞書を引くかどうかは本人に任せた。2 時間目からは、予習プリントとしてエクセルで作成したシートを事前に配布した。左側にフレーズごとに切られた英文、右側に日本語訳を記したプリントで、イディオムや文法項目が含まれる部分を空白とし、生徒はその部分を和訳してくる。(下図表参照)

Lesson 8 Good Ol' Charlie Brown (pp.122–134)			
Section 4			
1	The Peanuts cartoons are not funny	『ピーナッツ』マンガはおもしろくはない
2	in the ordinary way.	
3	We are more likely to smile	
4	than to burst out laughing.	
5	But somehow they make us feel good.	
6	We want to see Charlie Brown and Linus and Snoopy /	私たちはチャーリー・ブラウンとライナスとスヌーピーに会いたい /
7	and all the other Peanuts characters	そしてほかのすべての『ピーナッツ』の登場人物に
8	again tomorrow in our newspaper.	翌日もまた 私たちの新聞紙上で
9	If they are not there,	もし彼らがそこにいないと
10	we will miss them /	
11	as we might miss a friend	
12	who has gone away.	

図表 1　予習プリント

3 授業方法

3.1 1時間目　イントロダクション

　英語 A の授業では、教室内で 50 インチの TV モニタを使用する。同型の TV モニタは兵庫県下のほぼ全ての公立高校に設置されている。1 時間目の授業はビデオによるイントロダクションと、レッスン全体のおおまかな内容把握である。ビデオ教材は Youtube 等のネット上の素材をよく使用した。ビデオで生

授業風景

徒の興味を喚起した後、教科書の全セクションをコピーした B4 のプリントを配布し、5 分程度で読ませる。その後、レッスン全体の要旨に関する T or F、Q and A、各パラグラフでのトピックセンテンス探しなどのタスクを、クラス全体で、あるいはペア活動等でこなしていく。教材によっては、内容理解の後にまとめとしてビデオを見せた。

　新出単語については、内容理解の後に再度読みながら丸印を付けさせて、もう一度文脈の中で意味を推測させる。その後、ウィンドウズ用の WordFlash（ワードフラッシュ）というソフトを使って、フラッシュカードを TV モニタに映し出して発音練習を行う。

3.2 2時間目以降

　2 時間目からの授業は予習プリントのチェックから始まる。フレーズごとに書き込んできた和訳をペアで確認しあう。この間教師は生徒の机の間を巡回して生徒の状況を見て回り、質問があれば答える。重要だと思われる質問に対する答えについては、全体に対して説明を行う。意味確認に要する時間は、5 〜 10 分程度となる。

　意味確認が終了すれば、音読練習に移る。生徒はまず自分で一度音読し、発音の難しい単語や、つまったところにチェックを入れる。次に教師はモデ

ル音声を生徒に聞かせて、音の確認をさせる。その後は教師についてのリピートとなる。リピートが終わったら、今度はペアでリピート練習する。一人の生徒が教師のように先に音読する。もうひとりの生徒はそれをリピートする。最後の行までできれば、交代してまた同じ練習をする。時間がない場合は、本文の真ん中あたりで役割を交代させることもある。

　一通り読めたら、次は負荷をかけて読むスピードを速める練習に移る。英文を暗記するレベルで読むためには、ある程度の音読スピードが必要である。ペアで競争読みをさせたり、全員立たせてから、ペアで英文を交互に読ませて、読み終わったペアから座らせるといったような音読活動を行った。

　音読活動については、『英語力がぐんぐん身につく！　驚異の音読指導法54』や、『教科書の文章を活用する英語指導―授業を活性化する技108―』などに紹介されている活動を取り入れた。

　生徒の音読スピードのチェックとして、パワーポイント(以下PP)で作成したスライドをTVモニタの画面に映し出して、生徒に一斉に音読させた。PPの自動再生機能を利用すると、英文のフレーズが画面に表示され、表示されると間もなく英文は文頭の方から消えていく。生徒は文字が消える前に英文を音読することが求められる。この活動は勝手にスピード音読練習と名付けたが、生徒は積極的に取り組んでいた。(下図表参照)

> ent to revive
> our native Hawaiian
> culture and language.

図表2　スピード音読練習

　PPの自動再生の設定の仕方は、スライドに文字を打ち込んだあと文字全体を選択し、アニメーションの設定→効果の追加→終了→ワイプを選ぶ。表

示ボックスに示されたアニメーションにカーソルを持っていき、クリックすると右側に逆三角のタブが現れる。そこをクリックすると、また新たなメニューが表示されるが、そこで「効果のオプション」を選ぶ。サウンドのところで「type」を選べば、前から文字が消えていく設定となる。テキストの動作は「文字単位」、60%文字間で遅延にすると、ちょうどよいスピードになると思われるが、生徒のレベルに合わせて速めたり、遅くしたりすることができる。

　ある程度スピードをつけて読めるようになれば、次は暗記のための音読に入る。予習プリントを使って、リードアンドルックアップ（以下 R & LU）でフレーズごとに英文を音読していく。生徒には「フレーズが長いと思う場合は、自分で短くしてから音読すればよい」と指示をしている。R & LU に要する時間が 5 〜 7 分程度である。

　一通り R & LU が終わったら、教師が英文をフレーズごとに読み上げ、生徒は何も見ずにリピートする。教師は生徒の反応を見ながら、スピードやイントネーションを調節してモデル音読を行い、生徒にリピートさせる。時間があれば最後の行までするが、時間がない場合は途中でペアワークに変える。一人がプリントを見ながらフレーズごとに英文を読み上げ、もう一人は何も見ずに英語をリピートする。最後の行まで行けば、交代する。早く終わったペアには、予習プリントの日本語のフレーズを見て英語に直すように指示する。

　だいたい全員が終わったところを見計らって、クラス全体でスクリーンに映し出された日本語を英語に直していく。英訳できているかどうかは生徒の声の大きさで判断できるので、必要な部分は繰り返し練習させる。

　英訳練習が終われば、仕上げとしてリテリングになる。英文を思い出すヒントがなければ、完全なレシテーション（本文を丸暗記して発表する形式）になってしまい、かなり難しいタスクとなる。そこで、学習した内容を想起できるように、絵と写真を使ってスライドを作成しておく。生徒はそのスライドを見て、内容を再構成しながらリテリングする。（下図表参照、このス

第 2 部　授業

ライドは Prezi（プレジー）というソフトを使用しており、実際はそれぞれの[　　]が一枚のスライドとなる。）

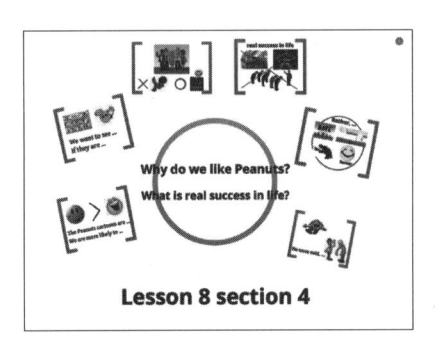

図表 3　プレゼン用スライド

　このスライドを見ながら教師がモデルとして 2 分程度でリテリングを行う。教科書の内容すべてを述べると時間がかかるので、細かいところは省略したリテリングとなる。教師のモデルを見て生徒はイメージをつかみ、ペアで練習する。一人はスライドの絵や写真を見ながら、プレゼンをしているつもりで、教科書の内容をリテリングする。もうひとりは聞き役となるが、ハンドアウトを見ながら時々パートナーのプロンプターとして協力する。
　ペア練習が終わったところで、1、2 名を指名して、実際にスクリーンの横に立たせてプレゼンさせる。評価については、◎・○・△・×の 4 段階で評価した。◎は重要なポイントをほぼ全て伝えている、○は 7 割以上、△は 5 割、×は 3 割以下というおおまかな基準の評価であるが、ほとんどの生徒が◎か○であった。教科書の英文をそのまま使用している生徒が多かったが、中には自分の英語でストーリーを再構築している生徒もいた。
　最後に 5 分程度の時間を取って、サマリーライティングを行う。B6 の大きさの用紙に 30 〜 50 語程度でサマリーを書く。終わりのチャイムが鳴ると同時に回収して、授業を終わることが多かった。回収したサマリーはさっと目を通して検印を押し、優秀なものについては、Good Job や Excellent のような判を押して返却した。（下図表参照）

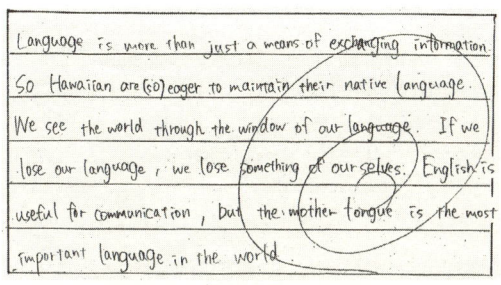

ICTを使って学習者オートノミーを促す授業

> Language is more than just a means of exchanging information. So Hawaiian are (so) eager to maintain their native language. We see the world through the window of our language. If we lose our language, we lose something of ourselves. English is useful for communication, but the mother tongue is the most important language in the world.

図表 4-1　生徒のサマリー例 1

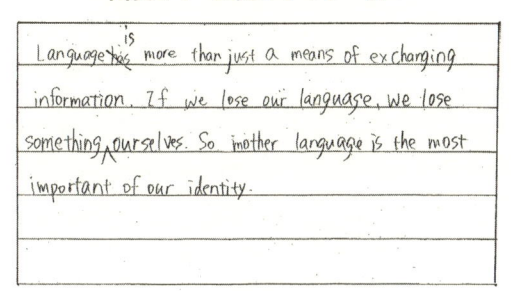

> Language is more than just a means of exchanging information. If we lose our language, we lose something ourselves. So mother language is the most important of our identity.

図表 4-2　生徒のサマリー例 2

授業案を下に示す。

Procedures: Teacher	Students	Time	Assumptions:
Greetings			
Error Correction Game (Review of the previous lesson) Giving out a handout, the teacher asks the students to find out 7 mistakes.	The students try to find 7 mistakes in the passage.	5min.	This activity will encourage the students to go over the previous lesson at home by reading out the passage several times.
E-J Translation Check The teacher asks the students to make a pair and compare his/her translation with that of a partner. He walks around the class, checking the students' translation.	The students compare their translations with those of their friends.	3min.	This will set the atmosphere for cooperative learning. (The students can learn from their friends.)

97

Explanation of the passage The teacher explains some new expressions and grammatical points.	The students ask questions if they have. They listen to the teacher and take notes if necessary.	5min.	This will help the students understand English in the textbook better.
Vocal Reading Practice The teacher tells the students to read out the passage.	The students read out the passage in the textbook.	2min.	The students find out which words they stumble on.
Listening to the Model Reading The teacher tells the students to listen to the model reading with attention.	The students listen to the passage, focusing on the difficult words or expressions.	2min.	The students can focus on the sounds of English for their vocal reading, which is carried out later in the class.
Vocal Reading Practice -Repeating 1 -Pair Reading -Repeating 2 -Individual Reading -Quick Listening -Quick Reading	The students repeat after the teacher, then one student reads out each sentence, while other student repeats after his/her partner. (The students are engaged in various types of reading.)	13min.	By reading out English many times, the students' brains will be stimulated, which makes it easy for them to memorize English sentences.
Memorization Practice -Read and Look up (From **J** to **E** if time allows) -Repeating without looking at the textbook -**J** to **E** translation on TV screen	The students try to memorize each sentence through Read and Look up activity. Then, they repeat after the teacher without looking at their textbooks. Repeating practice in pairs is also done. Finally, they put Japanese into English on the screen.	10min.	This is one of the first steps in making a better presentation. The more sentences they can memorize, the better presentation they can make.
Presentation Practice The teacher shows how to make a presentation, and then asks each student to do the same.	The students in pairs try to make a presentation to his/her partner. (Some appointed students may do it in front of the class.)	10min.	This will help the students develop their presentation ability as well as English-speaking proficiency.

Summary Exercise The teacher gives out a sheet of paper and tells the students to write a summary of this section on it.	The students write a summary of today's lesson on a sheet. They show their summary to each other.	5min.	This will help them strengthen the memory of today's lesson. It will also help promote their organization skill.
Greetings			

3.3 暗唱音読テスト

3.3.1 普通教室で

　毎レッスンで全セクション終了後に、教科書の内容を日本語から英語に直せるかどうかをチェックする音読暗唱テストを行った。テストは、PP のスライドを使って TV モニタに日本語を表示させ、それを英語に直す方法である。

　通常 40 人学級のクラスの座席は横 6 列で、縦 7 人あるいは 6 人のレイアウトになっている。本校の場合、最前列は 4 人、2 列目からは横に 6 人の生徒が並んで座っている。この横一列 6 人を 1 つのグループとして、一斉に立たせて、教室の前にあるスクリーンに写し出される日本語を英語に直させる。

　スクリーンには教科書の任意のセクションの日本語がスライドで映し出されている。どのセクションに当たるかは、こちらがランダムに指示するので、生徒は全セクションの英語を暗記する必要がある。

　PP の自動ページ切り替え機能を使って、5 秒程度で次の日本語訳に自動で切り替わるようにしておく。いったんスイッチを押せば、最後のスライドが表示されるまでに 1〜2 分かかるので、その間教師はグループの生徒たちのななめ前に立ち、生徒の音読を聞きながら、◎・○・△・× の 4 段階で評価する。

　よどみなく読めていれば◎、ところどころつまるのは○、つまる回数がやや多い場合は△、半分以上言えていない生徒は × をつけた。ほとんどの生徒は◎あるいは○であった。× の生徒のみ個人的にあとで読んで、口頭で再テ

ストを行った。一クラスに2、3人は×であった。しかし、この生徒たちも練習時間を与えれば、しっかり暗記ができて合格していた。

3.3.2 LL教室で

レッスン終了後の音読テストの方法については、2学期からPCに録音させることにした。教室でのPPのスライドを使ったテストでは、セクションによって易しい、難しいと不公平感があったので、教科書全セクションをチェックできる録音方式に変更したわけである。

LL教室にマイク内蔵のノートPCがあり、ウィンドウズのサウンドレコーダーを使って、生徒は予習プリントのフレーズごとに区切られた日本語を見ながら、英語を録音していく。これもペアで行わせた。一人が日本語を見て録音している間、もう一人は日英対比表を見ながら、相手がつまったところでキューの英語を言ってやるという形にした。（下図表参照）

図表5　音読暗唱テストの様子

評価については、生徒が録音したファイルを後で1つずつ聞いて、前回と同じレベルで評価したが、かなり時間のかかる作業となった。定期テストについても、暗記主体の問題とした。穴埋め、並べ替え、間違いさがし等、また、絵を使ってストーリーを再構成させるような問題を出題した。

なお暗唱音読テストは、現在ALTが2名配置されていることもあり、教科書の内容に関するインタビューテストに変更している。

4. 音読に関する生徒の感想

1学期中間考査後の6月に行った音読に関するアンケートについての生徒のコメントは以下のようなものである。

> 音読をしていくうちに リーディングアドバンスアップなどでも自然と次の文が出てくるようになりました。又、音読を2倍速でやることによって、1倍速ではとてもゆっくりに聞こえ、ききとりやすかったです。

> 本文に出てくる単語や熟語が、他の問題に出てきたときに、答えられるようになった。覚えるために音読を繰り返すと、どんどんはやく読めるようになって嬉しかった。

> 中学のときは、音読よりも書いておぼえていたけど、音読をしたほうが早くおぼえられることが分かった。発音だけでなくスペルもしっかりおぼえるようにしたい。

> 音読はすごい効果的だと思いました。頭にすごく残っているので、声を出すこと、聞くこと、書くことの3つをやっていこうと思いました。

> 何回も読んでいると、文章を書くときも、書きやすい。普通なら忘れているころに思い出してもだいたい覚えている。

音読に対して否定的なコメントは1つもなかった。生徒たちもその効果を実感しているので、積極的に音読活動に取り組んでいる。ただし、同じ活動ばかりでは、どんなに効果があるとしても、生徒はやはり飽きてしまうので、いくつかのバリエーションを持たせる必要がある。

第2部　授業

5.　プレゼンコンテスト

　教科書の後半に、20世紀を象徴する写真を扱ったレッスンがあった。数枚の写真が教科書に掲載されており、それぞれの写真について説明が加えられていた。これはプレゼンに適した内容であったので、このレッスン終了後にプレゼンコンテストを行うことに決めていた。時期は10月であった。英語の授業3時間と、総合的な学習の時間の1時間を活用して、合計4時間をかけてコンテストを行った。1クラス40名を10のグループに分け、4人1グループとした。予め、プレゼンコンテストの実施とグループ分けをアナウンスしておき、最初の授業までに、各グループにある程度プレゼン内容を決めておくように指示しておいた。

　1時間目はインターネット環境があるLL教室で、誰について、あるいは何についてプレゼンするか、またそのプレゼンで使用する写真を決めさせた。2時間目は教室で、各グループ内でそれぞれ担当を決めて、自分が担当する部分のプレゼンの原稿を作成させて、教師が目を通した。仕上がらなかった者については宿題とし、全員必ず次の授業までに原稿を見せに来るよう伝えた。3時間目は教室で各グループにプレゼンをさせた。

　PPは使わず、プリントアウトした写真4～7枚を黒板中央に添付して、生徒は2人ずつ左右に分かれ、自分の担当する部分について英語でプレゼンをした。原稿を読むのはNGとし、全員暗記でプレゼンさせた。聞いている方にはコメント用紙を配布し、必ず一言コメントを書くように指示した。コメント用紙には投票欄が設けてあり、自分のグループを除いてどのグループが一番良かったか、投票させた。その結果に基づいてクラス代表を選び、総合的な学習の時間に学年全体のプレゼンコンテストを行った。

　階段状教室になっている大講義室に1学年の生徒全員を入れ、写真はPPを使って吊り下げ式の大型スクリーンに投影し、発表する生徒にはマイクを持たせた。今回も、コメントと投票欄を設けた用紙を配布し、聞いている生徒にはメモを取らせた。投票結果については、後日の学年集会で発表し、ベ

ストプレゼングループを讃えた。

　ちょうどその頃は、学校行事の一環として西オーストラリア州教育省から3名の教諭を招いて、英語でのプレゼン方法に関する授業を行ったあとだったので、生徒はかなりプレゼンの重要性を認識していたようである。また、海外からの留学生も同時期に本校を訪問しており、教室内でネイティブの英語をよく耳にする機会があったことも、生徒の英語学習やプレゼンに対するモーティベーションを高める一因になっていたようだ。

6. iPadを利用した授業

　1年の2学期からiPadを利用して授業を行うようになった。生徒の学習を支援するようなアプリがあることと、エクセルで作成したデータをいくつかのアプリで使い回しができることが大きな理由である。

　iPadの導入と同時にネット上に自主学習用の教材をアップした。Quizlet（クイズレット）というウェッブページに、当該レッスンで扱う英単語とその和訳を単語カード形式（表が英語、裏が日本語）で提供した。同様に本文の英語とその和訳もフレーズごとに単語カード形式で閲覧できるようにした。教科書ガイド的な存在になるが、予習段階で自分の和訳をチェックしたい生徒はこのウェッブページにアクセスすれば確認できる。また、教科書以外で使用している英単語集の単語や、英文法の授業で使用している暗唱英語例文集についても、ウェッブ上に単語カードの形式で提供した。

　発音ボタンを押せば、機械音声ではあるがネイティブ並みの発音で単語を読み上げてくれる。また、生徒がデータをダウンロードすれば、単語帳のように日本語から英語への変換練習ができる。（次頁図表参照）

　ここで、授業で使用しているipadのいくつかのアプリとその使用方法を紹介したい。まず、音読について、教科書の英文を読むときに、少々負荷を与えるため、語学プレーヤーというアプリを使用する。このアプリでは、読み上げる音声のスピードを0.5～3倍の間で調整できる。スピード音読をさ

第 2 部　授業

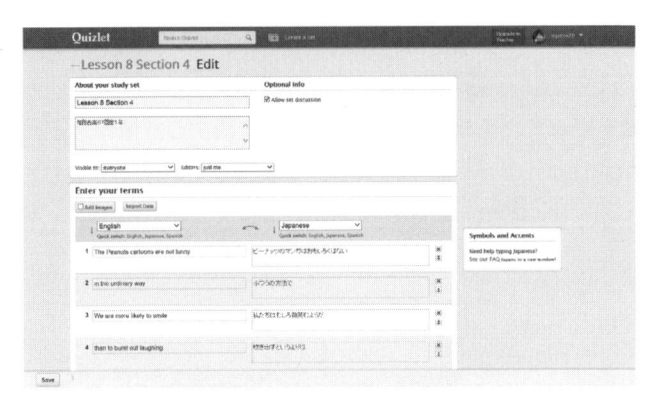

図表 6　Quizlet のウェッブページ

せる前に生徒に 2 倍前後のスピードで何度か聞かせ、頭の中で音読するように指示すると、その後のスピード音読活動がスムーズにできる。

　スピード音読の際には QuickReader（クイックリーダー）というアプリを使用する。実際のアプリを見てもらうのが一番わかりやすいが、大き目のフォントで表示された英文のバックにグリーンの帯が重なり、それが自動的に下に降りていく。その帯のスピードに合わせて音読できるかどうか、ゲーム的な要素を入れて、音読活動をさせている。（下図表参照）

図表 7　QuickReader の画面

　その後は暗記活動に入るが、その活動のチェックとして、Flashcardlet（フラッシュカードレット）というアプリを使用している。これは前述の Quizlet

104

と連動しており、iPad 上で使える単語カードである。最初に日本語がフレーズごとに現れるよう設定し、クラス全体に英語に直していくように求める。日本語の部分をタップすると、カードが反転して英語が現れるようになっている。音読暗唱テストで使用した PP の日本語→英語の練習と同じである。（下図表参照）

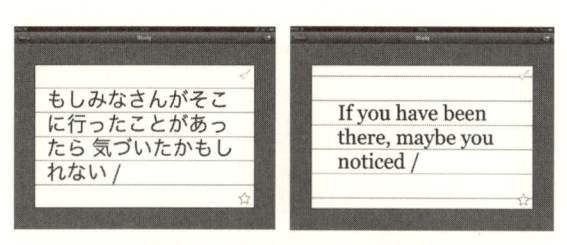

図表 8　Flashcardlet の画面

　最後に絵や写真を見せてプレゼンさせるときは、プレゼンテーションアプリの Keynote（キーノート）や Prezi を使うが、これもほぼ PP と同じである。
　それぞれのアプリの詳しい機能や使用方法については、ネット上にある説明を参照していただきたい。特に語学プレーヤーと Flashcardlet は、生徒の受けもよく、使い勝手がよいと思う。
　ICT を使った授業の注意点は、機器の準備をしている間、生徒を待たせないことである。ペアワークなどの活動とデジタル機器を使った全体活動が交互になるように授業を計画すれば、生徒が活動している間に、次の活動で使用するアプリの準備ができるので、スムーズに授業が運ぶ。

7.　授業に関する生徒の感想

　1 学年の終わりに、英語の授業に関するアンケートを無記名、自由記述で行った。このアンケートは学校全体ですべての科目において実施しているものではなく、筆者自身の授業改善のために実施したものである。
　授業の良い点として、ほぼ全員が「音読中心の授業スタイル」を挙げてい

た。また、その他に、「様々なアプリやTVモニタを使った音読のバリエーション」や「ペア活動などの学習形態」を評価する生徒も多かった。また、「ICTを使っているので、授業のテンポがよい」という意見や「本文の内容に関する映像を見ることによって、より興味を持って学習に取り組める」という意見もあった。

　一方で、「授業の進度が早い」と思う生徒や、「TVモニタの画面が席によっては見にくい」などの意見もあった。これらについては今後の課題である。（下参照）

良い点	改善すべき点
read and look up が自分としては英文がよく頭に入るのでよいと思う。	後ろの席だと光の反射で画面が見づらいこと。

良い点	改善すべき点
授業中にたくさん音読するので、ほとんどがおぼえられて助かる。	前で暗唱するのは緊張する。

8. おわりに

　最初に述べたように、生徒が授業を受けることに楽しさを感じ、その授業に意義を見出し、積極的に授業に参加するようになれば、自然と家庭での学習につながるのではないだろうか。つまりは、オートノミーの育成に結びつくのではないかと考える。いかに授業が大切かということである。

　デジタル機器を使用して生徒の言語活動を活性化させるという視点から、オートノミーの育成について述べたつもりではあるが、まだまだ授業改善の余地が残されている。プレゼンテーションは1つの到達目標ではあるが、コミュニケーション手段としては、もっとさまざまな活動がある。現在の活

動は暗記のみという感が否めない。もっとさまざまなコミュニケーション活動の場を提供することによって、生徒のやる気を引き出し、生徒のオートノミーをより伸ばしたいと考えている。

参考文献
安木真一(2010)『英語力がぐんぐん身につく！　驚異の音読指導法54』　明治図書
磯田貴道(2011)『教科書の文章を活用する英語指導―授業を活性化する技108』　成美堂

リフレクションを促すポートフォリオ活動

徳永里恵子（兵庫県立姫路西高等学校）

- これまでの教育経験

この活動は筆者が研究者として計画したが、別の教員が実践したものである。実践者は、当時、公立高等学校において4年間英語を教えた経験がある教諭であった。執筆者は、ある公立高校で6年間勤務した後、この研究が行われた公立高校で当時勤務していた。この公立高校は当時の状況は、4～5割程度が四年制大学または短期大学への進学を希望する生徒がいた。

- 育てたい学習者像

自分の学習を振り返り、その効果を感じながら、さらなる向上を目指して、主体的に学習に取り組むことができる学習者。

- 学習者オートノミーの定義

他の人との比較ではなく自分の能力の伸びを客観的にとらえることができ、さらに力を伸ばすためには何が必要かを考え、それを実行できる。

- 対象者学年　高等学校2年生

- 対象者の背景・特徴・英語力

この活動は、兵庫県の公立高等学校で行われたもので、対象となった生徒は高校2年生の1クラス41名であった。この学校では進路希望によって2年生が6クラスにわけられており、対象のクラスは大学への進学を希望している生徒を集めたクラスであった。

- 活動の目的および伸ばそうとする技能

育てたい学習者像を実現するため、学習者にリフレクションの機会を与え、その習慣をつけるための活動を計画した。

1. ポートフォリオの活動について

この活動の目的は、リフレクションの機会を与え、促進することである。この活動を行うことを通して知りたかったことは、次のとおりである。

1　学習者は文章を書くことや書いたものを振り返ることでどう感じるのか。

2　学習者が授業での自分の学習を振り返ることで何を感じるのか。

3　学習者と教師とのコミュニケーションが、学習者の動機づけにどのような影響を与えるのか。

ポートフォリオの活動は4つの部分で構成されている。Language Passport、Journal、Learning Log、そしてOptionalの4つである。それぞれのパートについて具体的に述べていきたい。

1.1 Language Passport

学習者が自分の英語学習の経験を振り返って書く活動である。このパートの目的は、学習者に振り返りを通して英語を学習することに対する意識を高めさせることである。内容は、学習経験、海外での滞在経験、英語によるコミュニケーションの経験、検定や資格、英語学習に対する姿勢、などである。すべて英語で書くことを求めた。使える語句を集めたものを補助として付けた。実際に使用したワークシートは図1-1、1-2に示している。

Language Passport　NO. 1

How long have you been learning English?

I have been learning English for ____________________.

more information : ________________________________

____

____

Have you ever visited an English-speaking country?　(Yes　No)

↓(If yes...)

I have visited ____________________

more information : ________________________________

____

____

Have you ever communicated with a foreigner in English?　(Yes　No)

↓(If yes...)

I have communicated with ____________________.

more information : ________________________________

____

____

Have you ever received any certificate or diploma?

time　　title of certificates or diplomas

図1-1　Language Passport

1.2　Journal

ポートフォリオの２つ目のパートはJournalである。ここでは、学習者にテーマを与え、それについて英語で書くことを指示した。この活動の目的は、学習者が自分に関することや考えなどを英語で表現するという機会を与えることである。Journalの活動自体は学習についてリフレクション（振り返り）をする活動ではないが、学習者が書いたJournalをポートフォリオの形で残すことで、自分の書いたものを後から見返し、自分の学習の成果を感じられる機会となるという意味で、リフレクションを促進するものと考える。また、書くこと自体が学習者のリフレクションの習慣を促進するものであると考える（Little 2001）。この活動の進め方を表１にまとめている。

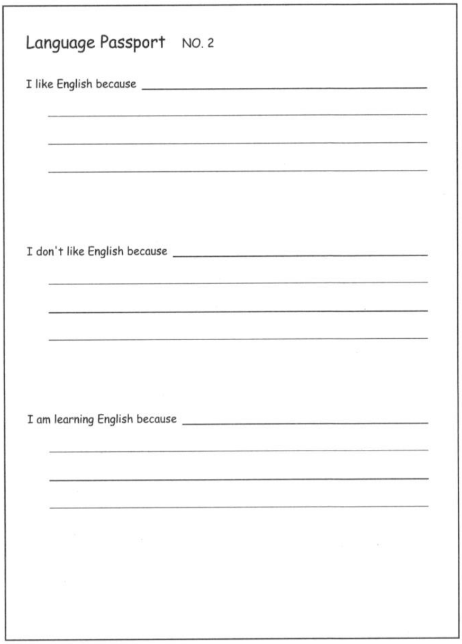
Language Passport　NO. 2

I like English because ______

I don't like English because ______

I am learning English because ______

図 1-2　Language Passport

表 1　Journal 活動の過程

ステップ	内容
First draft	与えられたテーマについて英文を書く
Reflection	下書きを読み返し、リフレクションシートに記入する
Peer correction	学習者同士で、下書きを添削し、コメントし合う
Revision	添削された下書きを自分で書きなおす
Best work selection	自分の書いた英文の中から、最高のものを選ぶ

それを見る (聞く、読む) と幸せに感じます。 I feel happy to see(hear/read) it.
私は〜のファンです。   I am a fan of 〜.
〜を大切にする   cherish 〜 / treasure 〜
それを何度も見る (聞く)   see(hear) it many times
〜せずにいられない   can't help 〜ing

＊Ending
こういうわけで、私はそれが好きなのです。 This is why I like it.
私は〜し続けていきたいです。   I want to go(keep) on 〜ing .
〜するのを楽しみにしています。 I am looking forward to 〜ing.

Useful expressions in the textbook("Tomorrow")

＊ If you want to introduce something, you can find some useful expressions in your textbook. Why don't you try using them?

・Have you ever heard of Venice?(p.6, in "World Heritage")
 〜のことを聞いたことがありますか。
・Look at the pictures. The birds in the pictures are called finches. (p.7, in "World Heritage")
 写真を見てください。写真の中の〜は〜と呼ばれています。
・Do you know Darjeeling tea?(p.9, in "World Heritage")
 〜を知っていますか。
・I'm going to talk about one of the most important materials on the earth. (p.25, in "Giving a Presentation")
 〜について話します。

＊ If you want to write about your favorite music, you can refer to p.55 in your textbook.

Journal Guidance No.2

1. Choose a subject from the following two subjects. You can choose both of them, if you like.
2. Refer to the sample and glossary below, if necessary. You can write as much as you like.
3. Write more than five sentences.
4. You can put a picture or a photo on the journal pages if you wish.

Subject : "My Favorite ……"
 (e.g. "My Favorite Musician" "My Favorite Movie" "My Club" "My Favorite Book" etc.)
          or
    "My ……"
 (e.g. "My Treasure" "My Town" "My Hobby" etc.)

Glossary (辞書も使って、ここにない表現もどんどん使ってみましょう！)
（右のページの Useful expressions in the textbook も参考にしてください。）

＊Introduction
私の好きな〜を紹介します。   I will introduce my favorite 〜.

＊Reasoning
私がそれが好きな理由は・・・。
I like it because……。
The reason why I like it is that ……

私がそれを好きな理由は3つあります。1つ目の理由は・・・。 2つ目は・・・。3つ目は・・・。
There are three reasons why I like it. The first reason is (that)……
The second is (that)…… The third is (that)……

＊Description and explanation
それは〜するのに使う物です。   It is used for 〜ing.
それは〜についてのものです。   It is about 〜.
〜するのはおもしろい(楽しい)です。 It is interesting(fun) to 〜.

図2　Journal Guidance

113

Check List

Mechanics/Format
- I used periods and question marks correctly.
- I used capitals to start sentences.
- I used capitals for proper names.
- I indented paragraphs.

Word/Sentence Use
- I wrote complete sentences with a verb.
- I used correct subject-verb agreement.
- I used the past tense correctly.
- I spelled words correctly.

Overall
- I wrote what is appropriate to the subject.
- I expressed my idea clearly.

Peer Correction

The purpose is to help each other to make your journal better when you rewrite it. Correct your friends' journal in red ink.

1. Look for errors and correct them refering to the Checklist above.

2. Underline the parts you don't understand.

3. Write some good points, comments on the contents, advice in rewriting it, and so on.

図 3　Check List

表 2　Journal のタイトル・活動内容

Journal Subject	Type of writing
"My Family" or "My Friends"	Description
"My Favorite ..." or "My ..."	
Peer Correction & Revision	
"School Trip" or "Winter Vacation"	Narrative
Peer Correction & Revision	
"School Uniform"	Opinions & Reasoning
Peer Correction & Revision	
Best Work Selection	

このJournal活動では、First draftの前には、書き方を示したガイダンス（その1例は図2参照）、使える語彙を集めたもの、そして英文例を学習者に与えた。
　学習者に自分たち主導で学習を行っているという感覚を感じる機会を与えるための方策の1つとして、Peer correctionも取り入れた。Peer correctionの時には、チェックリストと推敲ポイントを示したものを与え、添削や推敲しやすくなるよう工夫した（図3参照）。
　Journalのテーマは表2のとおりである。テーマ設定で配慮したことは、まず、対象となる学習者の持つ英語表現力で書きやすいテーマを選ぶことである。内容についても、学習者にとって身近で、書く内容を思いつくのにあまり苦労しないテーマであること、それについて書きたい、伝えたいという意欲が湧くようなテーマであることを心掛けた。また、各回で学習者それぞれがある程度の選択ができるよう配慮した。テーマによって、書くと思われる文章のタイプが異なってくることも考慮に入れた。最初は物事の説明、次に出来事の叙述、そして意見を含めた主張というように、文章のタイプも学習者にとって書きやすいと思われるものから並べた。また、各回でできるだけ複数のテーマを与え、学習者自身が選択する余地を残した。

1.3　Learning Log

　この活動は、学校での授業を振り返る機会を学習者に与えることと、授業者である教師とそれぞれの学習者とのコミュニケーションを促進することである。この活動を通して、学習者が学習を自らのものであると意識させることがねらいである。ポートフォリオ活動を行った期間の授業の度にこのLearning Logの活動を行った。授業の初めに、ワークシート（図4参照）と語彙集、見本を配布した。また、学習者は英語、日本語の両方を使ってよいとした。
　使用言語は英語であることが望ましいと考えたが、学習者が、英語を使って何かを伝える楽しさを感じる機会を持ちながら、かつ、振り返りと教師と

第 2 部　授業

```
Learning Log

Date: ___ / ___ / _____ , _____ , the ___ period
      day   month   year    day of the week

You can use English, Japanese, or both.
                                    very much              not at all
☆ Did you prepare for today's lesson?  ( 5 ・ 4 ・ 3 ・ 2 ・ 1 )

☆What did you do to prepare for today's lesson?
（今日の授業のためにどんな準備をしたか）



                                    very much              not at all
☆ Did you enjoy today's lesson?        ( 5 ・ 4 ・ 3 ・ 2 ・ 1 )

☆What did you learn today's lesson?
（今日の授業で何を学んだか）


☆Comments（感想など）




☆Teacher's Comments
```

図 4　Learning Log

のコミュニケーションを達成することが理想であるので、学習者によっては英語使用の難しさが障害となってこの活動の主目的が達成されない可能性も予測されたため、日本語でもよいこととした。

1.4　Optional

　ポートフォリオに、4つ目のパート、Optional を入れた。ここには、学習者が個人的に英語学習に取り組んだしるしや、用いた教材などを残す。このパートを設けた目的は、学習者がポートフォリオに対して、自分自身のものであるという意識を高め、英語学習への意欲を刺激することである。

2. 結果と考察

活動終了後に、学習者に記述式のアンケート調査を行った。学習者の認識を包括的に見るため、川喜田二郎 (1967, 1970) が考案した KJ 法を用いて、学習者のコメントを図にまとめた。それと学習者の 1 つ 1 つのコメントの中から顕著なものを取り上げ、それについて考察した。

2.1 Journal

Journal の活動に対する学習者の認識についての KJ 法による分析から読み取れること、それらについての考察を以下の 4 点にまとめた。

1 つ目は、この活動が難しいと感じたというコメントの多さである。この難しさの原因は語彙と文法的知識の欠如であると感じているコメントが多かった。コミュニケーションをとるためには文法的な形式に学習者の注意を向けることは、教師にとって必要な役割の 1 つである (Schmidt 1995)。学校での日々の学習の中では、学習者は語彙や文法の重要性をなかなか実感できない。英語で自分の言いたいことを表現する活動を通して、英語で何かを伝えようとする時に、文法や語彙が不可欠だということに学習者が気付いたのである。そのような気づきをした上での外国語学習が、より効果的な学びにつながる可能性がある。

2 つ目は、教師へのフィードバックの期待が見られたことである。担当教師は、学習者が書いた Journal の内容に対してのみコメントを残し、文法的な間違いを直すことを避けた。学習者に書きたいという気持ちを失わせないためであった。前に述べたように、学習者は語彙と文法知識の不足のために書くことが難しいと感じていた。その状況の中で、語彙や文法事項についての教師のフィードバックがないことに不満が生じるのは当然のことである。どの程度、どれくらいの頻度で学習者の文法的な間違いを訂正すべきかはよく議論されることである。Roberts (1995) では、教師は、学習者が気付き、理解できるようなフィードバックを与えるべきだと論じている。Nunan

117

& Lamb（1996）では次のように述べられている。「間違いの深刻さや訂正の方法はその授業の目的や状況次第である。」適当であると思われる間違いの訂正の方法や頻度は状況次第であると私も考える。また、適切な間違い訂正は、学習者の到達度、志向、経験、何を目的に書いたのかによって異なる。学習者に効果的なフィードバックを与えるために、教師は継続的に学習者のニーズを探る必要がある。

　3つ目は、互いに相反する立場のコメントがあったことである。楽しかったと答えた学習者は、「書こうとする内容を考えるのが楽しい」、「伝えたいことを書けるのがうれしい」などと述べている。それに対して、難しかったと答えた学習者のコメントの中には、書くべき内容を考えるのが難しかったというコメントがいくつか見られた。このような差が生まれたのは、書く活動の自由度が高かったことが原因であるのかもしれない。Dörnyei（2001）によると、学習者が自由度の高い学習を行う時、最初の段階である程度の混乱を感じるということは広く認められている。それゆえ、教師のサポートが必要となる。最初に教師は多くのサポートを与え、徐々に責任とオートノミーを学習者へと移していくべきである（Bruner 1986; Van Lier 1996; Nakata 2006）。

　最後に、この活動が英語で書く力を伸ばすのに効果的かどうかについて、学習者がどう受け止めているかについて触れたい。効果があまりないというコメントより、効果があるというコメントが多かった。この活動について肯定的な学習者がより多いようであった。しかし、効果がないというコメントの内容にこそ注意を払う必要がある。具体的に挙げると、「いくつか英語の単語を選んで、それをなんとなく並べているだけ」や、「自分の書いた文はほぼ、見本をコピーしたようなものだ」などである。これらのコメントから、書くのが難しいと感じた時に、彼らが辞書や見本を参照したということが分かる。これは書く力を伸ばしていく最初の段階であると考える。教師の役割は、そのような学習者にそれが必要な段階であることを伝え、努力を続けていくよう励ますことであると考える。

2.2 Learning Log

このセクションでは、Learning Log を通して授業の振り返りを行った活動について、学習者の認識を分析したい。

まず最初に、分析より分かったことは、多くの学習者がこのような授業の振り返りの意義を感じたということであった。そのようなコメントの中でも、教師とのコミュニケーションがとれることに意義を感じている学習者がいた。彼らは、教師からの一方通行の授業ではなく、自分たちが授業になんらかの影響を与えたいと感じ、教師とのコミュニケーションをとおして、授業が構成されることを望んでいる。

この活動に意義を感じられないという否定的なコメントも見られた。その中のいくつか注目したいコメントを紹介する。「自分を振り返るのは大切だとはわかっているが、次のステップにつながらないと意味がない」、「ある程度の意識を持って自分の学習を振り返るのは意味があると思うが、気が進まない時に振り返っても意味がない」などのコメントがあった。これらのコメントは、リフレクションに対して否定的なコメントに見える。しかし、彼らが実際に学習を振り返ることに意義を見いだそうとしてみたことも意味している。彼らの意見のさらに奥深くを探り、彼らを本当に意義のあるリフレクションに導く方法を模索すべきであると考える。

3. 最後に

私が考える学習者オートノミーとは、自分の学習を客観的にとらえたうえで適切な目標をたて、それには何が必要かを自ら考え、実行に移すことができること、そして、自分のしている学習が意義あるものかどうか常にモニターすることができることである。そのためには、自分の学習を振り返ることが必要で、生徒にその機会を与え、リフレクションを促すことが教師の果たすべき役割であると考える。リフレクションを促す方策の１つとして、目に見える形で学習が残るポートフォリオの活動を行った。今回のプロ

第2部　授業

ジェクトは数ヶ月という短期間であり、リフレクションを経験させるにとどまったと思う。リフレクションの有効性を学習者が身を持って感じ、それを習慣化し、自然とそれができる力をつけるには、さらに時間が必要である。しかし、リフレクションをさせる時間を授業の中でとることが難しい中で、ポートフォリオの活動のように、生徒がいつでも自分の学習を振り返ることができる仕掛けをすることは、オートノミーを促進する一助となると考えている。生徒の力を伸ばすために何が有効か、私たち教師も常に考えながら、様々なことを行っているが、与えられたことをそのまま実行するだけの学習者を育てていないか、常に自分の教育についてもモニターし続けることが必要である。

　私は高校でギター・マンドリン部の顧問をしている。コンクールの演奏の直後、喜びと感激の涙を流す生徒を見てきた。それは、賞などが発表されたわけでも、講評者に褒められたわけでもない。自分たちが演奏するまでにたどった道のりを振り返って涙するのである。彼らは強い達成感を感じている。このようなことは学習者にもあてはまることがあるのではないか。学習者が自ら目標を持ち、その目標達成のために努力を重ね、ついに目標を達成できた時、強い達成感を感じる。その満足感は、音楽の演奏者と同じくらい深くなることもあるだろう。そのような感情がさらなる学習へと彼らを導くと私は考える。私たち教師は、学習者が目標を達成し、さらに学習を続けるよう手助けをできる可能性がある。

注
この実践報告は、2005年に兵庫教育大学に提出した修士論文のために行った研究およびResearching Language Teaching and Learning (Peter Lang) で発表した原稿の一部を使用し、出版社 Peter Lang の許可を得て、実践用に書き換えている部分があることを書き添えておく。

参考文献

Bruner, J. (1986) *Actual minds, possible worlds*. MA: Harvard University Press.

Dörnyei, Z. (2001) *Motivational strategies in the language classroom*. Cambridge: Cambridge University Press.

川喜田次郎(1967)『発想法　創造性開発のために』中央公論社

川喜田次郎(1970)『続・発想法　KJ法の展開と応用』中央公論社

Little, D. (2001) We're all in it together: exploring the interdependence of teacher and learner autonomy. In L. Karlsson, F. Kjisik, & J. Nordlund (Eds.), *All together now. Papers from the 7th Nordic conference and workshop on autonomous language learning* (pp.45–56). Helsinki: Helsinki University Press.

Nakata, Y. (2006) *Motivation and Experience in Foreign Language Learning*. Oxford: Peter Lang.

Nunan, D., & Lamb, C. (1996) *The self-directed teacher: managing the learning process*. Cambridge: Cambridge University Press.

Roberts, M. A. (1995) Awareness and the efficacy of error correction. In R. Schmidt (ed.), *Attention and awareness in foreign language learning* (pp.163–182). HI: Second Language and Curriculum Center, University of Hawai'i at Manoa.

Shmidt, R. (1995) Consctousness and foreign language learning: a totorial on the role of Attention and awareness in foreign language learning. In R. Schmidt (Ed.), *Attention and awareness in foreign language learning* (pp.163–182). HI: Second Language and Curriculum Center, University of Hawai'i at Manoa.

Tokunaga, R. (2005) Reflection in Foreign Language Learning: A Study of EFL High School Students through a Portfolio Project. In T. Yoshida, H. Imai, Y. Nakata, A. Tajino, O. Takeuchi, & K. Tamai (Eds.), *Researching Language Teaching and Learning: An Integration of Practice and Theory* (pp.343–368). Oxford: Peter Lang.

Van Lier, L. (1996) *Interaction in the language curriculum: Awareness, autonomy and authenticity*. Harlow: Pearson Education.

第3部
学習

学習者オートノミーを育てる活動

吉田勝雄(鳥取県境港市立外江小学校)

- これまでの教育経験
今年で中学校教員として 26 年目。今までに 6 校の中学校で勤務し、現任校には昨年度から勤務している。(本章の内容は、市立中学校での教育経験によるものである。)
- 育てたい学習者像
昨日より今日、自分が成長した事を喜ぶことができ、英語の授業に積極的に取り組み、英語学習自体を楽しめる学習者。
- 学習者オートノミーの定義
授業に真剣に取り組み、どんな活動にも楽しみながら参加し、宿題などの家庭学習に意欲的に取り組もうとすること。
- 対象者学年　中学校 3 年生
- 対象者の背景・特徴・英語力
対象者は生徒数約 300 名の中規模校に所属し、境港市という漁業と観光を主要産業とする地方都市に住み、明るく素直な生徒が多い。
- 授業の目的および伸ばそうとする技能
生徒が英語の授業に真剣に取り組むことで英語力をつけて、少しでも生徒自身の人生が豊かに感じられるようになることを目的にしている。

1. はじめに

　筆者の勤務する中学校は、漁業と観光を主要産業とする地方都市にあり、全校生徒は各学年4クラスずつの約300名である。小さな町ではあるが、全国的に知名度もあり、自分の住んでいるところを誇りに思っている。明るく素直な生徒が多く、学校内ではいつもさわやかな挨拶が交わされ、ほとんどの生徒が、落ち着いた授業態度で真剣に授業に取り組んでいる。本校は筆者の母校でもある。教員生活27年目を迎え、自分の授業実践を学習者オートノミーとのかかわりの中で振り返ってみたいと思う。

2. 具体的な活動例

　筆者の日々の実践の中から、英語学習に対するオートノミーが生徒の中に生まれる場面を見ることが多い活動という視点から、紹介していきたい。

2.1 「自学ノート」

　自学ノートを英語の授業に取り入れて10年以上になる。毎年、自分の授業スタイルの変化や生徒の実態に合わせてやり方は少しずつ変化しているが、生徒の自主的な家庭学習を促すために生徒に取り組ませている。

　自学ノートは特別なノートではなく、どこでも買うことができる13段から15段の英語の4線ノートを使用する。4月の授業開きの中で紹介し、生徒は年間を通じて取り組むことになる。4月の生徒の気持ちが新鮮な時を捉えて、自学の大切さや意義を話すことによって、4月時点で自学に目覚める生徒が各クラスに必ず数名出てくる。その時に話す内容は、「自学とは『自分でする学習』です。勉強はさせられるものではなく、自らすすんでするものです。意味もわからず、強制されたことをするのは苦痛ですが、自分で興味を持ったことや、解決したいことには意欲的に取り組めます。自学ノートはそのためのものであり、単に学力だけではなく自主性も育ててくれます。

第3部　学習

自学ノートを利用して、中学校の英語学習を実りあるものにしましょう。」といったものである。自学の意義を話した後に、今までの生徒の成功例(一年間で進めた最高のページ数や自学ノートに本気で取り組んだ生徒の成長や変化)を具体的に話すことも、生徒の意欲を上げるには必要と考えている。自学のやり方は、次のような内容が書かれているプリントを配布しながら説明している。

『自学ノート』の使い方
・表紙には名前を書き、『自学ノート No. ○』と何冊目かを書く。
・自学のやり方プリントを自学ノートのはじめにはる。
・各ページの一行一行に必ず『通しの行番号』を書く。一年間で何行(何冊)」できるか、自分に期待しましょう(一冊60ページ終えると900行です)。

自学ノートの進度チェックは学期2回から3回行っている(学期はじめと中間テストと期末テスト後など)。また、自学ノートが終わるごとにも提出するように生徒には伝えてあるため、定期チェック以外でも自学を進めた生徒を把握できるようにしている。そのような時は、必ず他の生徒にそういった生徒の自学の取り組みを授業の始まりなどで肯定的に紹介している。定期チェックした自学の行数は自学通信として生徒に配布し、最も自学を進めている生徒を自学の行数ベスト20という形で紹介している。自学を頑張って進めている生徒は、通信に名前が出ることが励みとなり、自学のページ数が進んでいない生徒にとっては良い刺激になっているようである。対象者である3年生が4月から自学をはじめ、一学期が終わった時点で最高で1965行(ノート2冊と11行)、最低で54行(約4ページ)、学年平均309行(約20ページ)の自学ノートを進めている。自学の行数の多さで上位10名と下位10名を表にまとめると以下のようになる。

　上位10名の生徒のほとんどが英語成績の上位者であるが、その中に英語が苦手である生徒も含まれている。

順位		行数	性別	評定	順位		行数	性別	評定
1	A	1965	男	5	1	K	54	男	2
2	B	1932	男	3	2	L	68	女	2
3	C	1460	男	4	3	M	72	男	3
4	D	1345	男	4	4	N	83	男	2
5	E	1263	女	5	5	O	90	男	5
6	F	1027	女	2	5	P	90	女	4
7	G	900	男	4	7	Q	91	女	3
7	H	900	女	5	8	R	92	男	2
9	I	870	女	3	8	S	92	男	3
10	J	735	女	5	10	T	93	男	3

　自学ノートの取り組みは、自分の努力が行数として数量化される部分が学習のオートノミーを生み出している。その数量化された個人的な努力を学年全体でシェアすることで生徒の自己肯定感を上げるとともに、生徒同士の健全な競争心を刺激することによって生徒のオートノミーの促進に成功している。

2.2　評価を伴うアウトプット活動

　学期に1回から2回の対面式・発表型のアウトプット活動を行っている。生徒には英語の表現力を見るための活動であり、各学期の評価に入れることを活動の前に明言している。この時、できるだけ具体的にその活動で生徒が目指すべき到達点(ゴール)を示すことが学習者のオートノミーを促進するためには非常に大事であると考えている。口頭でもよいが、できればプリントに文章化したり、前年度の生徒が実際にその活動をしている映像や作品そのものを提示したりすることによって、生徒は目標が具体化され、意欲が高まるようである。今までに取り組んできた活動のいくつかを紹介する。

2.2.1 インタビューテスト

　中学校に入学し英語を学習し始めた中学生にとって一番大きな夢は、外国人と英語を使って話すことである。多くの中学校にALTが配置され、現在の中学生たちは英語の授業や昼休憩、放課後に外国人とのコミュニケーションを気軽に楽しむ機会に恵まれている。しかし、授業が一斉授業の形態で行われている限り（ティーム・ティーチングの授業であっても）、ALTと一対一できちんとした英語で会話するチャンスは多いとは言えない。インタビューテストは、すべての生徒にALTと英語を通したコミュニケーションを楽しむ機会を与えることができる活動である。生徒は廊下や別教室に行って1分間から2分間の一対一の英語のみによる会話を行う。インタビューテストを行う場合、最も避けるべきは、ALTがひたすら生徒に質問をする形式のインタビューテストである。インタビューテストを生徒の簡単なスピーチで始めたり、生徒から質問したりする形式にすることで自分から意欲的にコミュニケーションを図ろうとする態度を伸ばすことができると考えている。インタビューテストはどの学年でも実施することができる。特に、1年時での実施は、生徒の英語学習への動機づけに大きな効果をもつ。インタビューテストを受けた生徒の中には「初めてインタビューテストを受けた時は、とても緊張しました。でもテストを受けているうちに少しずつリラックスできるようになりました。このテストで外国の人と話せたし、自分の英語力を試すことができました。とっても面白かったし、英語を話すのに少し自信が持てました。これからは、もっと英語の勉強を頑張ろうと思います。」といった感想をもつ生徒が多い。

2.2.2 音読テスト

　生徒に授業で音読の大切さを常々伝えている。授業中にも発音、イントネーション、強弱、英文の中でつながって発音される部分などを意識した読みをするようにいっている。学期に一度はその音読の成果を図るため一対一の音読テストを行っている。ユニットが始まる前から生徒に音読テストの実

施をアナウンスして生徒の意識を高めておく。ユニットの中のどのページを読むかは、一人一人がテストを受ける直前にカードを引いて決め、テストを始める順番も、テスト当日にカードを使って決めている。生徒にはどこを読んでもいいように全てのページを練習するように言っている。ABCの3段階評定で評価し、練習のポイントをプリントにして説明している。

英語が得意な生徒の中には、テストに向けて家庭でしっかり練習して音声CDと同じような音読ができるような生徒も出てくる。また、テスト点がよくない生徒の中にも音読が得意な生徒もおり、音声的な部分をきちんと評価することが英語学習に対するオートノミーを高めることもある。

2.3 英語の歌・映画

どの学年でも授業が軌道に乗った5月の連休明けから英語の歌を授業の初めに歌っている。英語の歌が好きな生徒は多く、英語の歌を歌ったり、聞いたりするのを楽しみにしている。1カ月に1曲を基本にして年10曲程度を生徒と一緒に歌っている。

選曲は生徒が歌いやすいものを基本として、文法的にも教科書とリンクさせるようにしている。極力、学校行事や季節に合わせるようにもしている。無理をして新しい曲を選ぶ必要はなく教師の好きな曲、青春の歌などで良いと考えている。歌を歌うだけでなく、その歌に込められた思いやヒットした時代背景、教師自身の思い出を伝えることでさらに生徒は英語の歌に興味をもつようになる。月が終わりに近づくと「先生、次の曲は何？」、「今度私の好きな○○の曲をかけてよ」と授業が始まる前に話しかけてくるようになる。授業で英語の歌を歌うことによって洋楽を聞くようになる生徒や自学に自分の好きな洋楽の歌詞を書いて訳したりする生徒も出てくる。

年に1回程度ではあるが2時間から3時間を使って映画を見る機会を設けるようにしている。題材は教科書で扱った内容に関連したものを見せることが多い。できるだけ映画館で見ているような雰囲気を作るように心がけている。最近の生徒は英語の映画でも字幕スーパーで映画を見る生徒はほとんど

いない。新作映画さえ吹き替え版で見られるようになっているため、映画で生の英語を聞く、普段学習した英語学習の成果を映画を見ることで実感する機会も以前にくらべて非常に少なくなっている。映画を見せる前に字幕スーパーで映画を見る人と聞いても手を上げる生徒はクラスで数名である。授業で映画を見せるときは必ず英語音声、日本語字幕で見せる。時間が許せば、映画の中でよく使われる表現を簡単に押さえておくと英語の音声に対する意識を高めることができる。英語を見終えた感想で「今までに習った英語が聞き取れてうれしかった。」ということを感じる生徒は多い。今まで吹き替え版で見ていた生徒の中にも字幕版で映画を見るようになる生徒もいるようである。映画を見ることが嫌いな生徒はほとんどいない。映画を通してリラックスした雰囲気で英語に触れることは、英語学習の意義を肯定的に捉える機会を生徒に与え、長期的に見て英語学習へのオートノミーを促進させることができていると考える。

2.4 「多読」の授業

　本校は平成23年度から25年度の3年間、県の教育委員会から指定を受けたスクラム授業を行っている。スクラム授業とは、近接する小学校・中学校・高校が協力して教育を行おうとする取り組みで、本校では、中学校の教員が校区にある2つの小学校に週一度出向き英語活動の授業に協力し、市内の近接する高校の教員が週一度中学3年生の授業に参加する体制を取っている。

　スクラムを組む高校では24年度より多読の授業を始めており、中学校でも取り入れることにした。「多読」とは、英文を日本語に訳することなくできるだけたくさん読む中で英語力を伸ばしていこうとする学習方法である。中学校に「多読」を導入するに当たっては、中学校教員・高校教員と図書館司書と協力が必要であった。

　24年度は、2学期～3学期にかけて5回程度の授業を行ったが、25年度は年10回、「全員が1万語を読む」という目標を持たせてスタートした。

教材は、イギリスの約80%以上の小学校で採用されている「国語」の教科書であるOxford Reading Tree (ORT)の1から6を中心に日本の昔話や海外の童話、ノンフィクションを扱った本を購入して行う。

　1回目の授業は、高校教員が多読のやり方について30分程度のオリエンテーションを行い、残りの20分程度を読書に当てた。それ以降は、授業の初めに新しい年の紹介や多読に取り組むうえでの注意点やアドバイスを10分から15分で行い、残りの時間で読書を行うという方法を取っている。生徒は、毎回自分が読んだ語数を記録するようになっており、現在4回の授業を終わった時点で少ない生徒で1610語、最も多い生徒で10630語、多くの生徒は3000語から4000語の英語を読んでいる。

　生徒の感想をいくつか紹介したい。「今までは外国語の歌とか本とか興味がなかったけど、多読の授業を受けてから、外国の歌を自分で聞くようになったし、英語をすらすら話したいなぁと思うようになりました。だから最近寝る前に英語の曲を聴いたり、教科書を声に出したり読んだりしています。少しでも発音よく言えた時とか、すらすら読めたときはすごく嬉しいし、やりがいがあります。」「英語で書かれている本は『見ただけ難しそう、絶対読めない』と諦めて、読もうとしたことなんて一回もありませんでした。でも英語の授業で簡単な絵本から読んでいくと、習った英語とか出てきて、思ったより全然難しくなくて、英語の意味が分かるとすごく嬉しくて、本を読んでいて『楽しい』と思うことができました。多読の授業がなかったら、これから大人になって英語の本とか読みたいと思わなかったと思います。」「多読は、読み終わると達成感があるので読むのが楽しかったです。」

　スクラム授業で「多読」を取り入れた最も大きな理由は、生徒に本物の英語に触れさせられるということであり、最終的に英語を原書で読める生徒が増えることを目的としている。本校は全校で毎朝「朝の読書」(10分間)を行っており、読書が好きな生徒が多い。日本語で読書が好きな生徒を英語でも読書好きな生徒にしたい。ハリー・ポッターを原書で読みたいという夢を与えたい。また、4月に行ったアンケートでは70%以上の生徒が長文読解を

苦手にしている、長文にたいするアレルギー反応をなくし苦手意識を払しょくしたいという気持ちもあった。

　感想や生徒の読んだ語数からも教科書ではなく本物の英語に触れることで彼らの学習者オートノミーの促進に良い影響を与えたと感じている。

2.5　資格試験

　本校では英検の受験を勧めている。6月・10月・1月の3回を近隣の中学と協力して順番に準会場となって生徒に英検を受験しやすい環境を提供している。申し込みの時期ごとに、資格試験の大切さや意義、自分の英語力の到達度を学校以外の機関によって評価されること、色々なことにチャレンジして自分を高めるように心情に訴え、学習者のオートノミーを刺激するようにしている。

　一度英検受験を決心した生徒は、合格に向けて自分で問題集を買って勉強したり、問題集でわからない問題やまだ教科書では学習してない内容について教師に質問したりするようになる。1次試験合格者を対象にした2次試験の練習では、放課後に自主的に多くの生徒が参加する姿が見られる。本来の学校の授業から離れるが、教師が資格試験について語る中で、生徒の向上心を刺激し、自主的な学習につながっていくことは確かである。4月時点での対象生徒の英検の合格状況は準2級2名、3級7名、4級20名、5級19名という状況であった。本年度は9月現在で6月と10月で、延べ82名 (108人中) の生徒が英検にチャレンジした。

3.　おわりに

　生徒の英語力をつけること、一人でも多くの生徒が英語を好きになってくれることを考えて日々の授業を行ってきた。自分の授業法に悩み、研修会や本を読む中で様々な先生方や生徒に出会った。素晴らしい授業を行っている先生方の実践には、本物の英語が教えられているということ、そして、そう

いう先生方の生徒は授業を無心に楽しんでいる姿勢があり、学習者オートノミーをもっている生徒が多いことを感じていた。自分の実践もそうなるように工夫しているつもりであるが、今後もさらに自分なりの努力を続けていきたい。

参考文献
長勝彦(1997)『英語教師の知恵袋 上巻』明治図書
北原延晃(2010)『英語授業の『幹』を作る本 上・下巻』ベネッセコーポレーション
酒井邦秀・神田みなみ(2005)『教室で読む英語100万語―多読授業のすすめ』大修館書店
竹内理(2007)『達人の英語学習法―データが語る効果的な外国語習得法とは』草思社
田尻悟郎(1997)『英語自学のシステムマニュアル』明治図書
中嶋洋一(2000)『英語好きにする授業マネージメント30の技』明治図書

他律指導から学習者オートノミーを促進させる実践

大目木俊憲(兵庫県立川西緑台高等学校)

- これまでの教育経験

工業高校、普通科高校、英語(国際)コース設置校で合計 29 年間英語教諭として教鞭をとってきている。

- 育てたい学習者像

学習者自らが学習計画を立案、実践し、その実践の中で、さらに学習を深めるために必要なことを判断できる学習者。

- 学習者オートノミーの定義

学習の中で、気づきがあり、その気づきを自己分析し、その自己分析に応じて自発的に行動を起こし、その結果を自己評価しながら、さらに自分で再構築した行動を新たに起こすこと。

- 対象者学年　高校 2 年生

- 対象者の背景・特徴・英語力

地域の成績上位者が集まった高校である。生徒は、勤勉であり、65 分の授業にも概ね集中して聞くことができる。英語力も高い。

- 授業の目的および伸ばそうとする技能

言語の 4 技能上達に加えて、思考力、判断力、批判力を身につけることを目的にしている。特に、文章を読んだり、書いたりする際に、常に"考える"ということを常習化するようにしている。

1. はじめに

　現在、高校の現場で行われている授業のほとんどは、学習指導要領に則り、決められた教材で決められた範囲の内容を決められた時間で生徒に教授している。また、家庭学習においても、宿題が(強制的に)提供され生徒はそれに従って学習せざるをえない状態になっている。いわゆるそういった他律的な指導の中で、実際に生徒に学習者オートノミーを求めることは可能であるのか、また、オートノミーを芽生えさせることはできるのかといった疑問が生じてくる。実践者として、この疑問に向き合い、そういった環境の中でもオートノミーを育てるにはどうしたらよいのかについてこれまで取り組んできた。その取り組みについて以下に少し記してみる。

2. 「英語」授業の中でオートノミーを育む取り組み

2.1　言語学習におけるオートノミーの必要性

　第二言語習得プロセスとして、村野井(2006)は、「気づきのインプット」、「理解されたインプット」、「インテイク(内在化)」、「統合」、「アウトプット」の5段階を提示している。まず、耳や目にするものから気づきや注意が引き起こされる、これが「気づきのインプット」である。次に、「気づきのインプット」が、言語形式、機能、意味などと結びついて理解された時に、「理解されたインプット」になる。この「理解されたインプット」を、書いたり話したりして、学習者の中で、それが正しいかどうかを検証し、正しいと判断されれば、そこに「インテイク(内在化)」が生まれる。インテイクとして内在化されたものが長期保存できて「統合」となりアウトプットに至る。このインプットからアウトプットに至るプロセスには、情意的要因が深く関係して、生得的言語習得能力、帰納的学習システム、語用能力習得システム、一般的問題解決型学習システム、スキル習得システムが働くと述べている。

　この理論に則して考えてみると、他律的な指導の中で、強制して発話され

るものや強制して覚えさせられる言語知識からは、情意的要因がないため言語的な気づきや発見はなく、村野井が述べる「理解されたインプット」にはたどり着かないことになる。つまり、自発的な学習なくして第二言語習得は難しいのではないかと考える。学習者が自ら話したいと欲する発言や学習者が自ら言語の機能や意味に注目したり喚起されたりして学習をすることが第二言語習得には不可欠ということになる。ただ、高等学校の現場では、定められた学習量を決められた時間で行わなければいけないという条件から、他律的に、迅速にインプットを行い、学習者が自ら何かを学習したくなることを待ったり、学習者が自ら英語を話し出すのを待ったりすることはまずないと言える。気づきや注意を促す時を与えず、また、学習の中で内在化する作業をさせずに指導が行われているケースが多いのではないかと思われる。しかし、このような他律指導の環境下でも、言語習得という観点から考えた場合、気づきや注意を喚起し、自己検証を促すような指導が行えないだろうかと考えることは必要不可欠なことであると考える。

2.2　他律指導の中に芽生えるオートノミーの芽

　村野井(2006)が述べている第二言語習得プロセスの第1段階である「気づかれたインプット」にするためには、実践者が教える、あるいは提供するものの中に学習者の目を向かせるものがあるかどうかということがポイントとなる。つまり情意的要因に深く関与するものが提供されていることが条件となる。そこで、まず、現状の他律指導の中で、オートノミーが芽生えるような情意的要因が提供されているのかどうかを見極めることが重要である。

2.2.1　実態調査

　高等学校における他律的な指導の中、オートノミーは生まれているのか、仮に、生まれているのならどんな時に生まれるのか、またそのオートノミーを育てるヒントになるようなことはないのかを求めて、本校の2年生80名対象（文系1クラス40名、理系1クラス40名）に、ある質問をしてみた。

80名の生徒は、成績上位/中位/下位層がおおよそ同じくらいの比率になっている。質問内容は、「学校教育の中での英語学習で、これまで、自発的に英語をやってみよう、あるいはやってみようかなと思うきっかけになったことはありましたか。たとえば、授業や小テストなどから学習を自発的に行ってみようと思うようになったきっかけなどはありましたか。もしあれば、できるだけ具体的に自由に書いてください。もし、そのようなことがなければ、"ない"と回答してください。」である。

2.2.2 実態調査の回答からうかがえること

質問の回答結果は、成績層に関係なく、ほぼ全員の生徒が、自主的、自発的に取り組んでみようと思ったきっかけがあると回答した。そのきっかけには、とても興味深いものもたくさんあり、オートノミーを育む指導に役立つヒントになるようなものも多々あった。その代表的なものをいくつか紹介してみる。

- 他の人が、自分がわからないところをすらすらと授業中に答えているのをみると自分もやらなければと感じる。
- 今まで何も考えず暗記していたある分野の文法事項の謎が分った時に他の分野の文法事項も自分なりに調べてみようと感じる。
- 小テストで合格したりするととてもうれしく、自分でやり方を工夫して次はもっといい点をとってみようと思う。
- 自分で予習して理解したことが授業を聞いて全然違っていると分かった時。また、自分の勉強方法が分かった時。
- なんだか急にこんなことをやってみようかなと思うことがある。
- 先生の話を聞いてなるほどと思うことがあれば、次は自力でできるようにしようと思う。

"他律指導が行われる環境下でも自発的に何かを考え、その中で何かに気

づき、その気づきを発展させて自己向上しようとすることがある"ことが回答の中にうかがえる。"教材内容"、"試験の結果"、"他人の行動"、"教師の知識や経験"といった他からの刺激によって自発性が芽生えているようにみえる生徒や、自分の考えたことや考えた道筋が正しかったと確信できた時に自発的な行動を欲している生徒など、オートノミー的なものが芽生える要因はまちまちである。また、意外であったのは、自然発生的に、しかも、テストの点をあげるとかではなく、何が理由かはわからないが、やらないといけない、やってみようと感じる時があると回答した生徒が何人かいたことである。ただ、このようなオートノミーの思いが芽生えても、教える側がそれに気づかず、仮に気づいたとしてもそのオートノミーを尊重せずに他律的な指導を持続させれば、その芽を摘んでしまうのではないかと考える。これだけの簡単な調査で断定することは難しいが、少なくとも学校の中の他律的な指導環境でもオートノミーの芽が生まれることもあるのではないかと考える。

2.3　オートノミーの芽を育てる取り組み

　まずは、他律指導の中で、いつ、どこにオートノミーの芽が生まれているのかを見極める必要がある。日々の取り組みでオートノミーの芽が垣間見えた時、そこを逃さずにそれを分析し、オートノミーを促進する取り組みを行うことが大切である。

2.3.1.1　オートノミーを育むための取り組み例1：小テストの「"魔法"のやり直しノート作り」

　英語語法の小テストを毎週行っているが、この小テストに向けた自己学習の中で、学習方法の気づきや動機づけ向上のきっかけになるといった回答がアンケートの中に多くみられた。いわゆる小テストといった他律指導的なものから何か自発的な学習の気づきが芽生えだしているとも考えられる。

　この気づきを、さらに他からの強制的なものから転じたものでなく、自発的な欲求で始めていくオートノミーの芽生えに転じさせるためには、どうす

ればよいかを考えて、"魔法のやり直しノート作り"を生徒に行うように指示してみた。"魔法のやり直しノート"と銘打ったが、何か特別なものではなく、ノートの左ページに返却された小テストを貼り、右ページに間違えた箇所に対して自分で間違えた理由を省察し、正しい答えを理解するための手順を記すものである。狙いは、単なる間違い直しではなく、間違った箇所を自分で再学習する機会を与えることによって、問題を解く考え方や道筋を自発的に発見する喜びを与えることにある。左ページにテストが貼られていることも自己結果が常に目に入る状態になるため刺激を受けることになり、自発性を促す効果になるのではと考えた。単に、テストの為に勉強をする(させられている)という他律的な閾（いき）から飛び出し、学習そのものを自発的なものとしてとらえオートノミーが育まれないだろうかと考えて、このやり直しノート作成を指示した。

　結果としては、思った以上に学習に自発性を促す効果があったように思える。どのノートからも間違った箇所を詳細に自己分析し、自分なりの学習ノートに仕上げていることが観察できる。特に、自分に語りかけるように説明を書き加える生徒が多かったのが特徴であった。また、解答訂正に加えて、追加項目をあげているものや、自発的に図などを入れて理解を深めようとしているものもあった。中には、自問自答しても、やり方に対しての自分の答えが見つからず、教師に尋ねてくるようなノートもあった。以下に例を挙げてみる。

＊自分なりに説明を加えているノート

例1

(6) 過去のある時点における進行中の動作「〜していた」→ 過去進行形
　　 when は過去を示すため「play」が進行中であることを表す。　④
　 訳：雨が降り出した時、女の子たちは外で遊んでいた。

第3部　学習

例2

customer「(店の)顧客」
* be crowded with ~ 「(場所が)~で満員である/混雑している」

so + 形容詞 + a[an] + 名詞
 ┗ soを用いるのは堅い表現なので日常的な会話などでは"such"が用いられる!!
* 複数名詞の場合は soではなく"such"を用いる!!!

例3

[C]
(116) She laid herself on the couch.
 (彼女はソファーで横になった)
 目的語 herself が動詞の後にすぐきているので
 他動詞であることが分かる → lay - laid - laid

＊簡単な図にまとめて理解しようとしているもの

(17) ③ ビルが学校に着いた時には授業はもうすでに始まっていた
　　　大過去　　過去　　現在　　未来
　　　②　　　①　　　○
　　①の時すでに②だった。つまり今からみると過去完了が正しい

＊自分で満足いく勉強方法が見つからず助けを求めているもの

今回は合格しようと思い、自分で何度も
テストして、理解して、テスト勉強したの
ですがまた合格できませんでした。
このテストは別のやり方で勉強した方
がいいでしょうか？
何か良い勉強法とかありますか？

144

2.3.1.2 "魔法"のやり直しノートについてのインタビュー

3人の生徒（A、B、C）に、"魔法"のやり直しノートについての感想を聞いてみた。3人の生徒に共通していたのは、"英語の学習方法が少しわかるようになり、何か別の英語の問題集をやってみるときにも役立つような気がする。"とのことであった。特に、生徒Aは、"この"魔法"のやり直しノートがきっかけとなり、小テストとか関係なく、自分で小テストとは関係のない範囲を勉強して、自分で興味をもった文法項目をノートに記して自分で調べてみたりするようになった。"と述べた。また、"こうして自分から進んで学習した結果、自分なりに理解できた時にはとてもうれしかった。"とも話をしていた。生徒Bの話で印象深かったのは、"他の教科でもこのようなノートを作って自分なりに勉強をしてみようかなと考えるようになった。"とのことであった。このような前向きな意見が多かったが、ただ、生徒Cは、""魔法"のやり直しノートの意義はとてもよく理解できるが、点数が上がらないことにとても焦りを感じて"魔法"のやり直しノートの作成を怠ることもある。"と述べていた。

2.3.1.3 インタビューからの検証

先に述べたように、気づきがあり、その気づきを自らの考えで行動に移し、結果を自己分析するというのが、私が考える学習者オートノミーである。その定義から考えると、"魔法"のやり直しノートは、小テストという他律的な学習を利用して、各学習者の学習スタイルがオートノミーに転じる一役になっているのではないかと考える。特に、"他教科でも、自分なりにこのようなノートを作って勉強してみようか"とか、"小テストとは関係なく自己が欲する学習を行うきっかけになった"とかというコメントは、学習者オートノミーの芽生え、育みにつながっているのではないかと考える。また、村野井（2006）が述べる第二言語習得プロセスの「気づかれたインプット」、「理解されたインプット」から考えてみてもこの"魔法"のやり直しノートはそれなりの効果があると言えるのではないかと思える。少人数のイ

ンタビューであるので、"魔法"のやり直しノートが学習者オートノミーを芽生えさせ、育ませているかについて結論づけることは難しいが、少なくとも他律的な学習の閾からの脱出には、なんらかの効果があるのではないかと思われる。先ほどの生徒Cの"点数が上がらないことがとても気になる。"というコメントは、学習者オートノミーという視点から考えると大きな問題のように思える。あくまで実践者としての経験的予見であるが、多くの生徒が他律学習の中における結果（点数や偏差値など）を気にするあまり、オートノミーに転じることができないでいるのではないかと考える。この点については、今後の研究課題と思える。

2.3.2 オートノミーを育むための取り組み例2："コア（核心的）"な質問の投げかけ

　アンケートの回答の中に、「テストのためとかでなく、何か楽しくなって、やってみようと感じる時がある。」という意見があった。そこで、"何か楽しくなって"というところに注目し、授業の中で、意図的に探究心や知的好奇心をあおるような質問を多く投げかけることにした。具体的には、英文法の授業では、「なぜ仮定法は、過去形で書かれている時には現在形で和訳されるのか」、「受動態が好まれる場合はどんな時なのか」などを生徒に投げかけてみた。長文の授業では、「和訳では伝わりにくい英文解釈」といった講義を行ってみた。単に、気づきや注意を促すことだけを目的にしたのではなく、気づいたことや注意が促されたことが、実際の入試長文や教科書の練習問題文に接した時に、学習者自身が「インプット」したことを自発的に「インテイク（内在化）」することも目的にしてみた。講義を受けた生徒の中から、"実際に入試長文をよく見てみると、受動態で書かれていることに意味があったのがよく認識できた。"とか、"和訳するよりも英語で考えた方が作者の意図や意味が見えてきた。"などの報告を受けた。また、"入試長文に向き合いながら、問題を解くだけでなく、書かれている英文を文法的に、あるいは解釈という点から分析したくなった。"という声も聞かれた。知的好奇心をくすぐる"コア"な質問の投げかけは、なんらかの形で、思わぬ時に思

い出したように自発的な学習欲求を駆り立て、いわゆるオートノミーの芽を産み出すのではないかと考える。

3. おわりに

　「"魔法"のやり直しノート」や「探究心や知的好奇心をあおる、いわゆる"コア"な講義や質問」の2つの実践例を紹介したが、実際、それらによって生徒のオートノミーが本当に育まれたかと言われれば、「はい、そうです。」と言い切ることは現段階ではできない。これには、まだまだ検証が必要と思われる。ただ、気づきや発見、知的好奇心が揺さぶられる何か（情意的要因）があれば、学習者の心にそれらがなんらかの形で刻まれ、別の学習場面でその刻まれたことが、オートノミーを誘発するのではないかと考える。また、他律指導とオートノミーは表裏一体的なもので、相互に作用しているようにも思える。他律的な環境下で学習者は、（時には実践者が気づかない中で）常に情意的な影響を受けている。実践者が、オートノミーの芽が出ると想定して情意的な影響を与える"他からの刺激"を意図的に操ることで、実際にオートノミーの芽が生まれ、それを育むことができれば、学習者オートノミーを実践する上で理想的なことであると考える。そのためには、情意的な影響を与える"他からの刺激"について、さらに詳細に研究する必要がある。その"他からの刺激"と学習者オートノミーとの関係がはっきりと解明されれば、その中で芽生えるオートノミーを育む糸口がきっと見いだせるはずである。このことを今後の研究対象としたい。

参考文献
村野井仁（2006）『第二言語習得研究から見た効果的な英語学習法・指導法』大修館書店

自己調整学習と 1000 時間学習マラソン

津田敦子（神戸大学附属中等教育学校）

- これまでの教育経験

兵庫県の普通科高校3校（内1校は国際教養コース設置校）で勤務した後、平成25年度より神戸大学附属中等教育学校に勤務。『1000時間学習マラソン』は前任校の公立高校での実践である。

- 育てたい学習者像

自分の学習を自分でコントロールし、教室外でも更には高校卒業後も英語学習を持続していくようなオートノマスな学習者。

- 学習者オートノミーの定義

自分の学習をモニターし、適切な学習方略を選択し、自分自身を動機づけていける、つまりメタ認知、行動、動機づけにおいて自分自身の学習に能動的に関与し、自己の学習をコントロールできることである。

- 対象者学年　高校1年生

- 対象者の背景・特徴

この取り組みは中堅公立高校に在籍する1学年8クラス（普通類型7クラス、科学教育類型1クラス）320名を対象に実施した。アンケート調査とインタビューは筆者が担任をしていた普通類型の1クラスで実施した。

- 取り組みの目的および伸ばそうとする技能

まず毎日一定時間、教室外において自分で学習する習慣をつけることを目的とした。次に計画→遂行→自己内省→計画というサイクルを習慣づけ、メタ認知を働かせたり自分自身を動機づけたりして、自分の学習をコントロールしながら学習を続けていく技能を伸ばしてもらいたいと考えた。

1. 自己調整学習との出会いと大学院での研究

1.1 自己調整学習との出会い

　2003年に文部科学省から「英語が使える日本人」の育成のための行動計画が出され、私自身英語教師として「英語が使える生徒」の育成を目指して様々な実践を行ってきたが、週に5〜6時間の授業で高校3年間に生徒がふれる英語の量は圧倒的に少ない。一説によると、英語を英語のまま理解できる基礎を作るには、総語数100万語程度（ペーパーバック約6〜10冊に相当する量）の読書が必要だそうだが、中学高校6年分の教科書の英文を合計してもペーパーバックの1/3冊程度にしかならないのである。当然そこで身につけられる英語力には限界があり、また高校で身につけた英語力もその後本人が維持する努力をしなければ、たちまち忘れてしまうのが現状である。そこで「英語が使える日本人」を育成するためには、教室外でも、更には高校卒業後も英語学習を持続していくようなオートノマスな学習者を育成していかなければならないと考え、そのためにはどうしたらよいかを研究するため大学院で学ぶことにした。

　Nakata(2010)は、自律的学習に必要不可欠な要素として、英語力と学習スキル・言語学習に対する内発的価値をあげている。教師は生徒の英語力を向上させるだけでなく、学習スキルや内発的価値にも注意を払い、それらを内在化させていかなければならないのである（図1）。

　第二言語習得分野において、学習スキルに関しては「学習方略研究」の中

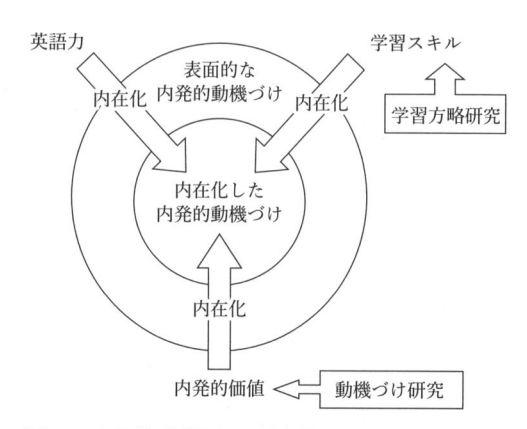

図1　内発的動機づけの発達過程とその必須要素
（Nakata 2010をもとに作成）

で、内発的価値に関しては「動機づけ研究」の中で扱われてきたが、学習方略と動機づけは相互に関連しあっており、学習過程は学習者の様々な内的要因を含んでいる。学習過程を解釈するためには、認知・行動・情意を包括的に扱うアプローチが必要となり、それらを包括的に扱うアプローチとして出会ったのが「自己調整学習」(Self-regulated Learning) であった。(「自己調整学習」詳細は本書第1部理論編を参照)

　自己調整学習は他の自律的学習とは違って学習過程がより分析的に研究されており、その研究は学業不振等にかなりの成果を上げてきた。また自己調整の研究は、言語学習成功者と言語学習困難者の両方の学習者に、学習過程の違いに応じた目標達成や学習法に関する実践的な示唆を与えてくれる(中田 2011)。それゆえに、自己調整学習は日本の英語教育を改善していく上で様々な可能性をもっていると考えられる。

1.2　大学院での研究

　大学院での研究では、高校生 1,076 名を対象に質問紙を使った大規模調査を行い、高校生英語学習者の「自己調整学習」を構成している概念を探求し、高校の英語学習で「自己調整学習」がどう変化しているのか、「自己調整学習」の観点から、どのようなタイプの生徒が存在するのかを明らかにした。次に各タイプ群(クラスタ)から抽出した生徒数名と彼らを担当する英語教員にインタビューを実施した。クラスタ分析による量的分析、インタビューデータや質問紙の回答の質的分析を通して、また生徒だけでなく教師の視点も加えながら、それぞれのタイプ(クラスタ)の生徒がどのような特徴をもっているのか解き明かしていった。その結果、英語ができるできないという単純な区分ではなく、メタ認知や内発的価値、自己効力感等様々な内的要因が複雑に絡み合った多面的な高校生英語学習者像が明らかになった。そして調査分析結果をもとに「自己調整学習」理論を参考にしながら、それぞれのタイプの学習者をオートノマスな学習者に導いていくにはどうしたらよいか、どういう指導や支援が有効かを考察した。

本研究から、オートノマスな学習者の育成のためには教師の果たす役割は大きく、教師は一人一人の生徒のレディネスと内的要因を把握し、生徒の学習過程の改善に積極的かつ慎重な介入をしていく必要があることがわかった。メタ認知や内発的価値への早期の介入、階層的目標設定[1]と習得目標志向[2]への手助け、受験英語とコミュニケーション英語の統合に向けた授業改善等の必要性が示唆された。教師は英語を教えるだけでなく、授業にメタ認知や内発的動機づけ、自己効力感を高めるような活動を取り入れていくべきである。更に授業の中で生徒の英語の使用機会を増やし受験英語とコミュニケーション英語を統合していくことで、生徒はより具体的な階層的目標と習得目標志向をもちやすくなり、自己調整学習サイクルの好循環[3]を形成できるようになるのである。(詳細は"Exploring self-regulation in language learning: A study of Japanese high school EFL students"を参照)

2. 「1000時間学習マラソン」の取り組み

2.1 自己調整学習者の育成に向けて

　大学院を終了して教育現場に復帰した時、以上の研究成果をもとに「自己調整学習」のできる学習者を育てるために実践したいと思っていたのが、語学ポートフォリオであった。しかし、いざ担任を持ってみると高校生の学習は英語だけでなく各教科をバランスよく進めさせなければならないし、学習の計画を立てたり振り返ったりしてメタ認知を働かせるといっても、それは英語だけの問題ではなくどの教科にも必要なものである。そこで過去2年間は語学ポートフォリオの試みは延期し、家庭学習全般を記録させる「1000時間学習マラソン」を実施することで、「自己調整学習者」を育成しようとした。生徒に学習記録をつけさせる試みは多くの学校で実施されており、何も目新しいものではない。ただその目的ややり方は学校や教師によってまちまちで、その必要性や成果については十分に検証されないまま続けられている場合もある。そこで今回学習記録をつけるという試みが「自己調整学習

者」を育成していくためにいかに寄与しているのか、また実施するときの教師の介入や留意点、問題点について考察し、この実践を今後語学ポートフォリオに発展させていくための足がかりと考えた。

2.2　実施方法

「1000時間学習マラソン」は高校1年次の目標として「1日2時間」を掲げつつ、考査前や休日は学習時間が増えることを期待して最終的には1年間で1000時間の学習時間をクリアすることを目標とした。学習時間を確保し累積時間を増やすことで、達成感を味わってもらいたいという思いがあったため、補習や塾、読書等学校の授業以外の勉強はすべてカウントしてよいことにした。

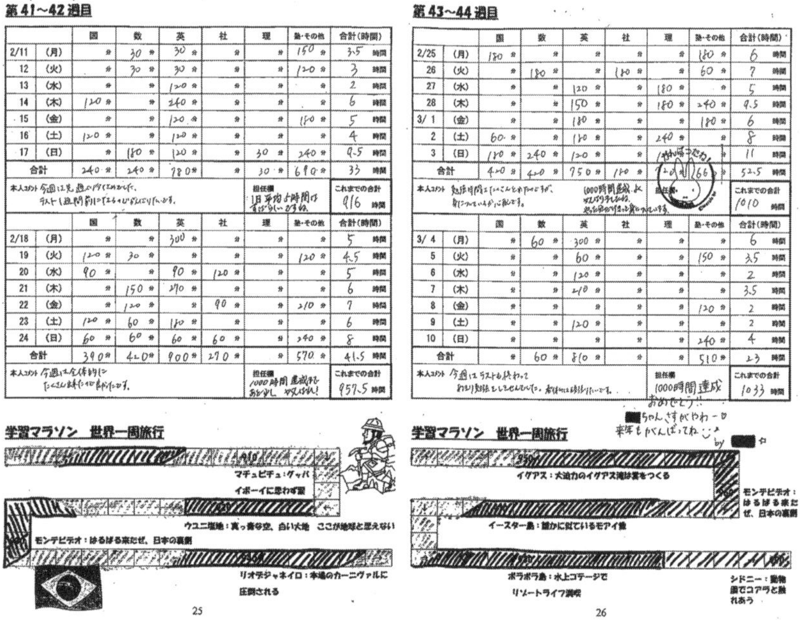

第41～42週目

		国	数	英	社	理	塾・その他	合計(時間)
2/11	(月)	分	30分	30分	分	分	150分	3.5時間
12	(火)	分	30分	30分	分	分	120分	3時間
13	(水)	分	分	120分	分	分	分	2時間
14	(木)	120分	分	240分	分	分	分	6時間
15	(金)	分	分	120分	分	分	180分	5時間
16	(土)	120分	分	120分	分	分	分	4時間
17	(日)	分	180分	120分	分	30分	240分	9.5時間
合計		240分	240分	780分	分	30分	690分	33時間
本人コメント 今週は先週より少なくなりました。テスト1週間前にはもっとがんばりたいです。					担任欄 1日平均5時間はすばらしいですね。		これまでの合計 916時間	

		国	数	英	社	理	塾・その他	合計(時間)
2/18	(月)	分	分	300分	分	分	分	5時間
19	(火)	120分	30分	分	分	分	120分	4.5時間
20	(水)	90分	分	90分	120分	分	分	5時間
21	(木)	分	150分	210分	分	分	分	6時間
22	(金)	分	120分	分	90分	分	210分	7時間
23	(土)	120分	60分	180分	分	分	分	6時間
24	(日)	60分	60分	60分	60分	分	240分	8時間
合計		390分	420分	900分	270分	分	570分	41.5時間
本人コメント 今週は全体的にたくさん出来たので良かったです。					担任欄 1000時間達成まであと少し。がんばれ！		これまでの合計 957.5時間	

第43～44週目

		国	数	英	社	理	塾・その他	合計(時間)
2/25	(月)	180分	分	分	分	分	180分	6時間
26	(火)	分	180分	分	180分	分	60分	7時間
27	(水)	分	分	120分	分	180分	分	5時間
28	(木)	分	分	150分	分	180分	240分	9.5時間
3/1	(金)	分	分	180分	分	分	180分	6時間
2	(土)	60分	分	180分	分	240分	分	8時間
3	(日)	180分	240分	120分	分	[illegible]	分	11時間
合計		420分	420分	750分	180分	720分	660分	52.5時間
本人コメント 勉強時間はたくさんとれていますが、身についているか心配です。					担任欄 1000時間達成、よくがんばりましたね。やった分だけきっと身についています。（がんばったね）		これまでの合計 1010時間	

		国	数	英	社	理	塾・その他	合計(時間)
3/4	(月)	分	60分	300分	分	分	分	6時間
5	(火)	分	分	60分	分	分	150分	3.5時間
6	(水)	分	分	120分	分	分	分	2時間
7	(木)	分	分	210分	分	分	分	3.5時間
8	(金)	分	分	分	分	分	120分	2時間
9	(土)	分	分	120分	分	分	分	2時間
10	(日)	分	分	分	分	分	240分	4時間
合計		分	60分	810分	分	分	510分	23時間
本人コメント 今週はテストも終わってあまり勉強をしませんでした。春休みは頑張りたいです。					担任欄 1000時間達成おめでとう!!		これまでの合計 1033時間	

図2　生徒の学習マラソンの記録の例
（最後は担任ではなく友人同士で交換してコメントを書いた）

「1000時間学習マラソン」の冊子は、1年間の行事予定、1日の過ごし方の目標設定と1年分の学習記録からなっている。1日の過ごし方は毎日どの時間帯に何時間学習をするか各自に目標設定させ、平日や土日等、数パターン記入させた。学習内容の達成目標と振り返りに関しては定期考査や長期休暇ごとにこの冊子ではなく別の用紙に記入させた。1ページに2週間分の記録をつけ、見開きで1か月の学習状況が見渡せる作りにした。

横欄に毎日の各教科の学習時間と合計学習時間を記入し、毎週縦に週ごとの集計した後、振り返りや次の目標を記述で書かせた。各ページの下段には地理の先生に協力いただき「学習マラソン世界一周旅行」と称して世界各地の地名を入れ、1時間につき1マスを塗りつぶして世界一周をするような遊びもつけた。

学年の先生方に協力いただき、第1学年8クラスで実施した。各クラスでの記入のさせ方は担任裁量であったが、私のクラスでは、毎日朝のSHRで返却し終礼で回収、毎週月曜日には前の週の学習時間の集計と記述の振り返りをさせた。そしてその生徒の振り返りに対して担任のコメントを書いた。

学習時間の週ごとの集計は、担任がパソコン入力した。どの学校でもなされているように定期考査ごとに成績個票を配布するが、学年の担任の先生方の協力と学年教務の先生の尽力でその成績個票に、定期考査の成績と週1回実施される英数国の小テストの成績に加えて、学習時間の推移も入っており、成績と学習時間の相関が生徒にも一目でわかるものとなった。

その成績個票は、学習時間を記録する「学習マラソン」冊子とは別に「成績ファイル」を作成し、模擬試験結果などとともに成績ファイルに綴じていった。生徒がいつでも自分の成績を振り返ることができるように、「学習マラソン」冊子と一緒に綴じて教室保管にしたかったのだが、成績は他の生徒が見ると困るので、結局成績ファイルは教師が保管し、時々返却をして目標設定と学習の振り返りを記述させた。成績個票は自宅用も同時に配布しているので、どの程度自分の学習の振り返りを行っていたかはわからないが、自宅で保管し常時各自が振り返りを行うことは可能であった。

2.3 実施結果と生徒の反応

「学習マラソン」を1年間続けた後、「学習マラソン」に記述された生徒のコメントを振り返ったり、アンケート調査やインタビューをして生徒の意見を集約したりすることによって、その効果や問題点を考察してみた。

2.3.1 学習時間

まず私が担任をしていたクラスの生徒たちが1年間でどれくらい自宅学習をしたかであるが、学習記録によると40人中、1000時間を超えたのが2名、900時間以上2名、800時間以上3名、700時間以上5名、600時間以上8名、500時間以上5名、400時間以上5名、300時間以上6名、300時間未満4名という結果であった。もちろん今回は読書や塾の時間もカウントさせたので純粋に自分で学習した時間ばかりではないであろうが、高校1、2年生の放課後の学習時間の平均が1時間強程度（ベネッセ2009）であることを考慮に入れると、クラスのほとんどの生徒が1日に1時間以上は自宅学習をしていたことになり、自宅学習時間確保という点に関しては彼らなりによく頑張ったのではないかと思う。

2.3.2 「学習マラソン」に記述された生徒のコメント

以下に日頃の様子を見ていて自己調整学習ができていると思われる2人の生徒のコメントを抜粋する。この取り組みはどうしても全教科の学習時間に焦点があるので、残念ながらそのコメントから適切な学習方略を選択しているかといったところまではわからないが、自分の学習をモニタリングしコントロールしている様子がうかがえる。

週に1度振り返りを書かせていると、書くことがなくなってきたり毎週同じコメントになってきたりしてしまうので、時にはこちらから「先週の反省をもとに今週の目標を書く」「定期考査の勉強は計画通りに進んでいるかチェックする」「先週の学習で自分を褒められる部分を見つける」等振り返りの視点を与えたこともあった。夏休みや冬休みのような長期休暇中は各自

持ち帰らせて記入を続けるように指示を出し、休暇明けに提出をさせた。まとめてあるいは適当に記入した者もいるであろうが、ほとんどの生徒がその期間も記入し週1度の振り返りのコメントも書いていた。

表1　生徒A（1年間の総学習時間：1033時間）のコメントの抜粋

週	時間	コメント
5/14~	34h	こんなに勉強していたなんて驚きました。でも頭に入っているかは不安です。これからは頭にしっかり入る勉強をしたいです。
6/11~	17h	最近あまり勉強ができていません。今週からテスト2週間前なのでもう少し頑張りたいです。
6/25~	32.5h	日曜日に図書館に行ったので、集中して勉強ができました。
9/24~	16h	予習を早めに終わらせて少しずつテスト勉強をしていきたいです。
10/15~	30h	先週よりたくさんできたので良かったです。
12/31~	19h	復習があまりできなくて、宿題も計画的にできませんでした。
1/21~	34h	塾が忙しくなって睡眠があまりとれていません。でも2年後の大学入試のためにコツコツと頑張っていきたいです。

表2　生徒B（1年間の総学習時間：814時間）のコメントの抜粋

週	時間	コメント
5/7~	12h	全教科まんべんなく勉強したいです。
5/14~	27.5h	暗記に時間をとりすぎて、数学とかが全然できなかったから心配です。
6/4~	12h	部活が忙しくなってきました。来週こそもっと勉強しないとやばいです。
6/11~	13.5h	土曜日に週末課題を終わらせることができた。
6/18~	15h	しっかり集中して勉強できました。
7/9~	10h	もっとコーパス英単語暗記をやる予定でした！
11/5~	20h	数Aの苦手を克服した!!　たぶん。
12/31~	11.5h	もっと計画的に課題を終わらせたかった。部活と課題を両立できた。

生徒によって振り返りの仕方は様々であり、全員が学習記録を記入し振り

返ることを有効に活用できていたとは言い難い。しかしそのコメントを読むと、達成感を味わったり軌道修正をしたりしている記述が随所に見受けられるので、やはり週に１度自分の学習状況を振り返る機会を設けることは自己調整学習を促進する上で必要なことではないかと思う。またクラス担任としては生徒のコメントを読むことで生徒の学習状況や生活の様子が把握でき、担任欄にコメントを書いたり「学習マラソン」冊子を使って面談をしたりすることで、自己調整学習のいくつかの要素に踏み込みながらアドバイスをすることができたので有効であったと思っている。

2.3.3　アンケート調査結果

アンケートは匿名で答えさせたが、その回答をもとに何人かをピックアップしてインタビューしたいという意図があったため、後から誰の回答か特定できるようにして調査を行った。以下の９項目について６段階で評価をさせ、その中のいくつかに関してはさらに内容を掘り下げる質問をつけていた。アンケート調査の結果は以下のとおりである。（１クラス40名中39名回答、１名欠席、ただし項目によって無回答あり）

表３　アンケート調査結果

質問項目	6	5	4	3	2	1
1. 自分の学習を進める上で「計画を立てる」ことは必要だと思いますか。	12人(31%)	16人(41%)	5人(13%)	2人(5%)	0人(0%)	4人(10%)
2. 自分の学習を進める上で「学習時間や内容方法等を振り返る」ことは必要だと思いますか。	8人(21%)	14人(36%)	9人(23%)	3人(8%)	1人(3%)	3人(8%)
3. 「学習マラソン」はあなたの学習に役立ちましたか。	3人(8%)	5人(13%)	12人(31%)	7人(18%)	5人(13%)	6人(15%)
4. 「学習マラソン」をつけることで、以前より変わった点はありますか。	1人(3%)	2人(5%)	9人(23%)	6人(15%)	8人(21%)	10人(26%)
5. 「学習マラソン」は正直に記録をつけましたか。	10人(26%)	18人(46%)	6人(15%)	1人(3%)	2人(5%)	2人(5%)

自己調整学習と1000時間学習マラソン

6.「学習マラソン」をつけるのは苦痛でしたか。	4人(10%)	7人(18%)	9人(23%)	3人(8%)	5人(13%)	11人(28%)
7. 自分の学習を進める上で「学習記録」をつけたほうがよいと思いますか。	6人(15%)	6人(15%)	9人(23%)	6人(15%)	7人(18%)	5人(13%)
8.「1年間で1000時間」という目標はあった方がよいと思いますか。	5人(13%)	6人(15%)	11人(28%)	5人(13%)	4人(10%)	7人(18%)
9.「学習マラソン」のような学習記録を今後も必要だと思いますか。	5人(13%)	5人(13%)	8人(21%)	10人(26%)	3人(8%)	8人(21%)

6　常にあてはまる（ほぼ100%）　　5　だいたいあてはまる（80%程度）
4　時々あてはまる（60%程度）　　　3　あまりあてはまらない（40%程度）
2　ほとんどあてはまらない（20%程度）　1　全然あてはまらない（ほぼ0%）

「1. 自分の学習を進める上で「計画を立てる」ことは必要だと思いますか。」について、①自発的に計画を立てている（14人）　②誰かに言われたら計画を立てる（15人）、「2. 自分の学習を進める上で「学習時間や内容方法等を振り返る」ことは必要だと思いますか。」について、①自発的に自分の学習の振り返りをしている（8人）　②誰かに言われたら振り返りをする（16人）であった。ここから自己調整学習の「計画」と「自己内省」という点に関して、クラスの80％以上の生徒が必要性を認めているものの、自発的に行う者は少なく、教師等がそうするように指導したりその機会を作ったりしていくことが必要であることがわかる。

「3.「学習マラソン」はあなたの学習に役立ちましたか。」「7. 自分の学習を進める上で「学習記録」をつけたほうがよいと思いますか。」「9.「学習マラソン」のような学習記録を今後も必要だと思いますか。」についていずれも半数程度の生徒は肯定的にとらえているが、10人程度は記録をつけるのが苦痛で否定的にとらえていることがわかる。

「3.「学習マラソン」はあなたの学習に役立ちましたか。」についてどのような点で役立ったかに関しては、①計画を立てること（9人）　②学習時間を増やそうとすること（13人）　③自分の学習を振り返ること（14人）　④各教

科の学習時間のバランスがわかること(8人)　⑤学習時間が少ないことを自覚できたこと(22人)　⑥定期考査前や定期考査中の学習時間がわかること(13人)　⑦毎日勉強をしなければならないという気持ちになったこと(7人)であった。また「4.「学習マラソン」をつけることで、以前より変わった点はありますか。」についてどのような点で変わったかに関しては、①計画を立てるようになった(5人)　②学習時間が増えた(11人)　③自分の学習時間を振り返るようになった(12人)　④毎日勉強しなければならないという気持ちになった(12人)　⑤各教科の学習時間のバランスを考えるようになった(3人)であった。この回答を見ると学習記録をつけるということは自分の学習を何らかの形でモニタリングし振り返る1つの手段として有効であることがうかがえる。ひいてはこのような取り組みを続けることで、自己調整学習者を育成していくことができるのではないかと思う。

2.3.4　インタビュー結果

「1000時間学習マラソン」の効果や問題点、さらには自己調整学習との関連を詳しく知りたいと思い、特徴的と思われる4人の生徒にインタビューをした。

生徒Cは学年で1番に1000時間を達成した生徒で、アンケート調査においても高い評価(5～6)を選んでいた生徒である。生徒Cは、まず「1000時間学習マラソン」が学習の計画を立てたり振り返りをしたりするのに役立ったと答えている。前週のあるいは前日の振り返りをする中で、随時修正をしながら次の計画を立て学習を進めていた。また学習記録という形に残っているので、友達同士で見せ合うことができ、友達の頑張りに刺激を受けたり友達のよい点を取り入れたりすることができた。「1日2時間という目標があり学習マラソンをつけるので、自分の努力が形になると辛くてももう少し頑張ろうと思う気持ちが出てきて、前向きに勉強できた」と答えている。「1日2時間」というのは当初は教師から与えられた目標であったが、それを自分の将来の進路目標に向けての具体的で近い階層的目標として取り入

れ、その進歩に達成感を味わうことのできた好例といえよう。その結果毎日一定時間勉強するようになったし、成績も上昇した。特に英語のような日々の積み重ねが大切な教科においては、普段から一定時間かけて予習をしていたことが定期考査の成績に反映したようである。なお「3学期には、時間ではなく、質のいい学習を心がけ始め、自分の学習の仕方を考え始めた」と答えているように、自己モニタリングし遂行の仕方を組織的に作りかえようとしており、自己調整学習サイクルの好循環を作り上げている様子がうかがえる。

　生徒Dはアンケート調査においてクラスで最も低い評価(1〜2)を選んでいた生徒である。この生徒は「計画を立てていたり『学習マラソン』があるから勉強するのではなく、気分で思い立った時に2〜3時間やる。毎日決まった時間に勉強するわけではない。」「学習目標を立てたり振り返ったりすることは、面倒くさいし必要性も感じていない」と答えている。それは「定期考査の前に集中して勉強することで成績は上がっており、計画や学習目標を立てたり振り返りをしたりしなくても成果が出ている」からである。ところがインタビューを進めていくと「自分の頭の中で計画を立てて振り返りをする」「計画を立て直すというよりは勉強のやり方を変える」「勉強時間を増やすというよりは質を上げることを考える」という回答が出てきて、この生徒なりの振り返りをしている様子がわかる。また「短期目標を作って勉強し、終わったら食べ物やテレビのようなご褒美を自分で与える」という回答もあり、自分で階層的目標を作り自己動機づけをし達成感を感じながら学習を続けていることもわかる。そして「ある程度自律していて、自分で自覚があるので、学習記録のように外から強制される必要がない」と答えている。つまりこの生徒なりに自己調整学習サイクルの好循環を作り上げているのである。ある程度自律していて自分の学習をコントロールしている生徒には、教師が学習記録をつけるように強制したりましてやそれを教師がチェックしていくというような行為は受け入れることができないのかもしれない。しかしどんなやり方にも合う合わないがあり、大半に有効であると信じる取り組

みをしていくしかないだろう。

　生徒 E は普段の学習の様子から自己調整学習サイクルの好循環を作り上げていると思われる生徒であるが、アンケート調査においては否定的（2〜3）な評価を選んでいた生徒である。学習マラソンの問題点を尋ねると、「計画を立てることは大事だが、計画通りにはいかないし、実際にできていない」「中学時代からテストのたびに計画を立てて提出というのがあったが、毎回計画通りにいかないのがわかっているので適当に提出して、実際には全然違うことをしていた。」「目標点は前より下げたらいけないし、今よりも楽な方向の計画を立てても意味がないので、高めにしようとして結局続かない」という点をあげた。また周りの友達を見た時に「1 日 2 時間、1 年間で 1000 時間という目標が高すぎてあきらめてしまっている人がいる」という点もあげた。しかし、この生徒自身の総学習時間は 894 時間と多く、そうなったのは「1 日 2 時間は絶対に勉強しなければならないというのがいつも頭にあった」ためということであった。

　学習時間を記録してきた良かった点としては、「学習記録をつけるのは面倒くさいけど、学習時間が何百時間になっているのを見ると、こんなにやってきたんだなとうれしい」と答えた。学習に意欲的に取り組もうとする意識が高いゆえに、無理な計画、高すぎる目標を設定してしまい、達成感や自己効力感が得られないという悪循環を起こしていることが推測される。またオートノマスな学習者を育成したいという意図から、中高を通して何度も計画を立てさせ振り返りをさせるが、それがいつの間にか自分のためではなく提出のための計画と振り返りになってしまい、自分で計画を立てたり振り返りをしたりする意欲を削ぐ結果になってしまっているのかもしれない。しかし一方で、「誰かから計画を立てたり学習記録をつけたり振り返りをしたりするように言われたらするが、自分ではしない」と答えているので、自分で計画を立てたり自己内省をするようになるまでは、やはり教師の介入や指導が必要であることがわかる。その時にまさに自己調整学習の理論で述べられている通り、生徒がやりがいのある達成可能な階層的目標を立てるよう、自

分の進歩を実感することができ自己評価を高めることができるよう教師が配慮しなければならないだろう。

　生徒Fは自己調整学習サイクルがうまく循環していないと思われる生徒で、アンケート調査においては中(3～4)の評価を選んでいた生徒である。インタビューで計画と振り返りについて尋ねると、「学習マラソンを始める前から計画を立てたり振り返りをしたりすることを必要だと思っており実践していた」という回答であった。そうし始めたきっかけは、「成績を上げるために勉強しなければならないと思い、勉強のできる人成績のいい人のまねをした」からであった。この生徒は指導されたり強制されたりすることなく、計画を立てたり自己内省をしており、熟達した自己調整者が行う「イメージ[4]」を使って自分の学習をコントロールしていたことがわかった。「1000時間学習マラソン」に関しては、「学習記録を見て振り返りをしていて役立った」のだが、「毎日つけるのがしんどい」「勉強をしない日があり、それを記録につけるのがつらい。自己嫌悪に陥る。」と答えた。「学習マラソン」の目的が毎日一定時間学習を続けてもらうことなので仕方がないのではあるが、「1日2時間」というこちらから与えた目標や学習記録をつけさせることが自己効力感を失わせる結果となっていたようである。記録を残して振り返りをする場合、誰しも自分ができていない部分を直視するのは辛く、それが続くと徐々に自己効力感を失う結果となってしまう。ただこの生徒も総学習時間は611時間で、この生徒なりによく努力していたのである。

　ここで大切になるのが正確な自己モニタリングである。自己調整学習の理論では、上達した自己調整学習者は、他者との比較(たいてい劣っている)ではなく今の学習努力を以前の努力と比べ(普通それは優れている)、適切な自己評価をし、遂行の仕方を改善していくことができる。ところが初歩の自己調整学習者は、好ましくない結果を自分の能力の限界のせいにし、その後の努力を妨げる結果となってしまうのである。教師は生徒が自分の進歩に達成感を感じ、次の学習努力を続けることができるよう配慮していく必要がある。

2.4 「1000時間学習マラソン」の取り組みを振り返って

「1000時間学習マラソン」の取り組みは大学院を修了してから高校3年生と1年生を対象に2年間実施したが、それ以前にも様々な形で学習記録をつけさせてきた。ただ以前は学習記録をつけて生徒に自分の学習をあるいは時間を管理させることの必要性は感じながらも、生徒に記録をつけさせながら、労力の割に成果が上がっていないのではないだろうかと自分自身が疑心暗鬼になったり、前向きに取り組まない生徒に対して「なぜ学習記録をつけなければならないのか」という疑問に説得力のある説明ができないままであったりした。しかし「自己調整学習」の理論を学んだ今、メタ認知が学習成果に大きく影響しており、自分の学習を正確にモニタリングしコントロールできる生徒を育てていくことが必要であると確信している。そして、学習記録をつけさせることはそのための1つの有効な手段であるという結論に至っている。しかし、生徒に自分の学習をモニタリングさせていくことは必要であるが、生徒任せにしていたのでは生徒はなかなか自分の学習を振り返ってはくれない。教師の適切な介入が必要となり、どんな取り組みをするにしても時間と労力を要する。以下に「1000時間学習マラソン」の取り組みを振り返って、その留意点をまとめる。

第1に、「なぜ学習記録をつけて自分の学習をモニタリングすることが必要か」を生徒に理解してもらう必要がある。そしてその取り組みを通して、最終的には自分の学習をコントロールできる生徒を育成していかなければならない。もちろんその効果や必要性を説明してから開始するのだが、やはり学習記録をつけることで生徒自身に何か得になることがあったり目に見える成果があったりしないことには、なかなか前向きに取り組んではもらえない。ところが、学習記録をつけて成績が目に見えて向上すればよいのだが、それほどすぐに効果が出るものではない。そこで教師はその取り組みの中で、生徒に他者との比較ではなく自分の努力や進歩を正確にモニタリングさせ、達成感や自己効力感を感じてもらえるような指導や介入をしていくことが必要となる。その時「自己調整学習」の理論と実践は教師にとって拠りど

ころになるにちがいない。

　第2に、「学習記録」を各生徒が自己調整学習の好循環を作り上げられるように有効に活用するためには、やはり個別に対応することが必要になってくる。「1000時間学習マラソン」は、学習努力の成果を見えやすくするため学習時間を増やすこと自体を目標にし、学習時間を確保したことに対して達成感を感じてもらいたいという意図で実施してみたが、生徒の反応はアンケート結果にあるとおりその価値を認めているのはクラスの半分程度である。さらに「1日2時間、1年で1000時間」という目標を教師側から与えたことで、もちろんそれを目指して頑張り成績面でも成果の出た生徒もいるのだが、目標が高すぎて早々にあきらめてしまった生徒、ひいてはそれができないことに対して自己効力感を失った生徒もいたようである。そのため教師は、「学習記録」を使って面談をしながら、自己調整学習サイクルのどこに欠陥があるのかを見極め、適切な手助けをする必要がある。

　第3に学習記録をつける時間や目標を立てる時間、学習を振り返る時間を学校にいる間のどこかで確保する必要がある。自分で学習を自律的にコントロールできる生徒を育成したいということと、生徒に一律に強制的に目標を立てさせたり振り返りをさせたりするということは相反する行為のようであるが、生徒がその必要性に気づき自分でそうするようになるまでは仕方のないことだと思っている。アンケート結果からもわかるように、最初はある程度の強制力を持たせないと、ただ学習記録冊子を持たせるだけでは自分の学習の目標を立てたり振り返りをしようとはしてくれない。

　第4に、学習記録には様々な形態があるが、教師が定期的にチェックしモニタリングできるもので、生徒も長期にわたって振り返れる作りになっているものがよいと思っている。最近は市販の学習記録帳があり非常によくできているが、生徒のメモ帳と一体になっておりプライベートな情報が書き込まれている可能性があるので、教師がその学習記録をチェックすることには抵抗がある。しかし「1000時間学習マラソン」の取り組みから、高校生は学習記録帳を持たせるだけでは記録をつけないし、仮につけたとしてもそれ

を最初から正確に自己モニタリングすることは難しいことがわかっている。せっかく学習記録をつけさせるのであれば、教師が定期的にチェックして、学習時間だけに焦点を当てるのではなく、それをもとに各生徒の学習状況に踏み込み、自己調整学習サイクルの好循環を作り上げるために利用すべきであろう。そうすることでオートノマスな学習者を育てていくことが可能になると思っている。

注

1 階層的目標設定とは遠い目標につながる具体的で近い目標を段階的に設定すること。
2 遂行目標志向が能力や結果を重視するのに対して、習得目標志向は学習過程を重視する。
3 自己調整学習サイクルとは、理論編で述べられている「予見」「遂行コントロール」「自己省察」の3つの段階のことであり、その好循環とは、理論編にある表1の熟達した学習者に見られるようなサイクルのことである。
4 熟達者の課題の遂行ぶりを観察することで心的イメージを作ること。

参考文献

ベネッセ教育開発センター (2009)「放課後の生活時間調査　子どもたちの時間の使い方」
金谷憲 (2004)『和訳先渡し授業の試み』三省堂
古川昭夫・河手真理子 (2003)『今日から読みます英語100万語！』日本実業出版社
Nakata, Y. (2010) Towards a framework for self-regulated language learning. *TESL Canada Journal*, 27(2), 1–10.
中田賀之 (2011)「自己調整とその他の学習要因」佐野富士子・岡秀夫・遊佐典昭・金子朝子(編)『第二言語習得』大修館書店
Schunk, D. H., & Zimmerman, B. J. (eds.)(1998) *Self-regulated learning: From Teaching to Self-Reflective Practice*, Guilford Press, New York.
シャンク・ジマーマン(編著), 塚野州一(編訳) (2007)『自己調整学習の実践』北大路書房
シャンク・ジマーマン(編著), 塚野州一(編訳) (2009)『自己調整学習と動機づけ』

北大路書房

Tsuda, A. & Nakata, Y. (2013) Exploring self-regulation in language learning: A study of Japanese high school EFL students. *Innovation in Language Learning and Teaching*, 7(1), 72–88.

Zimmerman, B.J. (1989) A social cognitive view of self-regulated academic learning. *Journal of Educational Psychology*, *81*, 329–339.

Zimmerman, B. J. (1990) Self-regulated learning and academic achievement: An overview. *Educational Psychologist*, 25(1), 3–17.

ジマーマン・シャンク（編著），塚野州一（編訳）（2006）『自己調整学習の理論』北大路書房

Can-Do リストを利用した学習指導改善
——学習者オートノミーの育成をめざして

永末温子（福岡県立福岡高等学校）

- これまでの教育経験

教職歴33年。商業高校・普通科高校・普通科（英語科併設）高校で勤務経験あり。平成10年度より25年度まで、香住丘高等学校に勤務。

- 育てたい学習者像

自ら学習方略を確立し、未来のあるべき自分の能力観を見据えて、生涯学習の中で、英語を学び続けるオートノマスな学習者。

- 学習者オートノミーの定義

学習者が、学習方略を調整し、自己の学習過程に批判的な内省し、自らの能力発達段階を認識しながら、自己の目標を照らし合わせて、到達可能な目標設定を行うことができる調整能力をもつこと。

- 対象学年　香住丘高校英語科1年〜3年
- 対象者の背景・特徴・英語力

3年間クラス替えがなく英語科の担任が3年間継続的に指導を行う。入学当初は普通科一般の生徒と学力差はあまりないが、英語学習に対する意欲は高く、3年間での英語力の伸び幅は大きい。

- 授業の目的および伸ばそうとする技能

4技能統合型シラバスに基づき、科目間統合を行い、技能統合型指導を実施し、系統的に量と質を保障したインプット活動を行いながら、アウトプット活動を統合させ、総合的な学力を伸ばす。

1. はじめに

　福岡県立香住丘高等学校では、2003 〜 2005 年度文部科学省より SELHi (Super English Language High School) の指定を受けた。2005 年度 SELHi 研究のまとめとしての 4 技能統合型シラバスに基づいた「香住丘 Can-Do グレード」の開発をきっかけに、Can-Do 研究に着手し、その後 Post-SELHi 研究として研究を現在 (2013 年) まで継続している。この研究は、長沼君主氏 (現東海大学) と共同で行われている。

　この実践研究では、Can-Do リストを利用して学習と評価のサイクルを効率化し、また Can-Do リストを生徒の内省の道具として使い、さらに生徒からの Can-Do フィードバックで教師自身も自己調整を図ってきた。本章では、実践者の立場から、生徒の学習者オートノミーを高める Can-Do 研究の経緯とその成果について述べていく。

2.「香住丘 Can-Do グレード・Can-Do チェックリスト」の開発

　2005 年度の終わりに、SELHi 研究のまとめとして、4 技能統合型シラバスを反映した「香住丘 Can-Do グレード (ver.1)」の開発を行った。これは、実際の教室内の実践活動に基づき、英語を使って生徒が「何をできるようになっているか」(Can-Do) を具体的な能力記述 (Statements)(以下 CDS と略称) で示したもので、3 年間を見通した全ての活動を網羅的に書き出した教師参照用の Can-Do リストである。各学年の前後期において、それぞれの段階で大体の生徒 (70 〜 80%) ができると判断されるレベルの行動が、具体的に教室で行われている活動やタスクに基づいて、技能ごとに記述されている。CDS は、シラバス上に記載される到達目標であるだけでなく、生徒の置かれた「今、ここ」の教室場面において、過去において実際に達成されてきた到達基準に基づいたものである。

　フレームワークの開発を通して、各グレードでの学習内容を具体的な

CDSに落とし込む作業の中で、それぞれの教室や学年間における取り組みに整合性をもたらし、俯瞰的に学習者の能力の全体像が描くことが可能になった。またCDS化においては、その作成過程で教師が到達目標と教材の関連性を具体化し、教材選定および取り扱いが適切であるか再評価することができるようになり、教師の学習内容の説明責任（accountability）をより高め、英語学習に一貫した学習指針を与えることが可能になった。

　教師の視点から汎用的で一般的に活動を記述した「香住丘Can-Doグレード」は、必ずしも学習者にとってわかりやすいものではないため、学習者の自己評価のための「香住丘Can-Doチェックリスト」を開発した（図1）。このチェックリストでは、6段階のグレードで、4技能の各領域における活動を、サブスキルのバランスを考慮して5項目に絞り、生徒にわかりやすいように記述している。各項目では、「できる度（Can-Do）チェック」に加えて、「やりたい度（Needs）チェック」を4段階で尋ねる形になっている。フレームワークにおけるCDSは、ある程度一般的かつ汎用的に記述を行ったが、チェックリストでは、実際に使用している教材名を記し、使いやすさを考慮した記述を心がけた。

　「香住丘Can-Doチェックリスト」は、「生徒・教師が共に使える道具」としての役割を果たしている。このチェックリストにより、「香住丘Can-Doグレード」に記述されたCan-Do能力がどの程度達成されているかを、生徒の主観的評価から数値的に実証することができるようになった。生徒にとっては、学習状況をモニタリングして、自己の継続的な能力発達段階を認識し、今後の学習指標を明確にする内省のための有効な手段となっている。また、教師は、生徒からのフィードバックを受けて、生徒の到達度を緻密にチェックし、自信の程度の低いCan-Do項目について、その能力を補完するための学習指導法を改善することが可能になった（長沼2009）（その後2サイクル6年にわたる数値検証の結果、「Can-Doグレード」「Can-Doチェックリスト」は改訂版を作成している。）

Can-Do リストを利用した学習指導改善

```
Kasumi Self-Assessment Checklist
                                                    GRADE 2
   CLASS    NO    NAME                              Ver.2
   Can-Do(できる度チェック)
   4: I can do this easily.
   3: I can do this under normal circumstances.
   2: I can do this with difficulty.
   1: I cannot do this.

   Needs(やりたい度チェック)
   4: I can do this, but I want to do this more
   3: I can do this, so I don't want to do this.
   2: I can't do this, but I don't want to do this.
   1: I cannot do this, so I want to do this.
                                                 Can-Do   Needs
   Reading                                        1~4      1~4
```

		Can-Do 1~4	Needs 1~4
R21	総合英語Rの教科書 PRO-VISION ENGLISH COURSE I の英文をある程度の速さで読むことができ、内容を理解できる。		
R22	週末課題において必要な特定の情報を得るために、『News Digest Beginners』の簡単な新聞記事の英文の要点を理解できる。		
R23	週末課題のテキストのパラグラフの内容を理解することができ、全体の流れもある程度理解することができる。		
R24	GTEC Reading Part Bの問題を130WPMで読んで、論旨展開を把握することができる。		
R25	Info Trail Fluent Levelの英文を読んで、話の流れを辞書を使わずに推測しながら内容をほぼ理解できる。		

図1　香住丘 Can-Do チェックリスト

3.「学習―評価 Can-Do タスク」の導入

　「香住丘 Can-Do チェックリスト」を用いた生徒の自己評価の数値分析に基づいて、「学習―評価 Can-Do タスク」の開発を行った。Can-Do 項目に基づいたタスクには、生徒の自己評価によるチェックリストで申告された能力が、現実に達成可能かを判断するための「評価タスク」と、Can-Do 項目で記述されている能力を伸ばすための「学習タスク」の2つの側面がある。チェックリストの分析を行い、自信の程度の低かった Can-Do 項目を対象として、評価基準を明確にした評価タスクを開発し、それらを学習タスクとして継続的に実施し、ポートフォリオ的に学習記録を取ることにした。

　「学習―評価 Can-Do タスク」における「学習―評価タスク」は単なるド

リルのような反復練習の活動ではなく、CDSにより遂行すべき目標が明示されている点に特徴がある。自己評価にあたっての客観的到達基準が明確に設定され、評価と学習が一体化されている。各タスクにおける評価にあたっては、段階的到達指標に基づくCan-Do尺度が併せて開発され、一般的な到達段階よりさらにひとつ高い段階や、逆に何らかの補助があれば到達できるひとつ低い段階を含めた4つの段階のそれぞれに応じた客観的で具体的な数値評価基準が定められている。「今できること」ではなく「できつつあること」を評価し、学習の手助けとなる足場掛け(Scaffolding)を行うことで、自己の目標と現時点での能力発達段階を照らし合わせて、到達可能な目標を設定する学習者の調整能力を育てることができる。

　2006年度の実施結果から、英語科12期2年次において精読に関するCDSや要約に関するCDSでの自信の程度が、他の項目と比べて低いことが見えてきた。そこで、それら自信の低い技能の学習を補うため、精読及び要約スキルの向上を目的とした「学習—評価Can-Doタスク」を開発し、2007年度3年次の第2学期の受験期に導入した。タスク開発にあたっては、精読スキルだけでなく速読スキルとの関連を考慮し、速読した文章をもう一度精読させる「速読／精読」タスクの開発を行った。(図2)さらに「速読／精読」タスクの単一の開発にとどまらず、速精読時に要求される談話保持能力に焦点をあて、ライティングスキルと融合させた「要約」タスクの開発も行った。「要約」タスクとしては、文章を聞きとって重要な部分を書きとめてまとめる「ディクトグロス」(dictogloss)に基づいたタスクと並行して、ある程度の速さで速読した文章をコピーイングさせる「コピーグロス」(copygloss)のタスクを開発した。

　評価にあたっては、段階的到達指標に基づくCan-Do尺度を併せて開発し、タスクにおける具体的な数値評価基準を定めた。3つのタスクのうち「速読／精読」タスクにおいては、複数の素材難易度を設定し、難易度を前後させて、スパイラルに能力に対する自信をあげていけるようにデザインした。実際の運用において、これらの3つのタスクは相互補完し、より効果的にス

Can-Do リストを利用した学習指導改善

学習者―評価タスク

> まとまった文章をある程度の速さで読みながら、正確な理解をすることができる。
>
> 1 ゆっくりと時間と時間をかけて読んでも理解できないところがある。
> 2 ゆっくり時間をかければ大体理解できるが、速く読むと分からないところがでてくる。
> 3 ある程度の速さで読んでも大体理解でき、ゆっくりと読めばほぼ完全に理解できる。
> 4 ある程度の速さで読んでも、ほぼ完全に理解できる。
>
> **Material**
> (1)英検2筆記読解問題（300words程度）
> (2)英検準1級筆記読解問題（300words程度）
> (3)英検2級筆記読解問題（300words程度）
> (4)英検準1級筆記読解問題（400words程度）
> (5)More Reading Power (Reading Faster)500語程度
>
> **Criteria**
> 1 問題正答率　速読・精読ともに2問以下/4問
> 2 問題正答率　精読　3問/4問
> 3 問題正答率　速読　3問以上/4問　精読4問/4問　速読wpm　130以上
> 4 問題正答率　速読・精読　4問/4問

図2 「学習―評価 Can-Do タスク」（速精読）

キルを高めることができた。

　タスク実施にあたって、自律的学習の視点から、自己の学習をモニターするために、生徒は記録用紙に数値評価基準に基づく結果とともに、学習コメントを記入した。（表1）毎回実施後内省的コメントを書くことで、自分の能

解答用紙〈速読+精読〉

実施日	NO		ANSWER		TIME	正解率 速読 精読	WPM WPM/正解率	評価 難易度	コメント
			速読	精読					
	1	1			:	/4			
		2							
		3				/4		☆☆☆	
		4							
	2	1			:	/4			
		2							
		3				/4		☆☆☆	
		4							
	3	1			:	/4			
		2							
		3				/4		☆☆☆	
		4							

表1「速精読タスク」生徒記録用紙

力の伸びを客観視させ、「出来る感」を実感させて自己効力を高めることができた。

表2 「速精読タスク」実施後の生徒のコメントの変化

【学習―評価 Can-Do タスクに対する生徒のコメント（速精読）】
【2級レベル】
・速さと正確さがどちらも要求されるのは、けっこう難しい。
・一度速読で読んだものを精読すると、新たな発見があってなかなかおもしろい。
・回を重ねるごとに WPM があがっていくのでだんだんおもしろくなってきた。
・初めはちょっときつかったことも、慣れてくると特になんともなくなって、力がつく。
【準1級レベル】
・2級と比べると、やはり WPM がいくぶん落ちる。それでも慣れることが大切だと思うので、1回1回集中していきたい。
・速さと読解のバランスが難しい。
・センタープレテストを受験して効果があるかないかよく分かったが、大量のものを集中して読むのに抵抗がなくなった。

表3 「Copygloss, Dictogloss タスク」実施後の生徒のコメントの変化

【学習―評価 Can-Do タスクに対する生徒のコメント（Copygloss）】
・速読しつつも丁寧に読まないと、細かい部分を覚えられないことがよく分かった。
・まとめる能力だけじゃなくて、文の書き方や文法も再確認できるので次もがんばりたい。
・1回目にいくつか抜けていた個所も、2回目にしっかり埋めることができたのでよかった。

⬇

・少し長めではあったが、とくにわかりにくいところもなく、わりと書きやすかった。もう少し長めの文の練習もしてみたい。
・きちんと内容も覚えてコピーできた。かなり保持力もあがったと思う。
・文法のミスや文の構成がまだよくないが、保持力は上がってきたと思う。

> 【学習―評価 Can-Do タスクに対する生徒のコメント（Dictogloss）】
> ・ディクテーションよりも実用的な練習だと思った。短い文でも意外に多くの情報が含まれているように感じた。
> ・初めてでちょっと戸惑った。これをすると、自分が普段のリスニングでどこを間違えるのかが分かりそうだと思った。
> ・ディクテーションで英文を全部書き取るよりも、このような練習の方が楽しかった。
> ・意外と自分の聞き方の雑さに気づいた。これを続けて、センター試験のリスニング問題の聞き方も改善していきたい。
> ・1回目で聞き取るのが難しい。もっとしっかり聞いてメモを正確にとり、より多くの情報を頭にいれるようにしなければならないと思った。

　表2の「速精読タスク」の生徒のコメントから、速読と精読の能力のギャップやバランスに対する、「気づき(awareness)」が深まり、スパイラルに素材の難易度を変えたことで、自分の伸びへの「気づき」を促しているのがわかる。表3の copygloss・dictogloss タスクの生徒のコメントからは、自己のつまずきには分析的であり、また伸びを感じることで、自己効力が高まり、自己の目標を調節しながら、学習に積極性を示していることがわかる。

　生徒のコメントの記述は教師にとっても有用であり、実際のスコアの伸びだけでなく、生徒一人ひとりが、どのように学習に対する自信をつけているのかを的確に把握することができた。記録用紙は毎時間タスク実施後に回収して生徒のコメントに目を通し、次の授業においてタスク実施の前に、必ず前回の学習状況や到達度について短いコメントを述べた。学習のつまずきに対しては、適切な学習方策を示唆した。少しでも学習への意欲の向上や伸びが感じられる生徒のコメントに対しては、激励のコメントを述べるなど生徒にきめ細やかな指導・助言を行うことができた。迅速かつ効果的な教師からのフィードバックが、さらに生徒の自己効力を高め、英語学習への自信につながり、英語力を高める結果を生んだと考えられる(永末 2009)。

第 3 部　学習

4.「学習―評価 Can-Do タスク」組み入れによる授業のモジュール化

　2008 年から 2010 年の 3 年間の英語科 15 期の指導においては、英語科 12 期 3 年次での成果をもとに、1 年次の入学段階からさかのぼって積み上げる形で開発された様々な技能融合型の「学習―評価 Can-Do タスク」を組み入れることにより、授業がモジュール化されていき、難易度を調整しつつ、学習素材を組み替えながら、学年間で継続的に能力発達を促すことができるようになった。従来の授業計画を見直して、タスクを導入するための時間を捻出し、「学習―評価 Can-Do タスク」を各グレードにマッピングし、グレード間が有機的につながることで、タスクを柔軟にかつ多元的に実施していた。(図 3) 複数の Can-Do タスクを有機的に結びつけて展開することにより、タスク間の技能融合が図られ、タスクが相互に補完し合い、効果的にスキルを高めることが可能になった。学習者の能力やニーズに応じて、適切にモジュール選択を行い、CDS に基づいた能力評価を組み入れた結果、従来から実施されてきた 4 技能統合型シラバスによる技能統合指導において、生徒の技能有能感のばらつきがなくなり、より総合的に 4 技能のバランスのとれた生徒の育成が可能になった(永末 2012)。

タスク	1 年 前期 G1	1 年 後期 G2	2 年 前期 G3	2 年 後期 G4	3 年 前期 G5	3 年 後期 G6
速読	○	○	○		○	○
速精読			○	◎	◎	◎
聴読解						◎
センテンス・サマリー			△	○		
コピー・グロス					△	○
多読サマリー		○	○	○	○	
センテンス・ディクテーション	◎	◎	○	○	◎	
ディスコース・コンプリーション		△	○		◎	◎
ディクト・グロス						○

G (GRADE LEVEL)
頻度高◎　頻度中○　頻度低△

図 3　Can-Do モジュールの設計 (2008 ～ 2010 年)

「学習―評価 Can-Do タスク」によって、学習者は、学習方略を身につけ、自分の能力に対してより自覚し、記録用紙に内省的なコメントを継続的に書くことで、学習者が Can-Do 評価尺度と照らし合わしながら、自らの能力評価を自律的に行うことが、肯定的な自己評価へつながってきた。たとえ一時的に否定的な結果が生じても、過去の自分のコメントから、自らの能力発達段階を認識することができるため、過去の基準より「できるようになりつつある」有能感を得て、さらに「継続すればきっとできる」という自己効力を高め、自律的により高い目標を設定できるようになった。さらに3年間を見通した「学習―評価 Can-Do タスク」組み入れ、さらにタスクを有機的に結びつけることで授業がモジュール化され、スキルを効果的に高めることができた。学習者がある学習タスクで身につけた学習方略を、他の学習タスクに自律的に応用することで、課題遂行への自己効力をさらに高めることが可能になったからだと考えられる。

5. 学習者オートノミーを育成するための教師オートノミー

2005年度以来 Can-Do 研究を通して、生徒からのフィードバックを受けながら、カリキュラムの改訂・授業内容の改善を図ってきた。実際、SELHi 研究終了後の方が、外部テストによる数値も格段に上がる結果となっている。授業者として Pre-SELHi の時代との大きな違いは、授業改善の方策がより系統的かつ効率的になったことだ。学習者のニーズに合わせて、カリキュラムの改善を行い実施するには、教師の自律的な判断が求められる。「Can-Do チェックリスト」の開発・利用・改訂のプロセスは、生徒の学習状況をモニタリングして到達度をチェックし、その能力を補完するための学習指導法を改善することをより円滑に実施することを可能にした。

また、「学習―評価 Can-Do タスク」の開発と授業での継続的な実施の中で、生徒からの内省的なコメントを引き出し、それに対してきめ細やかなフィードバックを行うことで、生徒と教師の間のコミュニケーションはより

円滑なものになり、生徒から「この先生なら、自分たちの英語力を伸ばしてくれるにちがいない」という絶対的な信頼感を得ることができた。生徒の教師への関係性の充足度は高まり、教師も指導に対する自信を高めることができた。

　Can-Do研究にかかわる道具―「Can-Doチェックリスト」「学習―評価Can-Doタスク」は生徒と教師がともに内省の手段として利用できる道具だと言える。このCan-Do研究を通じて、教師として学び得たものは、教師もまた生徒と同様に自律的な学習者でなければならないということである。教師は、自己の授業に対して批判的内省を行い、自らもオートノマスな学習者であることを認識することが必要であり、教師が学ぶ姿勢を学習者に見せながら、学習者とともに学び、教え合い高め合うことができる「学びの場」で、学習者オートノミーが育成されると考える。Can-Do研究は、教師が単なる知識の伝達者から脱却し、カウンセラー的な役割や学習素材の選定や取り扱いを行う管理者的な役割を認識し、学習者の能力発達段階を可視化しながら、学習者と共同できる学習の場を構築することを可能にするものである。

6. おわりに

　SELHi研究指定からPost-SELHi研究の時代を経て、さらに2011年度より、SSH (Super Science High School) 指定を受ける中で、共同研究は11年目に入った。今年度から新学習指導要領の下、研究対象を普通科に拡大し学校全体として研究を推進しているところである。このように公立高校で、研究者と実践者が長期にわたり共同研究を継続しているのは稀有なことである。実践者と常に連携をとり、指導・助言をいただいている共同研究者の長沼君主氏に改めて感謝申し上げたい。

　香住丘高等学校のCan-Do研究は、生徒たちのたどった道であり、研究の最大の成果は、この生徒たちの「英語学習者としての今の姿」だと思う。本

校を卒業した後、大学での英語への取り組みについて、学習方略を高校時代に身につけているので、自己の学習目標を設定して自律的に英語学習に取り組んでいると多くの卒業生たちが、報告にやってくる。高校時代に自己効力を高め、自律的学習を確立させておくことが、生涯学習の中での学習者オートノミーを育成することになる。我々の教育の目標は、今目の前にいる生徒を見るだけでなく、未来の生徒のあるべき姿を見据えることではないだろうかと、日々の実践研究を続けながら思う。

　教職も33年目になるが、教育実践の場において教師は学習者として学び続けなければならないと、キャリアが終わりに近づくにつれて痛烈に感じている。実践研究には終わりも完成もない。学習者とともに学び、教え合っていきたいと願っている。

参考文献
長沼君主(2009)「Can-Do評価―学習タスクに基づくモジュール型シラバス構築の試み」『東京外国語大学論集』第79号, 87–106.
長沼君主(2010)「自律的学習者」『英語教育』10月増刊号, 34–35.
長沼君主(2011)「誰のための評価か、何のための評価か―学習者本位の評価を考える」『英語教育』10月増刊号, 34–36.
永末温子(2009)「生徒からのCan-Doフィードバックで教師の自己調整をはかる」『英語教育』3月号, 33–35.
永末温子(2012)「「評価できる授業」を目指すために―10年間の実践と今後の展望」『英語教育』10月増刊, 53–55.

プロジェクト学習とその過程

村上ひろ子・茶本卓子（神戸市立葺合高等学校）

・これまでの教育経験　茶本卓子（＊村上ひろ子については次の章に記載）
公立普通科高校勤務経験33年。担任として高校1年から3年まで持ち上がること10回。2012年度から国際科長として国際科の授業を主に担当する。

・育てたい学習者像
1　自分の学びに主体的に関わり、生涯にわたって学び続ける学習者。
2　地球的視野にたち、自国の文化を理解し、異文化を積極的に受容することができる学習者。
3　世界共通語としての英語の確かなコミュニケーション能力を持つ学習者。
4　他者と協力して学習したり活動したりすることができる学習者。
5　平和を重んじ、社会に貢献しようとする意欲を持ち、地球的課題を探求し、その問題解決に向けて行動しようとする学習者。

・学習者オートノミーの定義
1　目標を設定し、計画を立てて進める力。振り返りながら改善していく力。
2　問題意識を持って、論理的に思考する力。
3　他者の話を聞いて理解する力。問う力。物事を多角的に捉える力。
4　伝えたいことをより的確に聞き手に伝えるプレゼンテーション能力。
5　他者（教室内から海外まで）と協力して積極的に学び行動できる力。

・対象者学年　高校国際科　1・2年（村上）　2・3年（茶本）

・対象者の背景・特徴・英語力
国際科生徒は英語学習の目的を、大学受験のためだけでなくグローバル時代に備えて幅広い能力をつけることと考えており、実践的な英語コミュニケーション能力の育成と課題解決型のプロジェクト学習に意欲を示す生徒が多い。

・授業の目的および伸ばそうとする技能
授業の目的は、多角的な視野を持って課題を調べ、分析して意見交換をし、グループで発表することで、英語の運用能力と問題解決能力を育成すること。

第 3 部　学習

> 1　課題を発見し、書籍やインターネットを用いて調べたり、インタビューやアンケートを行って情報を集める技能。収集した情報を分析してまとめる技能。
> 2　個人の考えをペアやグループで話し合うことで内容を深める技能。
> 3　インターネットの掲示板や TV 会議を使って海外の高校生と英語で意見交換をしながら協働学習を行う技能。
> 4　パワーポイントを使って発表したり、スキットをするなど観客により効果的に伝える技能。
> 5　進行中の学習活動を、自分で振り返りながらよりよいものにしていく技能。

1. はじめに

　葦合高校には普通科と国際科があり、国際科は、「地球市民の一人として、将来のそれぞれの目標に向かって力強く邁進し続ける生徒達の育成」を目指し、2001年に設立された。国際科の特徴としては、「国際問題研究」や「日本文化紹介」などの4つの学校設定科目があり、英語の授業ではティームティーチングや少人数制授業を積極的に実施している。入学時には下記のような国際人の定義を生徒に示している。

葦合高等学校の目指す生徒像(生徒向け冊子 Study Guide より)
葦合高等学校卒業時に以下のような人になってくれることが目標です。
① 　地球市民としての社会性を備え、自己を確立している人
② 　地球的視野に立ち、自国文化および異文化を理解できる人
③ 　地球的課題を探求し、その問題解決に向けた行動ができる人
④ 　国際語としての英語の確かなコミュニケーション能力を持つ人

　この章では、英語の運用能力を高める技能統合型科目(1・2年時)と調べ学習から始まり、課題研究に至るプロジェクト型科目(2・3年時)に焦点を当て、これまでの実践におけるオートノミーの要素を検証する。

2. 英語科目の役割と関連

　1年時は基礎定着期とし、英語の科目は4技能統合型と聞くこと話すことに重点をおいた2つの必修科目で構成されている。2年時は 基礎〜発展期とし、4つの必修科目と2つの選択科目を設定し、幅広い題材を扱っている。3年時は発展〜応用期とし、5つの必修科目と1つの選択科目があり、1・2年で学習したことを発展させるという学習全体計画を作定している。(この学習全体計画を表1として提示した。なお、この表1は Study Guide に掲

第3部　学習

載している。)特に必修科目の異文化理解は、身に付けたコミュニケーション能力や論理的思考を活かすプロジェクト学習である。そして、生徒のオートノミーが特に発揮される科目でもある(図1)。表1と図1の科目名は実践当時の名称である。教育課程の変更により、平成25年度入学生からの新カリキュラムでは、教科名は一部変更され、現在LLは時事英語CE(Current English)という名称に変わり、異文化理解CU(Cultural Understanding)は2年生の必修科目になっている。

表1　学習全体計画

学年	1年	2年	3年
学習段階	基礎定着期	基礎―発展期	発展―応用期
必修科目	総合英語 (SIA / SIB) ⑤ コンピュータ・ LL演習 (L I) ②	英語理解 (EUA /EUB) ④ 英語表現 (EE) ② コンピュータ・LL 演習 (L II) ② 国際事情 (IA) ② (兼総合学習)	英語理解 (EU) ② 英語表現 (EE) ② コンピュータ・LL演習 (L III) ② 異文化理解 (CU) ② エクステンシブ・ リーディング (ER) ②
選択科目		コミュニケーションA (COMA) ③ 国際問題研究 (IS) ②	コミュニケーションB (COMB) ②

丸数字 = 単位数、( ) 内略称

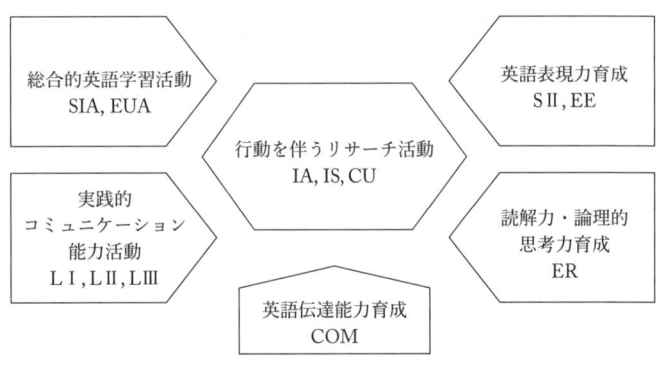

```
総合的英語学習活動        英語表現力育成
   SIA, EUA                S II, EE

           行動を伴うリサーチ活動
              IA, IS, CU

   実践的
コミュニケーション                読解力・論理的
   能力活動                     思考力育成
 L I, L II, L III                   ER

           英語伝達能力育成
              COM
```

図1　英語科目の関連

3. 総合英語ⅠA－1年時必修科目

3.1 総合英語IAの役割

　総合英語ⅠA(SIA)は「読む」「書く」「聞く」「話す」「やり取りする」の5つの技能を高めることを目標とする国際科の根幹となる5技能統合型科目である。1クラス(約40人)を2分割して行い、テーマ学習を基本としている。1年時は自分の意見を持ちやすく、発表しやすい身近な話題を選択し、他者から学び、協力して学習に取り組めるように、ペア活動やグループ活動を積極的に取り入れている。また、1年生の最初の授業では、これまでの学習方法や学習スタイルの嗜好などの調査を行い、予習や復習の大切さや自主学習の方法などを Study Guide に載せ、提示している。以下は1年生向け Study Guide の一部である。

　［予習について］

　　授業を受ける前の段階で、いかに準備をしっかりしているかによって、成果は随分違ってきます。それは、高校で学習する英語の情報量は中学校での情報量の約10倍あり、内容も社会問題・国際問題など多岐にわたるので、授業で読んでいるだけでは足りないからです。そしてなによりも、自分の力でまず英文に挑戦することが大切です。授業は自分自身の学習を確認する場でもあり、共有する場でもあるのです。日々の努力を惜しまず頑張ってください。継続は力なり！

　［復習について］

　　授業で習った英文は何度も音読をして身につけていきましょう。読めない部分＝理解できていない部分です。辞書で調べたり、友達や先生に聞いて分からないことは分かるようにしていきましょう。英語の音声を使って様々な音読練習(シャドーイング・パラレルリーディング等)に取り組むことは「聞く力」だけでなく「話す力」や「読む力」も伸ばします。急がば回れ！

3.2 テーマについて

多くの高校1年生にとって入学後すぐに社会問題や国際問題について自分の意見をもつことは難しい。特に第2言語の使用においては、語彙や表現力の不足がさらにそのことを困難にしていると考えられる。1年時では、英語を使えるという気持ちを高めることに重点を置き、自己紹介など、身近な話題から始めている。表現活動としては、自分の考えを例を使いながら述べることから始め、次の段階では、身近に存在する問題を扱い、賛成、反対の意見を論理的に述べることを練習する。最終段階としては、抽象概念を、具体例を示しながら説明することを目標としている。このように、表現力を段階的に高めることができるように、テーマを設定している(表2)。

表2　各学期のテーマ（例）と目標

学期	テーマ（例）	目標
1	将来の夢 次世代に残したい言葉	やり取りを通して英語を積極的に使おうとする態度を養う。ペアやグループで協力して課題に取り組み、多角的に物事を見る姿勢を養う。
2	ロボットペットの是非 遺伝子組み換えの是非	賛否両論・論理的思考に慣れ、適切な理由を述べる力をつける。ペアやグループで協力して課題に取り組み、多角的に物事を見る姿勢を養う。
3	ヒット曲の要素 ユニバーサルデザイン	抽象的な題材を理解し、具体例を用いて説明する能力を高める。ペアやグループで協力して課題に取り組み、多角的に物事を見る姿勢を養う。

3.3 オートノミーを意識した授業内活動

総合的英語学習において、3年間を通じて実施しているオートノミーを促進するための活動は、目標設定と振り返り活動である。各単元の導入時に、テーマや習得すべきスキルを提示し、その後、生徒は自分自身の目標を設定する。1年時は、教師が提示した目標から選択する生徒が多いが、学年が上がるにつれて、自分で考えて書く生徒が増えていく。単元終了時の振り返り活動の時に、自分の設定したゴールについてReflection Sheetに記述するよ

うに促す（表3）。生徒はテーマについて、授業への取り組み、その他気がついたことも記述するが、使用言語は生徒が選択する。テーマについての記述が一番多く、生徒の振り返りを読むことで、教師は生徒とテキストの関わりを知ることができる。また、生徒が直接授業内容に関われるように、質問欄と要望欄を設けている。

3.4 ペア・グループ活動

オートノマスラーナーを育成する上で、協同学習は不可欠である。1時間の中で、個人、ペア・グループ活動のバランスを考えて授業計画を立てる。ペア活動に適する活動としては、語彙習得を意図した英語から日本語、日本

表3　1年当初の Reflection Sheet 記述例　（原文通り）

授業への取り組み	I must not afraid to make mistakes. I should be more positive and talk with my classmates. 日本人はひかえめで自分を表に出すことが苦手だとよく言われますが本当にその通りだと思います。英語だとけっこう楽に言えたりするし、周りに自分のことをもっと知ってもらいたいと思うようになります。 他の人のを読んで新たな発見があった。
質問要望	I sometimes can't catch what teacher is saying. Change the seat, please. 英語の質問にとっさに答えられるようになるにはどうしたらいいですか。 どのように英語の予習をしたらいいですか。
ペア・グループ活動	意見交換では、もっと意見を出し合えば良かったと思います。英語での表現が分からなかったり、とっさに答えが思いつかなかったり…でも、とりあえず話を続けて積極的に意見交換すれば良かったし、次からはそのようにしていきたいと思います。 Discussion では自分の心配ごとを他人と共有できたりして、悩んでいるのは自分だけではないということがわかり、頑張っていこうと思いました。 4人グループでの意見交換では、他の3人は私の意見を理解しようとしてくれたりするので楽しいです。 I could hear another person's opinion. It was very good for me. Group members are so funny. I exchange opinion with this group more than before. But, I don't have any confidence in my English and opinion.

語から英語の練習、設問の答え合わせ、意見交換などが考えられる。1学期は、生徒が英語の授業に慣れる必要があるので、ペア活動も簡易なものであるが、2学期以降は、生徒が選択する機会を増やしていく。教師側からの働きかけとしては、「相手の理解に合わせてヒントを与える」などの助言をする。そうすることによって、生徒自身も工夫したペア活動をするようになる。グループ活動では、生徒の苦手意識の高いタスク（代名詞が指すものを答える、など）や行間を読む問い、問題に対する解決策を考えるタスクなどを設定している。グループ活動を通じて、自分の考えを英語で他の人に伝える楽しさを知り、自分とは異なる意見を聞くことで、物の見方が広がることを生徒は体験している（表3）。ペア・グループ活動に関しては入学時から肯定的な生徒が多い（92%）が、それゆえ、活動内容の充実が求められる。

4. 英語理解―2年時必修科目

4.1 英語理解 EUA（2年時）の役割

英語理解は「読む」「書く」「聞く」「話す」「やり取りする」の5つの技能の中で、特に読解力を高めることを目標とする5技能統合型科目である。1クラス（約40人）を2分割して行い、社会性の高いテーマを通して、語彙力や思考力を高める活動も取り入れている。1年時と同様に学年当初に Study Guide を配布するが、オートノミーの要素であるメタ認知を促す文章を提示している。また、ストラテジーに関するアンケート調査を実施し、生徒に紹介したり、授業で取り入れていく上での参考にしている。以下は2年生向け Study Guide の一部である。

Find useful language learning strategies and develop awareness of your learning approach. 英語学習の進め方―ストラテジーを意識しよう！

英語を勉強していると「単語が覚えられない」「リスニングの時、集

中力が切れる」「英語で上手く書けない」等々いろいろな課題に直面します。それに対して学習ストラテジーが提案されてきました。ストラテジーを意識した勉強の仕方は、「単語を何かのイメージと結びつけて覚える」「何を理解することを目的としてリスニングをしているのかを明確にし、その目的を果たすために特定の情報に注意を向ける」「エッセイを書く前にまず内容の組み立て考える」になります。また、「目標を立てる」「自分の理解が正しいかどうか、振り返りながら学習する」「友だちに聞く」「くじけそうな時は、自分を励ます」もストラテジーになります。今の自分にどのような力が必要か考え、勉強方法を工夫し、自分で判断し(セルフモニタリング)次に活かすことでより良い外国語学習者になれるのです。2年生は英語の教科も増え、1年生よりも更に英語力が伸びる学年になります。それぞれの教科で学習したことを融合させていくと、伸びは2倍にも3倍にもなります。

4.2 テーマについて

　2年時は地球的課題を知り、問題解決にむけて行動できる素地を養うために、思考力、判断力を問うテーマを設定する。また、自分のアイデンティティや人間の内面への関心を持つような題材も扱う。1つのテーマを様々な角度から読み、自分や自分の生活する社会と対比して自分の意見を述べることができるように、サブテーマを設定している(表4)。

表4　各学期のテーマと思考・表現活動 (例)

学期	テーマ (例)	思考・表現活動
1	言語―消滅する言語、アイヌ語、言語を巡る争い、Politically Correct words	言語に関する様々な文章を読み、問題点を知る。ペアやグループ活動を通じて得た、多角的なものの見方を経て、"Language and Identity"の意見を述べる。

第3部　学習

| 2 | 持続可能な社会―グラミン銀行、Social business、江戸時代の持続可能社会 | 持続可能な社会に関する文章を読み、問題解決に至る過程を知る。ペア、グループにおける意見交換を通じて、自分たちの社会と照らし合わせて考え、意見を述べる。 |
| 3 | 歴史から学ぶ―平和について、杉原千畝 | 歴史上の人物に関する文章を読み、当時の状況や思想を知る。ペア、グループにおける意見交換を通じて、現代の社会に当てはまる点を考え、自分の考えを述べる。 |

4.3　オートノミーを意識した授業内活動

　2年時では、各章の始めに内容と目標だけでなく、推奨する学習ストラテジーも提示している。そして、色々なストラテジーを試行錯誤できるように、生徒が選択する機会を多くしている。例えば、要約の課題では、文章表記による要約文や図式化などの複数の方法の中から生徒は選び、課題に取り組んでいる。Reflection Sheetにおいて生徒は内容についての感想や意見を徐々に英語で書くようになる（表5）。メタ認知に注目させるために、英語の知識や技能について振り返りができるようにEnglish Skillsという項目を立てている。

表5　2年当初 Reflection Sheet の内容例　（原文通り）

| English Skills | ・I could enrich my vocabulary. There are a lot of interesting words in this unit.
・I could deepen the knowledge about the organization, person and international goals which contribute(d) to the world peace.
・I couldn't summarize the passage about UNICEF. I quoted many parts of it. So, it became boring.
・This unit was so difficult because of many unknown words, but I organize some important information. Because I tried to consider keywords while I was reading.
・I could use some vocabularies that we memorized for Vintage test. Vintage test was good way to force me to memorize the vocabularies and the idioms. |

5. 技能統合型教科におけるオートノミー

入学時の調査では、97%の国際科生徒が英語は好きな教科と答えている。卒業時においても、英語はやりがいのある教科であり、将来においても自ら学び続ける学習者になるためには、高等学校における生徒のオートノミーを育成する実践は不可欠である。

技能統合型教科においては、それぞれの技能で、また組み合わされた技能で、生徒のオートノミーを促進する様々な工夫が可能である。平成25年度から始まったコミュニケーション英語Ⅰ・Ⅱ(普通科)の授業においても同様の実践が考えられる。

6. 国際事情と異文化理解—プロジェクト学習

6.1 プロジェクト学習の概要

国際科で主としてプロジェクト学習を実施している科目は2つある。2年時の「国際事情探求 (IA)」と名付けた「総合的な学習の時間」と3年時の必修科目「異文化理解 (CU)」である。生徒の「生きる力」を育むために、学習指導要領において「総合的な学習の時間」が必修で置かれた時に、国際科は専門学科の特徴を生かして、週2時間の授業時間に英語で課題学習を行うことにした。目標は、英語に接する時間を増やすことで英語力を伸ばすことと、大学や社会で必要となるプレゼンテーション能力の素地を作ることであった。そこに「総合的な学習の時間」の目標である「問題の解決や探求活動に主体的、創造的、協同的に取り組む態度を育て、自己のあり方や生き方を考える」ことが加わり、使用言語が英語のプロジェクト学習が始まった。

プロジェクト学習の流れを大まかに述べると、導入、情報収集(インタビュー・アンケートを含む)、分析・解釈、グループ内討論、プレゼンテーションの準備、発表、質疑応答、評価・全体の振り返りとなる。授業は1クラス40名に対し、2名の日本人英語教師と2名のALTが配当されている。

第3部　学習

プロジェクト学習の初期段階である2年時1学期のテーマ導入時には、教師が生徒に目標や進め方を説明し、テーマに関する背景知識を全員で確認し、上級生の作品を紹介する。その後、コンピュータ教室でテーマについて調べ、分析をし、グループ内で意見交換をするのを、4名の教員が協力して支援する。教師は各生徒の進度や取り組みを注意深くモニターして、質問しやすい雰囲気を作り、助言をする。生徒は、発表が近づくとポスターやパワーポイントを作成し、聞き手がよりよく理解できるようにクイズやスキットを入れるなど工夫をする。グループごとにリハーサルをした後、クラス全員の前で本番を行い、クラスメートからの質疑応答やフィードバックをもらう。ステージで2つのグループがディベートのように議論をし、どちらのチームがより説得力があるかを投票することもある。

6.2　プロジェクト学習のテーマと (1) 内容、(2) 育てたい技能　および　(3) オートノミー

2年時1学期　その1

「カントリー・リサーチ　日本との比較」(個人活動)

(1) 外国の基本情報（人口、面積、公用語、平均寿命、識字率、GDP、主要な宗教、環境問題、軍事力）等指示された項目について正しい情報を検索し、日本と各生徒が選んだ国の相違を表にまとめ、ポスターを作って簡潔に英語で発表する。
(2) 国についてインターネットを用いて調べ、収集した情報をまとめる技能。
(3) 計画を立てて調べ学習を進める力。振り返りながら改善していく力。伝えたいことを的確に聞き手に伝えるプレゼンテーション能力。

2年時1学期　その2

「カントリー・リサーチ　3カ国の比較」(個人・グループ活動)

(1) 3人グループで、2つテーマを決め（例、義務教育、結婚）、同じ地域に

ある3カ国を比較し、その相違はどこから生じるのかを考え、判断の根拠となるデータを収集する。パワーポイントを作成して、聞き手にわかるように英語で発表する。
(2) 適切なテーマを選び、論理的に考え、収集した情報を分析してまとめる技能。グループで話し合うことで個人の意見を深める技能。パワーポイントを効果的に使って、プレゼンテーションをする技能。
(3) グループで責任をもって、計画を立ててプロジェクトを進める力。問題意識を持って論理的に思考する力。伝えたいことをより的確に聞き手に伝えるプレゼンテーション能力。

2年時1学期 その3
「海外でのボランティア活動」(個人活動・レポート)
(1) ボランティア活動とは何かを自分の言葉で定義する。海外のボランティア活動に個人で参加することを想定し、実際に行われているプログラムを選び、情報を収集し、計画を立て、レポートにまとめる。
(2) プロジェクトを効率よく仕上げるための作業計画を立て、よりよいものに修正していく技能。指示やフォーマットに従い、適切な英語を用いて、レポートを仕上げる技能。
(3) 課題に従って目標を設定し、計画を立てて進める力。振り返りながら改善していく力。不明な点があれば質問し、できあがったら見直し、余裕があればクラスメートを助ける力。

2年時2・3学期
「芸術と都市生活」/「防災」(個人・グループ活動)
(1)「芸術と都市生活」では、神戸の建造物、彫刻、公園、ファッション、祭り等テーマを選び、3人グループで取材に出かけ写真を撮ってくる。都市生活との関連、特徴、歴史などを調べ、5分間のパワーポイントプレゼンテーションを行う。次に世界各地にある神戸の姉妹都市の基本情

報と芸術を調べ、さらに 2 つの都市をつなぐオリジナルの特産物を考案する。それらを紹介するパンフレットやビデオを作成し、10 分間のプレゼンテーションを行う。最後に聞き手と質疑応答を行う。

　「防災」では、地震、津波、洪水、火山噴火、竜巻等の自然災害の発生メカニズム、過去に起こった事例などの基本情報をまとめる。さらにフィールドワークを行い、安全マップや防災ゲームなどを作成し、災害の被害を最小限にする方法を考える。その後、パワーポイントかポスターを使った 10 分間のプレゼンテーションやクイズショーを行う。最後に聞き手と質疑応答を行う。可能であれば、海外の高校生と TV 会議やインターネットの掲示板を使って意見交換をする。

(2) テーマについて、校外で取材をしたり、書物やインターネットを用いて情報を集める技能。収集した情報を分析してまとめる技能。グループで話し合うことで内容を深める技能。聞き手に効果的に伝える技能。

(3) 目標を設定し、計画を立てて進め、振り返りながら改善していく力。問題意識を持って論理的に思考する力。グループで協力して学び、行動できる力。伝えたいことをより的確に聞き手に伝えるプレゼンテーション能力。他者の話を聞いて理解し、質問することで内容を深める力。

3 年時 1 学期
「ビジネス・プレゼンテーション」グループ活動
(1)「あなたはグローバルな視点で商品開発をしている企業の調査・企画部に所属している。東南アジア、中東、西アフリカ等 1 つの地域を選び、その特徴を調べ、住民の生活向上に貢献できる商品を企画提案しよう」というテーマのもと、各生徒が自分の選んだ国の基本情報を調査し、商品を提案する。グループ内で良い企画を選んでさらに改善し、レポートにまとめる。その後パワーポイントを用いたプレゼンテーションのグループ対抗戦を行う。商品の必要性やその開発がもたらす波及効果などを考察し、発表原稿を作成する。聞き手からの質問に答え、相手チーム

と企画を競い合う。
(2) テーマについて収集した情報を分析してまとめる技能。個人の考えをグループで話し合うことで内容を深める技能。パワーポイントを使って効果的に伝える技能。質問に対して素早く的確に答える技能。進行中の学習活動を自分で振り返りながら修正していく技能。
(3) 想像力を駆使し、論理的に思考する力。他者の話を聞いて正しく理解し、内容を深めるために問う力。物事を多角的に捉える力。伝えたいことを的確に聞き手に伝えるプレゼンテーション能力。他者と協力して行動する力。

6.3 評価

　2年時の「国際事情（IA）」の評価はチェックリストと文章表記で行っている。レポートやエッセイについては評価項目に沿って個別に確認しながら、生徒の優れた点、課題などを記載する。プレゼンテーションに関しては内容、構成、英語表現、パワーポイントやポスターのわかりやすさ、チームワークなども評価項目に置いている。教師からの評価や自己評価に加えて、生徒はクラスメートからもコメントをもらう。他者からのアドバイスを参考にし、経験を次にどう生かせるかを考えることも大切である。プロジェクト学習では、生徒が積極的に取り組み、学びを深め、技能を身につけ、オートノミーを促進することを目標としているので、成果物だけではなく取り組みの過程も評価している。

　3年時の「異文化理解（CU）」は必修科目で、点数評価が必要である。2年時に1年間プロジェクト学習に取り組んできたので、生徒たちは試行錯誤を繰り返しながらまとめ、発表することを何度か経験している。2年時に比べてゆとりと自信が生まれてくるのか、グループで積極的な役割分担と協力が進み、より難しい課題に挑戦する姿勢が見られる。評価は、創造力や説得力の項目を加えた内容点と表現点を中心に、グループ活動への協力点を含めて点数化する。さらに自己評価や他者へのアドバイス、他のグループの発表

への質疑や議論への参加など、様々な角度から生徒の意欲ある取り組みに対しては更なるプラスの評価をしている。

6.4 生徒の学び

　現在大学2年生の12名に、2年間のプロジェクト学習を振り返る次のような質問をし、文章で回答してもらった。「プロジェクト学習を振り返って、自分にどのようなオートノミーが育ったと感じましたか。それはどのような活動から備わったと思いますか。本校のようなプロジェクト学習をしてこなかった他校の出身者と比べてあなたはどのような点が違うと感じますか。」以下は、回答内容を項目別にまとめたものである。（文尾の（　）内は回答者のイニシャルである。）

・振り返りについて

（1）　一度調査したことをまとめて発表し、そこで得た評価や疑問点などを受け止め、それを次に進む際の足がかりとしてより良いものにしていくことがプロジェクト学習にとって大切だとわかった。(M.Y.)

（2）　PDCA (Plan-Do-Check-Act) サイクルの習慣化が身についた。見直しをし、それを踏まえて再構成し、自分ができる最高のものを提出するプロセスを踏むことができるようになった。(M.N.)

・論理的思考力・創造力について

（3）　授業の中で出てきた1つの考えを、それまではそれが正解だと決めていたのが、どんなメリットがあり、またどういうデメリットがあるかを考えることで、答えは1つではなく様々な面を捕らえなければいけないと感じた。(H.K.)

（4）　多くのプロジェクトを体験したことから、課題に対して試行錯誤し、より良い方法を見出す方法は、もう私の一部であり、私の思考パターンの1つになっている。「考える」ことが習慣になっているおかげで、1つ1つのチャンスを最大限に活かせていると思う。(M.H.)

・問う力について
（5） 質問することで、さらに深いものが得られるということに気づくことができた。わからないことを臆さず問う力を高校で身につけたおかげで、大学で参加した国連関連のディスカッションで発言の質を高めることができた。(E.O.)

・プレゼンテーション能力について
（6） スライドはキーワードを示し簡潔にする。アイコンタクトをとる。プレゼンテーションの構成を考えることなど基本を教わった。(N.M.)
（7） 重要なことを伝える時に、自分の言葉が必ず相手に一度で伝わるという思い込みはなくなった。とにかくわかりやすく話すように努力するようになった。相手がわかったふりをしないように、質問しやすいような態度で接するようになった。(A.O.)

・協同学習について
（8） 活動は全て試行錯誤の上、（グループ内で）決定された。「これがいい、いやこの方がより聴衆にとってわかりやすい。ではこれはどうか。」と全員がアイディアマンとなり、意見を出し合った。(M.H.)
（9） 同じテーマについて調べていてもグループ一人一人の興味によって全員違った調査結果を持ってくるなど、人の考え方の多様性に触れることが多くあった。その多様性を受け入れた上でグループとしての答えをいかにして出すかという時に、全員で話し合ってそれらを１つにまとめるという、重要な力が身についた。(M.S.)
（10） 議論を引っ張っていく人がいない時は、自分が積極的にしゃべってグループを動かしていく。引っ張っていってくれる人がいる時は、自分がやるべきタスクを考え、細かい仕事にまわるという力がついた。(N.M.)

・その他
（11） 「何でもいいから手を出してみよう」「大変そうだけど引き受けてみよう」という心構えで様々なことにチャレンジすることができるように

なってきた。これは茸合高校の積極性・能動性を重んじる気風のおかげだろう。(S.S.)
(12) 苦手なことだからこそ、挑戦してみたら得るものが大きいんだなって思うようになった。あえて難しいことに挑戦する力を茸合高校の授業で身につけた。(N.M.)
(13) みんなが本当にクリエイティブだったと卒業した今思うが、その秘密は独自の教育方針によって養われたもので、多角的に物事を捉え、より良い方法を見いだすことから生まれたのだと思う。(M.H.)

プロジェクト学習に取り組んだことで、オートノミーが促進していると生徒自身が実感していることが、アンケート結果から明らかになった。

7. おわりに

中田 (2011) は、日本の学校教育においてオートノミーの概念が浸透してこなかった要因として、EFL 環境や授業形態 (大きなクラスサイズ、教師主導)、入試の影響、選択の機会を与えることへの不慣れをあげている。一方、グローバルリーダーを育てることが日本の急務と言われる今日、英語で行うプロジェクト学習は、オートノミーの促進のためにも英語力の伸長にも大きな可能性を持った取り組みだといえる。

プロジェクト学習を企画するにあたり、生徒の発達段階に応じて、適切な課題を無理のない日程で設定することは必須である。初期段階では、課題を進めていく作業手順を示すことで、生徒が授業時間ごとに振り返りながら次の過程に進むという自己管理ができるように導いていく。また、教師がレポートなどのまとめ方を提示し、生徒は指示に従って情報を集め、自分の意見を加え、的確な理由付けをすることで、論理的に思考することを無理なく身に付けていく。そして、徐々に生徒の選択する部分を増やし、プロジェクトの自由度を上げることで、生徒が主体的に意思決定する方向へと導き、創造性を大切にする活動へ移行していく。

生徒たちは、協同学習の中で大きく成長する。自分の意見を構築し、グループで議論することで内容が深まっていく。自分の役割に責任をもちグループのプレゼンテーション作成に貢献できたと感じた時に、自信がもてるようになる。さらにクラスメートの発表を聞き、質問をし、ディベートに加わることでさらに工夫をするようになっていく。

　プロジェクト学習が進むと、校外に取材に行ったり、アンケートの回答を基に考察するなど活動の場が広がる。学校訪問に来た海外の高校生と意見交換をしたり、海外の姉妹校生徒とTV会議を行ったり、インターネットの掲示板を使ったライティング・ディベートをすることもある。学校外での発表の機会もある。生徒たちは、実践の場で体験を積むことで挑戦することのすばらしさを学び成長していくのである。

　プロジェクト学習は、生徒の視野を広げ、創造的に取り組む姿勢を育てる。うまくいって達成感を得たことだけではなく、多くの困難や失敗を経験してこそ気づくこともある。同じ志をもつ積極的な仲間と共に、1つの課題に向かって工夫しながら主体的に取り組むことで、さらに学びが深まり、オートノミーが促進される。

参考文献
中田賀之 (2011)「学校文脈における英語教師の同僚性とオートノミー」青木直子・中田賀之 (編)『学習者オートノミー―日本語教育と外国語教育の未来のために』(pp.193–220). ひつじ書房
吉田達弘・玉井健・横溝紳一郎・今井裕之・柳瀬陽介 (編著) (2009)『リフレクティブな英語教育をめざして―教師の語りが開く授業研究』ひつじ書房

第4部
教師

オートノマス・ラーナーの育成──教科間研究

村上ひろ子（神戸市立葺合高等学校）

- これまでの教育経験

公立中学校生徒・公立高校普通科生徒・国際科生徒

- 育てたい学習者像

言語（英語）の役割（コミュニケーション）を理解し、自分の考えを伝えたり、相手の考えを知ることによる楽しさや大切さを体験を通して知っている。
外国語（英語）学習を通じて多角的視野を身につける。
言語は文化であることを認識し、自分の言語への洞察を深め、他の言語も尊重する。

- 学習者オートノミーの定義

自分の学びを客観的にふり返ることができ、それを言語化することができる。
自分に必要な目標をたてることができる。
既習内容と現在学習中の内容を関連付け、発展させることができる。
自分で学習方法を工夫することができる。

- 対象者学年　高校1～3年

- 対象者の背景・特徴・英語力

英語に対する意識（入学時）: 大好き 15% 好き 37% 普通 32% あまり好きではない 12% 嫌い 5%
英語を学ぶ意義: 授業は役立つ 75%　人生に有意義　43% 受験のため　42% 旅行で使う 42%

- 授業の目的および伸ばそうとする技能

Speaking – 聞き手に合わせて通じる英語を話そうとする。聞き手を意識して話をする。
Writing – 読み手に合わせて通じる英語を書こうとする。読み手を意識して書く。
Reading – 書いてある内容を正確につかみ、批判的に読もうとする。
Listening – 話されている内容を正確に聞こうとする。聞き取れない部分は推測しようとする。
Interaction – 他者の意見を聞き、自分の考えを深める。
Critical Thinking – 複数の観点から物事を見たり、考えたりすることができる。

1. はじめに

　自律した学習者―オートノマス・ラーナーは理想の学習者像ではあるが、実践は難しいと感じている教師は多いのではないだろうか。また、自律的であれば、指導方法も教材も関係なく、全てが解決してしまうようなものと捉えられうるのではないだろうか。実際、Little (1990) はオートノミーを "buzz word" にもなりうると指摘している。

　平成25年度施行の学習指導要領には「主体的に学習に取り組む態度」や「辞書の活用の指導などを通じ、生涯にわたって、自ら外国語を学び、使おうとする積極的な態度」という表現で学習者オートノミーの重要性が記載されている。しかしその具体的な定義や方法、評価に関しては述べられていない。実際の高等学校における多くの英語の授業は「教え中心」の伝統的なアプローチ（小嶋 2010）が主流であり、学習者オートノミーを意識し、重点を置いた授業はまだまだ少ないと考えられる。

　文科省の研究開発校に指定（平成22～25年度）された際、教科間連携を目的に、他教科に協力を依頼した。連携の1つ目の目的は、英語科が他教科の「学習内容」と「学習活動」を共有し、5技能統合型の授業実践に反映させることであった。2つ目は、「自律した学習者の育成」と共同学習の実践について研究を行うことであった（図1）。他教科と共に「自律した学習者の育成」に取り組んだ、3年間の教科間共同研究を検証したい。

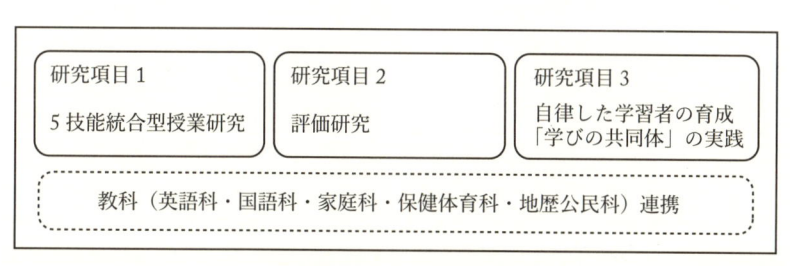

研究項目1	研究項目2	研究項目3
5技能統合型授業研究	評価研究	自律した学習者の育成「学びの共同体」の実践

教科（英語科・国語科・家庭科・保健体育科・地歴公民科）連携

図1　研究モデル　テーマ：発達段階を踏まえた実践的コミュニケーション能力の育成

第4部　教師

2. 「自律した学習者」の定義に向けて－1年目

2.1　教科間会議のはじまり

　研究を進めるにあたって、英語科担当者会、校内運営委員会と運営指導委員会を設けた(図2)。1学期の校内運営委員会では、各教科の学習内容や学習活動などの情報交換が主となった。自律した学習者の育成に関しては、「共同で研究していく」という確認をした。3学期の委員会では、自律した学習者の育成を意識した1年間の取り組みが各教科より報告された(表1)。

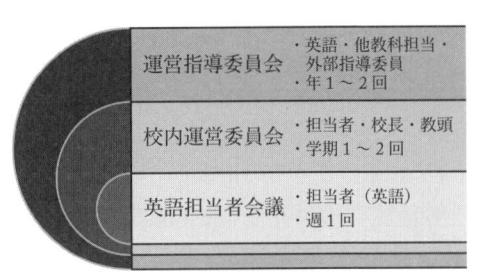

図2　研究組織図

運営指導委員会　・英語・他教科担当・外部指導委員　・年1～2回
校内運営委員会　・担当者・校長・教頭　・学期1～2回
英語担当者会議　・担当者(英語)　・週1回

表1　各教科1．2学期の取り組み（自律した学習者の育成）

現代文	食の問題やメディアリテラシーなど身の回りのことを中心に取り組んだ。「悲しみの復権」では英語科とも教材を共有できた。死生観は早すぎると思ったが、やってみると予想以上の反応があった。
現代社会	自律した学習者に関しては取り組みはできていない。英語科を知識面でサポートしていきたい。
家庭科	夏休み明けにホームプロジェクトの発表。人の一生と家族・家庭。どのような家族を作りたいのかを考えさせた。
保健体育	エイズに関して、知らないこと、知りたいことを聞き出し、自ら学んでいかせた。冬休み中のレポート作成は1～2学期にやったテーマの中で各自が決定。 体育大会がメイン。振り返りの中で体育大会への理解が見られた。サッカー、バレー、バスケットは1学期より詳細な振り返りをさせた。
英語	単元毎の振り返りで、振り返る習慣ができてきた。教師も振り返りを読むことで、マスでしか見えなかった事が、顔をイメージして生徒を見ることができた。
総合学習	日本の昔話を元に社会問題を織り込むスキットを小グループで作成。短い準備期間の割には、自分たちを表現することが楽しそうで、生き生きとやっていた。自信がついたのではないだろうか。

2.2 英語科の取り組み

　1年次は英語科独自の自律した学習者の定義—自分の学びに責任を持ち、自分の学習を振り返ることができる生徒を自律した学習者とする—を継承し、実践した。生徒が学習を見取り、計画的に学べるように各単元の最初の時間に観点別の目標と授業計画を提示した。単元の終わりには、振り返り活動として、生徒たちが自分の学びを振り返って観点別に基づいた項目別に4段階評価を行い、学んだことや自分の課題について文章表記した。それに対し、担当教師はコメントを記入して返却した。日常的に振り返る習慣ができてきた生徒や、自分で次の単元の目標を立てたり、学習方法を考える生徒も現れてきたことが確認された。年間を通して90％以上の生徒がペア・グループ活動に肯定的で、今後も続けたいと述べていた。実際、ディベートやスキットなどのアウトプット活動を通して活動に慣れ、上手に活動できるようになっていった。

2.3　1年目の成果と課題

　英語科内だけでなく、他教科の教員と議論することで、生徒の学びをより多面的に観察し、分析する姿勢ができ始めた。また、教科間会議での話し合いをきっかけに、これまで一斉授業が中心であった教科の担当者が、グループでの話し合いを実践し、「想像以上に他者の意見を大切にする姿勢」、「傾聴」の姿勢が見られた」ことが報告された。しかし、知識伝達型の授業では、時間的制約から、学習者オートノミーを意識した授業展開は難しいということが語られた。各教科、各担当者は自律を意識した実践を報告することにより、共通理解の必要性が実感されたが、それぞれの自律した学習者の定義付けを行ったところで研究1年目は終了した（表2）。自律した学習者の育成を担う教師は、他の教員と教育の目的・目標を共有し合い、組織的教育力の向上を配慮する自律した教師であるべき（小嶋・尾関・廣森編2010）だが、その前段階、共有するための目的・目標の案作成に1年間かけてようやく辿り着いた。

表2　各教科における目標となる自律した学習者とは（〜ができる生徒）

(初年度末運営指導委員会資料より)

現代文	＊受信できる力—文章発言の真意を行間・トーン等を含めて正確に把握できる力 ＊発信できる力—あらゆる観点・立場を踏まえ、その上で自身の意見を正確に伝える力 　以上2点を場・相手・状況に応じて発揮できる生徒
家庭科	衣・食・住、経済、保育・福祉という日常の生活で欠かせないことが自らの考え、行動で成し遂げられる生徒。「生きる力」の根底としてこれらを実践できる生徒
体育	選択体育における授業計画を行い、リーダーとなって授業を実施することができる生徒
英語	＊自分の学習目標を立て、実践し、分析し、振り返り、次の課題に向けて問題を解決できる学習者（学習ストラテジーを学び、活用できる能力） ＊英語を通して自主的に情報を取り入れ、多角的な視野で考え、やり取りすることで考えを深め、自分（達）の意見をまとめて、聞き手や読み手に分かるように伝えることのできる能力を持った学習者
総合学習	＊自分の弱点を認識し、その克服のためにはどうしたらいいか考え、行動し、努力し続けることができる学習者

3.「自律した学習者の育成」の実践—2年目

3.1　双方間関係への移行

　2年目の校内運営委員会では各教科の実践報告、生徒観の変化、英語科による他教科との学習内容の共有が報告された。2学期には、現代文から教科間連携を目的とした学習内容の共有の提案があり、双方的な取り組みへと前進した。同時期に同じ教材を現代文と英語で扱うことにより、抽象的な題材を扱うことができた。また、保健体育では生徒が授業をデザイン（グループ活動を計画・実践・自己評価）していることが報告されたことを受け、英語科でも、生徒が企画・実践・自己評価するグループによるミニ授業（グループプレゼンテーション）を実施した。

3.2　英語科の取り組み

　2年次も、「自分の学びに責任を持ち、生涯学び続ける生徒」の定義に基づき振り返り活動を中心に実践を行っていたが、Little (1995) の autonomy の定義に基づき、自分の学習目標を設定し、振り返る機会の設定」と「グループで協力して取り組む思考や表現の活動の設定」の2つを取り組みに加えた。各単元の最初に自分の到達目標としてマイゴールを設定し、単元終了時の振り返りにおいては、設定ゴールの妥当性や達成度も含め、1年次よりも自由に記述できるように変更した。2学期からは、各授業のまとめ活動として、最後に振り返りを書く時間を設けた。また、1年次のペア活動はスキル練習が主であったが、聞く力・問う力を伸ばすための活動を実施した。思考力・表現力を伸ばすためのグループ活動を計画し、生徒が主体的に関わる部分を増やしていった。振り返りシートの分析を試み、ゴール設定と振り返り内容を英語科教師5人でカテゴリー分けを実施した（表3）。これにより、全体像を把握することができ、英語担当者の共通理解にも役立った。マイゴールの内容は、ユニットが進むにつれ、態度的なものから思考的なもの、創造的なものを設定する生徒が増え、振り返りの内容も単なる取り組みだけでなく、題材を通して学んだこと、自分で考えたことを書く生徒が増えた（図2）。思考・表現活動をグループ活動に取り入れたことにより、「協力」だけでなく、「他者から学ぶ」などの表記も見られるようになった。教材と自分

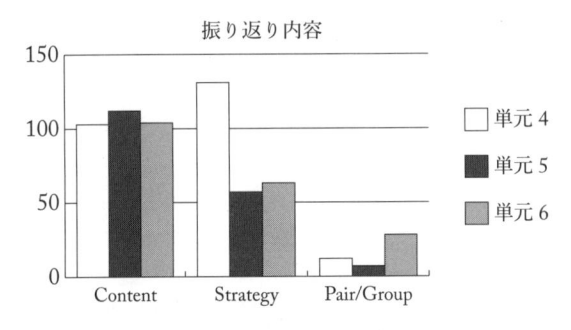

図2　生徒2学期リフレクションシートより

との関わり、自分の学びについて、言語化しようとする姿勢が育ちつつあるといえた。また、リーディングを中心にストラテジーを授業内で扱い、年度初めと年度末にアンケートによる比較を行ったが、学年当初よりもストラテジーを身につけ、実際に使えるようになったことが確認できた（表4）。しかし、課題としては、生徒のマイゴール設定と日々の振り返りの内容に個人差が大きく生じてきた。振り返りができず、弱点を改善するような課題克服型の目標を持ちにくい生徒たちの支援が課題であった。

表3　振り返り内容カテゴリー（記述部分）

	マイゴール	リフレクション
カテゴリー	Attitude, Speaking, Listening, Reading, Writing, Thinking, Opinion, Grammar, Vocabulary, Pronunciation, Translation	Attitude, Content, Strategy (Speaking, Listening, Reading, Writing), Thinking, Pair/Group activity, Presentation

表4　使用リーディング・ストラテジー割合比較

よくしている・いつもしている			
4月（学年当初）		3月（学年末）	
1 分からない語は飛ばす	71%	1 イラスト・図があれば参考にする	67%
2 イラスト・図があれば参考にする	69%	2 分からない語は飛ばす	65%
3 場面情景などイメージを想像	66%	3 具体例などが区別できる	60%
4 集中して読む	60%	4 目印になる語に注意する	60%
5 設問があれば先に読む	58%	5 タイトルから内容を想像する	59%
6 代名詞が指すものを理解する	57%	6 集中して読む	58%
7 副詞が指すものを理解する	51%	7 場面情景などイメージを想像	56%
		8 設問があれば先に読む	53%
		9 関係代名詞に注意する	53%
		10 理解度に応じて読む速度を調節	53%
		11 時制に注意して読む	52%
		12 自分の解釈の誤りに気付いて予測を修正する	51%
		13 代名詞の指すものを理解する	50%

全然しない・めったにしない	
4月（学年当初）	3月（学年末）
1 日本語に訳さずそのまま読む　　51%	1 文法を気にしない　　49%
2 自分の意見を意識しながら読む　　50%	2 感情を込めて反応する　　43%
3 細部に注意しながら読む　　49%	3 日本語に訳さずそのまま読む　　43%
4 1単語ずつ日本語にして理解する　　47%	4 未知語を文脈から推測できる　　42%
5 自分の言葉で言い換える　　46%	5 自分の意見を意識しながら読む　　41%
知っている基本構文に当てはめる　　46%	
文法を気にしない　　46%	
感情を込めて反応する　　46%	
9 もう一度読み返す　　45%	
10 事実性・真実性を自分に問いかける　　43%	

3.3 取り組みの結果

1年次は、英語科の研究に協力するという立場で、教科間連携は捉えられ、一方向的であったが、2年次は、他教科からの学習内容と学習活動の共有の提案があるなど、双方的な取り組みへと前進した。1年目に定義共有の必要性は確認されたが、「育てたい生徒像」が共有されたことで、共同実践へと一気に発展した。会議の場だけでなく、普段時でも教科間での共同学習や生徒の自律性などの話題が話され、自然に教師の協働が推進された。英語科担当者の間でも、マイゴールや振り返りの内容を分析して検証しようという機運が高まり、前年度よりも前進した研究を行うことができた。校内運営委員会では、生徒の変容、教師の変容についても話題となり、教師自身の振り返りが行われ、共有された。

表5　生徒と教師の変容（2年度末運営指導委員会資料より）

生徒の変容	
保健体育	振り返りの中で、次の授業につながる反省ができるようになった。客観的に状況を見れるようになった。リーダーを体験することによって周囲への感謝を言葉や行動のよって伝えられるようになった。

家庭科	調理実習を重ねていくと、包丁の使い方、片づけの手順など身についてきたことと、班での協力度が上がり、役割分担ができてきた。最後の実習は、魚の3枚おろしをするのに、予習をしてきている生徒も見られ、手早く進んだ。
日本史	授業中「周りの意見を参考にして考えなさい」と指示すると、積極的に周囲と話し合いをし、議論を深める姿勢が見られた。他教科において、グループ学習を実践されている成果であると考えられる。
現代文	読解後感想等に「自分では気づかないことに気付いた」「今までとは違う見方から、新しい意見を持つことができた」など、他人の意見を重要することで新たな視野の広がり、考えを持つに至った生徒が増えてきたように見える。また、これらの学習を繰り返すことにより、他者の意見や考えを尊重、物事には多面的な見方が必要である、ということも理解してきたように見える。グループ内で意見を言うことに抵抗もなくなり、難しい課題に対しても積極的に考察する姿勢が定着したことは大きな収穫であると考えている。
英語	2学期から開始したマイゴール設定では、単元が進むにつれ、態度的なものから思考的なもの、創造的なものを設定する生徒が増えた。振り返りの内容も単なる取り組みだけでなく、題材を通して学んだこと、自分で考えたことを書く生徒が増えた。 ペア・グループ活動では95%（前年度90%）の生徒が協力して取り組めたと答えている。表現活動において。創造性の高い工夫が徐々にできてきた。
教師の変容	
保健体育	生徒への言葉がけを重視し授業を行う中で、生徒のレベルアップを目の当たりにできた。毎時間、具体的な目標を提示すれば生徒の理解も増していた。技能のレベル差があるが、生徒たちが協力し、考えながら授業を展開しており、教師側の言葉がけ、目標設定をさらに重要視していく必要性を感じた。
家庭科	食生活・保育・福祉とも日々の生活の中で欠かせない分野である。振り返りをする機会は多くあるので、「朝は何を食べた？」とか「おじいちゃん、おばあちゃんとはメールしたりする？」とか「子供の頃好きだった遊びは？」とか何気ない会話での振り返りを授業の中で行った。その時のほのぼのとした雰囲気はとても和やかで私もホッとさせられた。こういう時間が大切なのかともと思わされた1年だった。
地歴公民	グループ活動については実施できなかったが、歴史的影響や評価を考察させる単元については「グループ学習に移行できる教材」を視野に入れた教材開発を行うようになった。

現代文	2年次後半より、生徒が大きく成長したということを、上記の点から実感した。それに伴い、答えを提示するよりも考え方、ヒントを示すほうが、生徒の多様な個性が反映されたすばらしい解答が多く見られることに気付いた。現代文という科目の特性からも1つの答えのみをよしとするばかりでなく、生徒の考え方や感じ方を見守り、方向性を守ったうえで自由な考察法があってもよいのでは、と思うようになった。
英語	授業を担当する5名の教員が、率直な話し合いを重ね、授業の目標や評価を共に考え、指導法やプリントを一緒に作成する中で、自分に足りない視点を発見したり、他の教員が書いた生徒の振り返りに対するフィードバックを読むことで、生徒とインタラクションをとる姿勢を学んだりした。異なる経験を持つ教員が、計画・授業・内省の中で、葛藤しながら成長してきた1年だったと感じる。

4.「自律した学習者の育成」の検証－3年目

4.1 教科間連携

　3年次は年度当初の校内運営委員会において、各教科は自律した学習者育成のための取り組みの成果について報告した（表6）。連携に関する会話や、生徒の自律性と高める授業実践についての意見交換が、職員室などで自然に発生したため、正式な会議をもつ必要性が低くなっていった。発達と保育（家庭科）では幼稚園児との触れ合いにおいて、自分たちで遊びを考えたり、生活習慣を教える授業を計画し実践した。体育では、ほとんどの授業において、生徒自身が50分授業を計画し、活動、振り返りを行った。このような実践の中で、生徒の自律性が認められる作品や活動を教師同士が積極的に報告し、成長を喜びあうことが度々あった。自律した学習者の定義の共有はできないままではあったが、学習者オートノミーの意義を個々の教科だけではなく、教科の枠を超えて認識し、互いの実践の中にその要素を確認し、他教科の実践から学びあうようになっていった。

表6 「自律した学習者」の取り組み（年度当初運営指導委員会資料より）

保健体育	・生徒が種目を選んで自分たちで授業案を作り展開する形態。 ・教師のアドバイスを聞き、自分たちの反省をまじえ、次回の授業作りに反映させ、展開することができた。 ・リーダーは課題を発見し、次のリーダーに引き継ぐ。
家庭科	・家庭総合で学んだ食生活分野と保育分野の知識を実習を通してさらに理解を深めている。 ・実生活の経験を生かし、レシピを工夫するなど気づいたり考えたりしたことを、さらに体験を通して確認し深めている。 ・保育園児との交流を通して、遊びの大切さ、幼児との関わり方の難しさを理解している。
日本史	・個人の感想が増えてきた。 ・ただの感想だと歴史的には評価できないが、感想が出始めたのはよいが、歴史の前後関係まではなかなかいかない。
現代文	・「人はなぜ働かなければならないか」「朝のヨット」など、本文を読む前に考えさせる。 ・単独で考えるか、ペアで考えるかを選ばせる。 ・小説では生徒が行間を読むような質問を出したり、意味をとったり、解釈を深めるための質問を出すように心がけている。
英語	・ユニットスケジュールによる学習日程の確認、生徒によるマイゴール設定、日々の授業後の短いリフレクション、ユニット終了時のリフレクションを利用して、弱点を見つけ、工夫しながら学んでいる。 ・内容に関わろうとする姿勢が育ってきた。学んだことをまとめるだけでなく、自分の意見を表現しようとしている。

4.2 英語科の取り組み

　各単元の最初に自分の到達目標として「マイゴール」を設定し、各単元の最後に設定ゴールの妥当性や達成度も含め、振り返り活動を行った。グループで協力して取り組む思考を深める課題や表現活動、現状の課題に対し、自分(達)のとるべき行動を考え、発信する機会を設定した。学年の終わりに学習方法や目標設定、振り返り活動、グループ学習に関する事、卒業後についてアンケート調査を実施した(図3)。

　振り返りは1年次から継続しており、また他教科でも実践しているので8割近くの生徒ができるようになったと考えられる。一方、目標設定や学習方

3年次学年末アンケート

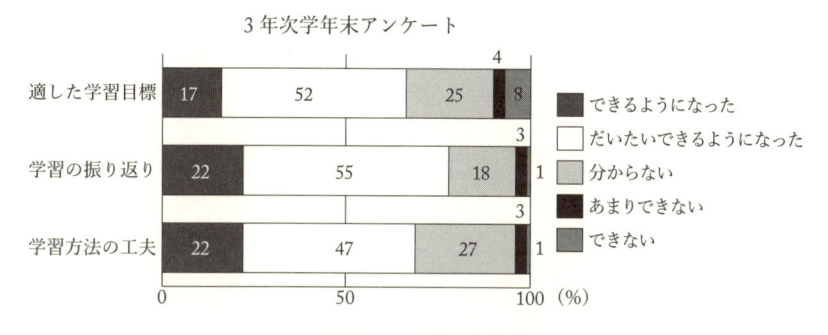

項目	できるようになった	だいたいできるようになった	分からない	あまりできない	できない
適した学習目標	17	52	25	4	8
学習の振り返り	22	55	18	3	1
学習方法の工夫	22	47	27	3	1

図3　自律した学習者育成の検証

法について3割程度の生徒が「できるようになったか分からない」「できない」と答えているので、今後検証が必要である。入学当初と学年末に実施したこれからも身につけたい英語のスキル（図4）に関しては、英語で表現できるようになりたいと思う生徒が増えたのは3年間の授業を通して、題材について自分の意見を持ち、発信する機会を設けた結果と考えられる。英語を学習する将来の必要性が入学時は「外国旅行での買い物や観光のため」「外国文化や外国人の考え方を知るなどの教養のため」が多かったのに対し、3年次は「職業のため」「国際社会に生きる一個人として」が増え、生徒にとって英語が今後の将来に関係するものの1つになったと考えられる。

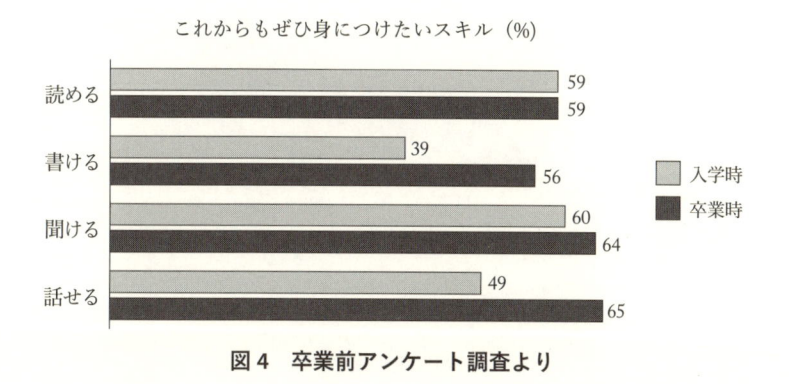

これからもぜひ身につけたいスキル（%）

スキル	入学時	卒業時
読める	59	59
書ける	39	56
聞ける	60	64
話せる	49	65

図4　卒業前アンケート調査より

5. 総合考察

今回の研究項目の1つとなる以前も、英語科教員の間ではオートノマス・ラーナーの育成は共通の目標であり、生徒が自己表現活動を体験し学習方略を身につけることで英語学習に楽しさや意義を見つけ、卒業後も学習を続けていく生徒を理想としていた。しかし、具体的な方法を本格的に議論したり、実践を分析することは、英語科内でもなかった。今回、他教科の教師と連携することにより、他者との関わりを通じて、異なった立場の考えを知り、疑問をぶつけ合い、オートノマス・ラーナーを育成するという目標を統一することで、教師自体のオートノミーが養われたといえる(Kennedy & Pinter 2007)。当初「自律した学習者の育成」のために定義を統一し、どの教科も適応する方法論を見つけることを目指したが、あえて定義を統一せずにそれぞれの考えを尊重し、各教科の実践に合わせて取り入れたことが結果的に生徒と教師のオートノミーを育んだと言える(図5)。中田(2011)が指摘しているように自律した学習者の育成には原則はない。それぞれの学校、それぞれの教科、教師は生徒の実情に即した独自の定義や方法、評価を持つべきともいえる。そして、それを他者と共有することは、新たなる挑戦への勇気を生み出すのである。

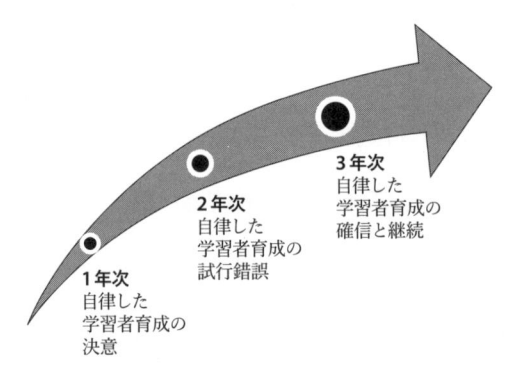

図5 教科間連携の変容

1年次 自律した学習者育成の決意

2年次 自律した学習者育成の試行錯誤

3年次 自律した学習者育成の確信と継続

注

本文中の自律した学習者はオートノマス・ラーナー、自律性はオートノマスと同義である。

参考文献

Kennedy, J., & Pinter, A. (2007) Developing teacher autonomy through teamwork. In A. Barfield & Stephan. H. Brown (Ed.) *Reconstructing Autonomy in Language Education* (pp.209–221). New York: Palgrave Macmillan.

小嶋英夫(2010)「学習者と指導者の自律的成長」小嶋英夫・尾関直子・廣森友人(編)『成長する英語学習者　学習者要因と自律学習』(pp.133–161). 大修館書店

Little, D. (2009) Language learner autonomy and the European Language Portfolio: Two L2 English examples. *Language Teaching*, 42 (2), 222–233.

中田賀之(2011)「学校文脈における英語教師の同僚性とオートノミー」青木直子・中田賀之(編)『学習者オートノミー――日本語教育と外国語教育の未来のために』(pp.193–220). ひつじ書房

教師の変容から生徒の変容へ

高塚純（東海大学付属翔洋高等学校）

・これまでの教育経験
私立普通科女子高等学校非常勤(1年)私立工業科男子高等学校専任(3年)私立普通科共学高等学校専任(現任校17年)

・育てたい学習者像
たとえ英語が苦手であっても、自分のできることを見極め、広い意味で英語を楽しめ、授業への参加ができる学習者。

・執筆者の考える学習者オートノミーの定義
理解が困難な時に、立ち歩く、騒ぐ、邪魔をする、寝るなどせず、自分ができることを見つけ、出来ることから関わろうとする態度。

・対象学年　高校3年生　競技選抜クラス

・対象者の背景・特徴・英語力
スポーツに主眼を置く集団。強化部(野球、サッカー、陸上、柔道、剣道、ラグビー)の生徒が在籍。習熟度別のトップクラス。英語に対するポテンシャルは高いが、部活動との両立が難しく、学習に対する「むら気」があることもしばしば。

・授業の目的および伸ばそうとする技能
まずは英語を嫌いにならない。大学での授業についていける。困難にぶつかってもなんとか自分でハンドルしようとする態度を育てる。

1. はじめに

　筆者の勤務する東海大学付属翔洋高等学校は静岡県静岡市にある。2013年、霊峰富士山と同時にその構成資産として世界文化遺産に選ばれた三保松原は校舎に隣接している。現在750名程度の生徒を擁する中規模の私立学校である。

　東海大学の内部組織である教育開発研究所(代々木)から支援を受け、文部科学省のスーパー・イングリッシュ・ランゲージ・ハイスクール(セルハイ以下 SELHi)にプロジェクト型授業の研究・開発をテーマとし認定されたのは2005年4月から3か年のことであった。当時、半数以上の英語科教員がプロジェクト型学習の概念すらあやふやなまま乗り出した一大イベントであったが、3年終了時には指定校のうちの代表として、フォーラムで成果発表の場をいただくほどに成長した。

　2008年4月以降、本校は「ポスト SELHi 校」としてその進むべき道が否応なしに注目された。それから5年以上を経た今、翔洋高校英語科の中にSELHi の魂は残っているのか、残っているとすれば何が残っているのか。そして何が消えてしまったのかを改めて振り返ってみたいと思う。

1.1　翔洋高校英語科の黎明期

　翔洋高校は、東海大学に校長推薦で進学することを前提とした高校なので、生徒は俗に言う「大学受験」を必要としない。このことは生徒が「受験勉強に追い立てられることなくのびのび高校生活を送れる」という点と、「あまり勉強しなくても大学に進学できてしまう」という点を同時に持っているが静岡県内では、大学付属の高校をどちらかというと後者の点で見ていることが多い。

　筆者が静岡に赴任してきた1997年当時からすでに英語科の中に「何とか生徒に英語の力を付けさせたい」という思いはあったが、まだそれは「教員個人レベルの努力の域」を出るものではなかった。だから「オリジナルの

単語帳を作ってみよう」とか「毎週単語テストをやって、できない生徒は放課後残そう」とかいう単発的アイディアが次から次に出ては消えていくだけだった。

　当時は、授業や試験に対して論理的後ろ盾がなく、「教員の熱意」や「生徒の努力」など数値化できない物ばかりが議論されていた。前述のように大半の生徒が校長推薦という形で東海大学に進学するので、センター試験を受ける生徒も少なく、中途半端な学力しかつけさせることができていなかった。今でこそ定期試験は担当者全員で作成しているが、当時は輪番制で作成していたので、「範囲が共通」というだけで、ねらいや目的、出題方法などもほとんど共有されることなく試験が行われていたし、それに対する振り返りなどもなかった。そのことに誰も疑問すら抱かず、平均点が低いのはすべて「生徒の努力不足」だけで片付けられていた。

1.2　翔洋高校英語科の変革期

　東海大学はかなり早い時期から付属高校の授業改革に着手していた。それが形あるものとして最初に現れたのが、「教育改革キャラバン」（本校2003年実施）である。これは付属高校ごとの取り組みで、全教員、全教科で授業改革に取り組むという学校をあげての一大イベントであった。この時初めて、「生徒と英語でインタラクションをして授業をする」、「視覚教材としてパワーポイントを用いる」、「プロジェクト学習の要素を取り入れる」ということを試行した。もちろん、授業公開日にだけシフトチェンジをしようとしても成功はしないので、その年度の初めから少しずつ、生徒も教員も英語で行う英語の授業に慣れるように努力は続けていった。このイベントを通して、「自分たちにも何かできるのでは」という手ごたえを多くの英語科教員が感じた。

　2003年のキャラバン実施とほぼ時を同じくして、当時東海大学教育開発研究所にいらした松本茂教授（現立教大学教授）、鈴木広子教授（現職）らの薦めがあって翔洋高校でSELHiに応募してみてはということになった。当時

はSELHiの何たるかもよく知らなかったし、その苦労もよく分かっていなかった。しかしこの未知なるものに挑戦してみようという気持ちが高まり、何度も何度も英語科の教員全員で話し合った。（文字通り何度も、文字通り全員で）これらの共有してきた時間が後に、「アイディアの垂れ流し」といわれるようになった会議の手法で、「前向きに、いろんな方面から、考えまくる」ことに英語科全体が慣れていった。膨大な時間を共有することにより、教員のベクトルが揃い、結果的にぶれない集団となっていった。

1.3 翔洋高校英語科の SELHi 期

SELHi 校に指定されその取り組みが始まった。翔洋の3年間のプランは年次移行で対象学年が1学年ずつ増えていく。以下2005年度の研究計画を載せる。

研究開発内容1　研究環境の整備
（1）プロジェクト学習の教育モデルを基礎にした授業設計
（2）カリキュラムの検討とシラバスの作成
（3）教材開発

研究開発内容2　授業研究体制の確立
（1）教科書のテキストを理解するためのコミュニケーション活動についての研究
（2）プロジェクトの課題に向けた段階的なタスクにおける生徒の活動への支援とインタラクションの方法についての研究
（3）生徒と教員の「学び」の考察

当時はこれらのほとんどが目新しく、何をどうしていけばいいのかも怪しかった。たった1学年しか対象学年がないのに教材作成、試験作成、資料の収集整理にかなりの時間を必要とした我々は連日、夜11時まで仕事をし、他教科の教員からは「英語科は異常」、「（自分が）英語科でなくてよかった」、などと揶揄されたものである。

次に2006年度、研究の2年目の計画を載せる。

（１）　授業のシステム化と効率の高い研究開発
（２）　生徒の興味・関心の向上と自ら学ぶ姿勢(オートノミー)の構築
（３）　オンラインコミュニケーション機能を最大限に活かした利用法の実用化
（４）　校外の人々(地域社会・海外)との連携・協働的活動の経験
（５）　ティーム・ティーチング(以下 TT)の研究

　今から見ても当時としては随分先進的な取り組みをしようとしていたことが分かる。この年の研究協議会で柳瀬陽介教授（広島大学）から「オートノミーは構築する物ではない」と言われたことを今でも覚えている。当時はその指摘を受け「む？」と思ったものだが、内から沸き起こるものだとすれば、納得の指摘である。

　最終年度 2007 年度の研究計画は以下のとおりである。
（１）　生徒の興味・関心を広げ、自ら学ぶ姿勢(オートノミー)を構築する。
（２）　授業の評価システムを確立し、授業の研究体制を組織する。
（３）　教員の継続的な英語のスキルアップと授業研究体制を保持する。
（４）　研究の成果を普及する活動を定着させる。
（５）　生徒が一人で学習するための支援を行う。

　研究のためとはいえ、毎年その年の状況を振り返り次年度に向けて目標を立てていたことは今更ながらに驚きである。ちょうどこの大きな取り組みの時期に自分が英語科の主任をやらせていただけたことは極めて喜ばしいことである。一番大変な所をもったという自負と、一番輝かしいところをもたせていただいたという感謝もあり、自分のキャリアの中で最も多忙かつ充実していた時期であることは間違いない。その翌年から学年主任、教務主任と筆者の仕事のポイントはシフトしていき同時に自分の中の仕事のプライオリティーが「英語」から「学年」そして「教務」にシフトしたことは間違いない。そして英語科のかじ取りも私ではない他の人間の手にゆだねられることとなった。

1.4 ポスト SELHi　残ったこと、消えたこと

　SELHi 指定終了から 5 年以上が経ち、改めて振り返ってみると、SELHi の魂として意図して我々が残したことと、自然発生的に残っていることと、残せなかった(消えてしまった)ことがある。

1.4.1　残したこと
（1）　学年ごとのチームを作り、指導に当たる。
（2）　担当教員全員で定期試験を作成する。

　団塊世代退職に伴い、近年非常勤講師の占める割合が大変高くなってきた。そのことにより、専任教員が充分に配置できない現実も起きている。それでも全員が顔を合わせ話し合うことが重要であると考える我々は、週に 1 度は必ずミーティングの時間を取っている。(非常勤講師はそれが持ち時間に含まれる)その中で、授業の進捗状況を共有し、授業の狙いや教材の目的、使用方法などを共通理解するように努めている。また試験作成も毎回全員で取り組み、生徒にも教員にも不公平感が出ないようにしている。この 2 点は意図的に残した取り組みといえる。

1.4.2　残ったこと
（1）　試験の振り返りをし、授業と試験のリンクを維持する。
（2）　年に 1～2 回授業の中にプロジェクトを入れる。

　これは全員で残そうと決めたというより、自然発生的に残ったことであるので、時に達成できなかったり、実施が不十分であったりもする。定期試験毎、生徒に取り組みの反省をしてもらっている。それにより、授業と試験にきちんと関連が見られるかどうかを計っている。またプロジェクト型学習の肝ともいえる授業内の英語プロジェクトは学年(生徒の発達状況)や教科書で取り扱う内容、授業のフェイズにより条件が様々で一様に「現在も学校を上げてプロジェクト型学習に取り組んでいます」というには厳しい状況にあるといえよう。プロジェクトの大きさにもよるが、できるだけ取り組む努力を

している状況である。

1.4.3 消えたこと
（１）　東海大学教育開発研究所との定期的な交流
（２）　指導実践の外部への定期的な発信

　SELHi 当時は予算もあったので、ひと月に一回程度は、東京と静岡の間を行ったり来たりして教育開発研究所スタッフと合同の会議をしていたが、予算が消失するとそれもかなわず、電話やメールだけでは微妙なニュアンスの擦れ違いが多くなってきた。また先述のように教員数自体が減ってしまい、会議や新しいことに取り組む時間的、人的余裕も大変少なくなってしまった。このことにより、本来外部に打って出るべき公開授業や出前授業などが後回しになり、外部への発信力も少しずつ落ちていった。このことは誰に責任があるというわけではないが、英語科全員が常に意識をしていないといけないことなのかもしれない。

1.5　教師の変容
　前半のまとめとして、英語科教員の変容を整理すると次のようになる。
（１）　生徒の授業内の様子や学ぶ姿勢についてよく見、そのことについて意見を交わすようになった。
（２）　自分自身が英語を好きであり、努力する姿を生徒に見せることが重要であると考えるようになった。
（３）　生徒と一緒に事にあたり（特にプロジェクト）、喜びや達成感を共有できるようになった。

　この 10 年を通して、自分自身が変われば生徒を変えられるということを、経験を通じて身に付けることができたと思う。それはもう従来の一方的な教師主導の授業や、独演型の教師とは一線を画するものであると確信している。

2. 2012 年度の実践から

　ここからは具体例として、生徒のオートノミーについての考察において 2012 年度に受け持ったあるクラスを例に挙げ、いくつかの角度から考えてみたい。

年度および学年：2012 年度　高校 3 年生
教科及び時数：リーディング 4 時間（うち TT2 時間）
　　　　　　　ライティング 2 時間　合計 6 時間
使用教科書：Big Dipper Reading Course（数研出版）
　　　　　　英語構文ワーク 100（数研出版）
クラス属性：競技選抜クラス（グループ A）35 名（うち女子 2 名）
備考：競技選抜クラスは本校の総合進学コース内の 1 つの集団。カリキュラムに差はないが、強化部（前述）に所属する生徒で構成される。2 クラス（合計 85 名）を習熟度で 3 つのグループに分けた中の一番成績上位のクラス 35 名。成績が上位なだけでなく部活動においても主力となる生徒が多数在籍。

　この集団は 2 年次に担当した非常勤講師との関係性がよくなく、英語の授業について満足度が低いという感じのクラスであった。この A クラスには活発で元気な生徒が多いので、まずは生徒の勢いに負けないようにしようと思った。さらに英語に飢えていることもわかっていたので、満足いく授業をすることに主眼を置いた。また前年度は教員との関係性がよくなかったので、私自身と彼らの関係性、さらには TT の時の教員である本校 NET（Native English Teacher）の James Wong 先生との関係性も悪くならないように配慮した。

2.1　前期（4 月～9 月）の取り組み

　この時期は教師も生徒もお互い様子を見ている時期である。こちらもできるだけ多くの情報を集めるために生徒に頻繁に話しかけたり、回収したノー

トに生徒それぞれに合った適切なコメントを書いたり、担任や部活顧問から情報を集めたりして、彼らを「知る」ことに力を注いだ。前年度の教員との関係性がうまくいかなかったという事実があったので、なおさら良い関係性を築こうとした。それはもちろん単に甘やかすことではなく、話がきちんとできる(聞ける)、英語への興味が途切れない、授業を通して成長できることである。

　この時期はまだ多くの生徒がそれぞれの部の現役選手であり、その多くが寮生活をしている。それによりいわゆる家庭学習の時間がなかなか取れる環境にない。ゆえに、宿題の量や質も考えなければならない。授業内で頑張れば、宿題として持ち越さなくてもいいという絶妙の塩梅で宿題を出し、それでもやってこないのは環境ではなく自分が悪いのだという意識を常に与えた。

　現役選手の彼らにとって、強大な影響力をもっているのは、監督であり、顧問であり、クラス担任(同一人物である場合もあり)であることが多い。だから時として、学校では「顧問に言うぞ」とか「顧問が授業を見に来るぞ」と生徒にプレッシャーをかける場面も発生する。このことは、即効性はあるかもしれないが、長期的には「授業者の権威を失墜させる」ことになるので、できるだけ顧問や担任には頼らず、自分の授業は自分だけで勝負することを心掛けた。

　彼らの生活環境を考えると、いくつかの部から構成されているとはいえ、学校でもグランドでも寮でも同じメンバー、顧問も担任も同一人物という中で暮らしているので、正直第三者がワンポイントで入り込むのは難しい。なぜなら、彼らは自分たちの完成された環境にいるが、外部から(教科担当として)入ろうとすると、自分だけが彼らの世界を知らないので、彼らを知るために非常な労力を必要とするからだ。しかしその労力を惜しむと、彼らの中に入り込むのは極めて難しい。そこで私が出した結論は、「彼らのことを分かろうとし、彼らの側に立ち、かつ、お、こいつはちょっと違うなと思わせる英語教師」になることである。きっとその存在が彼らに力負けせず、彼

らを導き、少なくとも英語を嫌いにはさせない存在となりうるはずであると考えた。

　授業記録を振り返ると、4月にこんなことをやっている。教科書はLesson 1 World Heritage Sites さまざまな世界遺産に関する英文を読んで、必要な情報を読み取ることがレッスンの主題である。教科書には様々な世界遺産が並ぶ。以前ならばここで「教科書には載っていない世界遺産を自分で調べて英語で発表しよう」というタイプのプロジェクトを組んだであろう。しかしどの世界遺産も生徒は見聞きしたことはあるが、自分自身との関わりはピンとこないようである。自分と関わりがない以上、「やってみたいプロジェクト」ではなく「やらされるプロジェクト」となってしまうことはこれまでの経験から明白である。

　そこで、今回は「教科書に出てきた表現をパクって、自分のお気に入り(またはみんなが知らない)場所を英語で紹介してみよう。」という身の丈に合ったプロジェクトにした。これは「県外からきて寮生活をしている生徒」が多いクラスにはもってこいのトピックで、生徒は競って自分の地元の紹介を盛り込んできた。またあえて「教科書に出てきた表現を使って」とせず「パクって」としたので、生徒は気安く正しい英語表現を使えた。そしてそれらの表現を使うために自然と教科書を読むようになっていった。

　以前、「どうして日本人しかいない空間で英語を使う必然性があるのか？」という極めて当たり前のことを教育開発研究所の先生方から突き付けられたことがある。つまりこの場合だと「自分が伝えたいお気に入りの場所や、自分だけが知りうる秘密の場所を、なぜ日本人が日本人に伝えるのにそこで取ってつけたように英語なのか？」ということである。本校の英語の環境として大変ありがたいことは、そこにNETの先生が存在しているということである。特に当時TTで一緒に授業をしたJames先生は本当に日本に来て間もなく、日本のことをよく知らず、日本語もあまり上手でないので、「英語だけが唯一の伝達手段」という自然な状況ができた。このことは生徒達にとっても非常に自然かつ、(彼らの言葉を借りるなら)「ガチ」な状態であっ

た。自分が選んだ自分だけの場所をJames先生に必死に伝えようとする姿は感動的ですらあった。

　また6月ごろの記録を見ると、授業の随所でさまざまな英語のミニゲームを個人やグループ対抗で行っていた。おそらく、この時期は夏の大会前で、部活動において非常に緊張感が強いられかつ練習量が増えるので、授業への集中力を切らさないために、意図的に取り入れていたと思う。こういった彼らの身近な状況や情報もただ授業に行くだけではなかなか知りえないし、そういう状況をうまく活かすこともより良い授業への重要なファクターである。

　そういった時期の中の授業で特筆すべきものが1つある。2012年6月26日(火)に、中庭で教科書だけを使った青空教室をやった。本校の中庭は職員室、普通教室に面しており、それらの場所から中庭を見下ろすことができる。人に見られる緊張感、教科書しかない、黒板も筆記用具も机も椅子もない状況で運動部の元気あふれる生徒たちをどうやってコントロールし、かつ内容あるものとするのか。しかも職員室からは多くの先生が見ている、これは自分自身への挑戦でもあった。

　トピックはLesson 3 The Ancient Trees of Yakushimaという屋久杉の話だった。前時の授業で単語の確認は終わっていたので英語でのインタラクションで内容を確認したのち、さまざまなバリエーションで何度も何度も本文を読んだように記憶している。いつもの授業で使うpicking card (5センチ四方くらいのラミネートしたカードに生徒の名前が一人ずつ書かれているカード)を用い、順番を変えたり、ペアやグループを変えたり、速さを競ったりしながら、単なるChoral Readingならそんなに何回もしないし、できないだろう状況を「場所(中庭)」、「状況(周りから後輩や先生が覗いている)」、「パターン」を変えることによりやりきったのは私にとっても彼らにとっても全く未知なる経験であった。そして何より、その場を「共有した」経験が大きかったと思う。

　前述のpicking cardは授業でも毎回活躍する優れものである。おそらく昔

から生徒を指名する際に用いられる手法としては、「列ごとに指名」、「番号で指名」などがあると思われる。それらも悪くはないが、当たり順がある程度予測できたり、一度当たるともう当たらないなどの妙な安心感も与えてしまったりする。一方 picking card はトランプのようによくシャッフルすることで完全なる偶然性を(細工をすれば必然性も)演出することができる。また一度引いたカードを常に戻せば、誰が何回当たるかは全く予想ができない。また指名だけでなく、ペアやグループを作るときにも大変有効で、授業内のリズムやテンポを途切らすことがない。こういった遊び感覚も今の生徒には十分受け入れられるし、生徒側からも「毎回新鮮な気持ちで取り組める」とか「話したことのない人とも会話するチャンスになる」などの意見をもらっている。

2.2 後期（10月～3月）の取り組み

11月には Lesson 6 Leonardo da Vinci: Genius を読んだ。ダ・ヴィンチに関する物語や映画はたくさんあるので、もちろん教科書を読んだ後に extra reading を読んだり、映画 Da Vinci Code も見たりした。教科書のこのレッスンの目標は時系列をたどって読むということだったが、関連する英文を読んだり、関連する作品を鑑賞したりするだけではやはり関連性をやや深めただけで、学んだ英語のアウトプットにはつながらない。

そこで、このレッスンでは、「静岡県立美術館で来年開催されるレオナルド・ダ・ヴィンチ展のパンフレットを作ろう」というプロジェクトを設定した。当時静岡県立美術館では「インカ帝国展」が開催されており、連日多くの人が会場を訪れ話題となっていたし、生徒もそのことは知っていた。そこでフェイクではあるが、せっかく習ったことを使って、外国からもお客さんがたくさん見えるだろうから、英語でパンフレットを作ろうと持ちかけた。

書式は B4(または A3)の紙を8等分し真ん中に切れ目を入れてブックレットに仕上げる本校ではおなじみの形式を用いた。中身は見開きで6ページとなるので、そこにはダ・ヴィンチに関する情報を思い思いに入れていく。

ある者はダ・ヴィンチの出身地イタリアの地図を描いたり、またある者は最後の晩餐の秘密を絵の解説とともに書いたりとそれぞれの工夫が楽しい。最後のページ(裏表紙)にはフェイクとはいえ雰囲気を出すために、料金や開場時間、来場特典などを自由に決めて仕上げとした。運動部の元気な生徒達がワーワー言いながら思い思いにページを埋めていく様は、見ていて楽しい。

　生徒が喜んで取り組んだ要因としては、①タイトルや設定に自由度がある。(自由ではあるが周りと競うので、あまりに突飛だったり幼稚だったりするものは彼ら自身が選ばない)②教科書や extra reading など参考にできる文献がすぐ手元にある。(いつもと同じく必要な部分はどんどんパクってよい指示になっている)③JTE (Japanese Teacher of English) と NET がすぐそばにいて分からないときは助けてくれる。(もちろん James 先生への質問は英語になるが)④準備が簡単(白い紙さえ用意すれば、のりもはさみもなくブックレットになる)などがあげられる。

2.3　公開授業

　12月に、学校を挙げての授業公開が実施された。教務主任がわざわざ授業をすることはないといわれたが、大好きなこのクラスで公開授業をさせていただいた。実はこのクラスを公開したのには大きな理由があった。それは、本校で長年にわたり問題になっていた「運動部生徒の学習に対する取り組みの悪さ」があり、それに対して「やり方次第で、運動部の生徒でもここまでできる」ということを見せたかったからでもある。

　以下、当日の配布資料からの抜粋を載せる。

　　我々が直面する問題点

　　3年次英語リーディングとライティングの間に関連性がない。リーディングは理解力に力点が置かれ、ライティングは構文を覚えてまねることに力点が置かれている。生徒は「読めるようになった」、「書けるようになった」実感が持てない。「自信の無さ」はさらなる「英語学習に対するモチベーションの低下」を招いている。特に競技選抜クラスで、部活

**前時の review を教師と英語で
インタラクションしながら行っている様子**

**グループに分かれて
extra reading を読んでいる様子**

読み取った情報を共有しまとめている様子

　動に力点を置く生徒で構成されていて、家庭学習が困難である。
　当日の授業の写真にうつる生徒の表情から、我々が直面する問題点が少しでも解決されたことが見て取れないだろうか。
　12月の公開授業の後には英語の授業を1時間使ってクリスマス会を行った。英語のクリスマスソングを歌い、絵本を読み聞かせ、プレゼント交換をし、そしてクリスマスケーキを食べた。それぞれの活動だけを取り上げると子供っぽいかもしれないが、それぞれに意味と願いを込めている。
　英語のクリスマスソングでは、特に発音やイントネーションを意識させた。絵本は日本語落語絵本、「初天神」を読んだ。これは単に私からのプレゼントなのだが、「先生が好きな本なら、まあしょうがないか」という十分な関係性が築けていたと思う。
　クリスマスケーキは、私の妻が人数分のケーキを焼いてくれた。ケーキを切ったりラッピングしたりしているうちに自分自身が一番楽しんでいること

第4部　教師

に気が付いた。このころには授業はもちろん、こういったイベントにおいても自分自身が楽しみ、かつ生徒とも楽しむお互いの関係性がよくできていたと思う。この関係性は生徒のオートノミーとも無関係ではないと思われる。「この先生が好きだからこの教科が好き」ということは誰しもあったと思うが、これに近いのではないだろうか。しかしこれは前述のように、それまでに十分満足する英語の時間を過ごせていないことの反動で、不幸中の幸いといえるのかもしれない。

　最後にこの授業を受講した35人の生徒に卒業間際に取ったアンケートの結果を載せておく。

○高塚先生のAのクラスでは様々なことをやり、とても楽しくできました。テストの出来は悪かったけど高3の英語をしっかり楽しく学んでこれました。
○3年間、翔洋で英語をやってみて、先生の授業が一番楽しかったし、勉強にもなりました。（お世辞とかじゃなくて）
○3年間の英語の授業で3年の時が一番楽しかったです。楽しくやりながらもやる所はしっかりやるというちゃんとした授業がよかったです。
○英語という教科は僕の中で1、2を争うぐらい苦手なもので、英語の時間は嫌だなと最初の方は思っていました。でも高塚先生の人柄や教え方が英語を嫌いではなくしてくれました。
○去年までは気が重かった英語の時間も、先生のおかげでなくなりました。
○もしかしたら今までで一番英語に対して頑張れた一年間だったと思います。
○振り返ってみると、とてもたのしかったです。英語も嫌いですが、少し好きに近づいた気がします。このような僕を一年間見捨てないでくれてありがとうございました。

こうして改めて生徒の意見を振り返ってみると、行ってきた授業は単に知識だけを伝達する授業ではなかったことが分かる。教えることを楽しみ、できるだけ多くの生徒と向き合おうとしたことが功を奏したようだ。またこの生徒たちのために何ができるかという自分自身への問いが常に、私にアイディアや活力を与え、もっと頑張れという後押しをしてくれたように思う。言い換えるならば、これが自分自身のオートノミーだったし、それが生徒に伝播したのだろうと思う。さらには筆者が求めていた学習者像に少しは近づいたのではないだろうか。

3. さいごに

　英語科として取り組んできたことを改めて形にして残そうとしていること、これ自体が自分へそして教科の仲間へのプレゼントといえるだろう。筆者にとって同僚は共に進む仲間であり、喜びを共有できる友であり、教え学び合うチームである。彼らがいるからプロジェクトに取り組めるのであり、生徒と向きあえるのである。
　翔洋高校の英語科は大きく変化を遂げた。そしてその変化は形を少しずつ変えながらも文化として継承されている。その文化が我々を変え、新しいプロジェクトを生み出し、そして生徒を変えていく。どの学校にもどの教師の心にも変われるチャンスは必ず潜んでいる。

学習者オートノミー促進を意識した中・高一貫シラバス作成の取り組み

澤田朝子（高知丸の内高等学校）・今井典子（高知大学）

- これまでの教育経験
澤田（私立高等学校、県立高等学校、県立中・高一貫教育校）、今井（中学校、県立中・高一貫教育校、高等専門学校、大学）
- 育てたい学習者像
国際社会を生き抜く基礎となる英語力を持った生徒。基礎となる英語力とは、基礎的なコミュニケーション能力（国際理解＋実践的コミュニケーション能力）を意味し、それをもとに、適切な情報収集を行い、プレゼンテーションができる生徒。
- 学習者オートノミーの定義
学習者が、何ができて何ができないのか（何を表現できて何を表現できないのか）を自身で理解し、そのうえで、次に何をしたらいいのかを見つけ、学習を促進していけること。自身の学習を考えて行動できること。
- 対象者学年　中学校1年生〜高校2年生
- 対象者の背景・特徴・英語力
併設型中高一貫教育校で、高校は、国際教養科（1クラス）と国際科学科（1クラス）、普通科（4クラス）に分かれ[1]、国際教養科は、英語学習への意欲が高く、国際科学科及び普通科は、英語が苦手で基礎力に不安のある生徒が多い。全体的に明るく元気で物おじしない生徒が多い。
- 授業の目的および伸ばそうとする技能
4技能のバランスのとれた伸長と、積極的にコミュニケーションを取ろうとする態度を養う。

学習者オートノミー促進を意識した中・高一貫シラバス作成の取り組み

1. はじめに

中・高一貫校において、生徒の英語力を効率的に伸長し、また、学習者オートノミーの促進を目ざすために、6年間を見通した中・高一貫シラバスの果たす役割は重要である。本章では、平成18年度より平成20年度までの研究開発実施期間における高知県立高知南中・高等学校でのSELHi (Super English Language High School) の取り組みの中から、特にシラバス作成に関して詳説する。

1.1 中・高一貫シラバスの必要性

平成14年（2002年）に、高知県立高知南高等学校に中学校が併設され、併設型の中・高一貫教育校としてスタートした。中学生は高校入試に縛られることなく、伸び伸びと英語学習に取り組むことができた反面、全体的には、一貫校としての特徴が十分には機能していないように思われた。解決すべき課題として挙げられたのは、①6年間を見通したシラバスが十分機能しておらず、英語の基礎学力が確実に定着できていない、②生徒につけさせたい力（到達目標）を見据えた具体的な指導方法を共有できていない、③6年間の修学期間において、英語への学習意欲を効果的に持続させることができていない、の3点である。以上の課題を踏まえ、SELHi研究テーマを「指導目標を明確にした中・高一貫シラバスの開発と基礎学力を確実に身に付けさせるための指導方法の研究」と設定し、大きな柱の1つに中・高一貫シラバスの作成を挙げた。

1点目の課題である「基礎学力」に関しては、中学校での基礎・基本の定着を試み、中高をつなぎ、高校での充実・発展という枠組で捉えるようにした。特に、高等学校では、各科の特徴を踏まえながら、実践的コミュニケーション能力の育成という学習指導要領の目標をより明確に意識し、さらに、授業目標と評価活動について、これまで以上に明確にしたシラバス作成が必須であることを確認した。

第4部 　教師

国際社会を生き抜く基礎となる英語力の育成

基礎的なコミュニケーション能力を持ち、適切な情報収集を行い、それをもとにプレゼンテーションができる生徒

高校・普通科
・現代社会で活用できる英語力の育成

高校・国際教養科
・国際社会で活用できる英語力の育成

高校・国際科学科
・科学的専門分野で活用できる基礎的な英語力の育成

中学3年生（育成）
・英語の基礎力の伸長
・英語運用能力のステップ・アップ
・主体的な学習態度の育成

中学1・2年生（基礎作り）
・英語に親しみ、コミュニケーション能力の基礎作り
・基礎繰り返しの重視
・4技能の有機的な関連をもったコミュニケーション能力の育成
・自学自習の習慣づけ

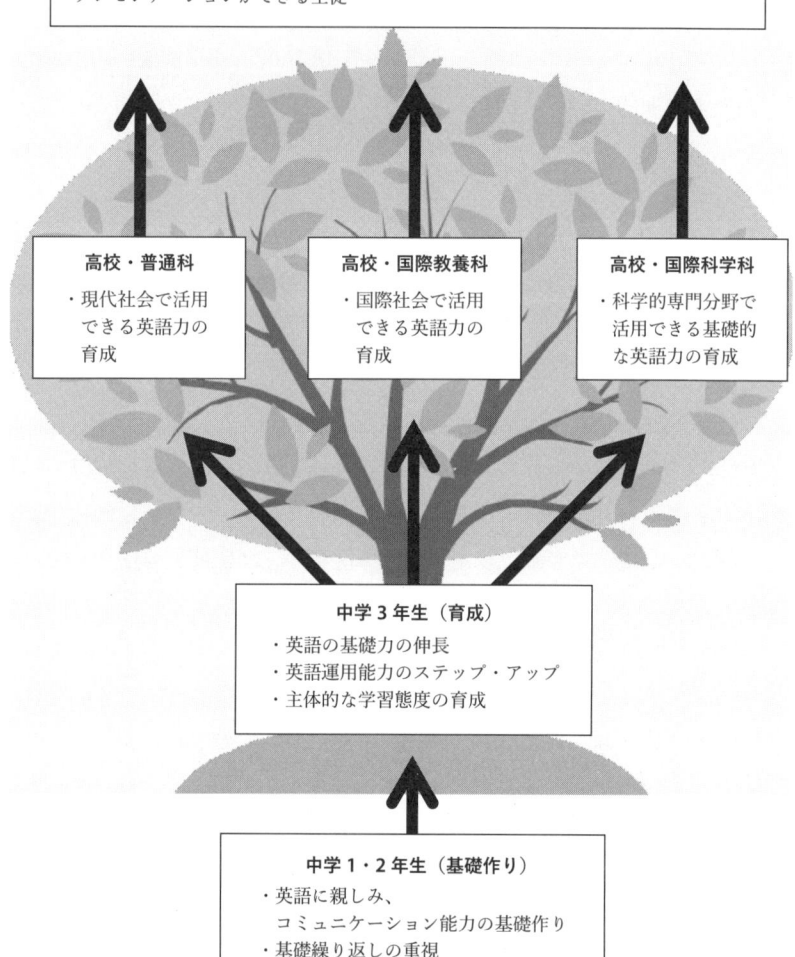

図1　6年間の学習到達目標（平成19年度 SELHi 研究開発実施報告書）

2点目の課題である「到達目標」では、中学校での基礎作りの時期から、高校各学科にいたる流れを考え、「国際社会を生き抜く基礎となる英語力の育成」を「6年間の学習到達目標」とした。これを英語科全体で共通認識とすることを確認し、そして、目ざす生徒像を「基礎的なコミュニケーション能力を持ち、適切な情報収集を行い、それをもとにプレゼンテーションができる生徒」とした(図1参照)。この6年間の到達目標を達成するために、各学年、各科での年間シラバス・短期シラバスを明確に設定することで、より具体的な指導方法を検討できると考えた(2章参照)。

　3点目の課題は、教育現場における今日的課題でもある「学力低下」の問題の根底にあるとも考えられる「学習意欲」である。どのようにしてやる気を奮起させ、前向きに学習に取り組ませるかという「学習への意欲・主体性」は、大きな課題であると考えた。そのため、シラバス作成にあたり、生徒が生き生きと主体的に学習に取り組むことができるように、指導と評価を一体化する授業展開を進め、生徒に達成感や成就感を体験させることができるような言語活動を組み入れることにした。そのことで、生徒は自身の学習を主体的に捉え、そして、積極的に取り組むことができるのではないかと考えた。

2. シラバス―年間・短期シラバスへの取り組み

　年間シラバス作成にあたっては、教科書の「内容」と「順序」を示した「進度表」的なものではなくて、短期的・特定的目標(objectives)と評価計画を明確にし、実際に授業計画の拠りどころとなるようにした。かつ、生徒たちにとっても学習の指針となるものにし、生徒のオートノミーの促進にもつながるものにしたいと考えた。年間シラバスで、特に注目したのは、4観点の評価の中の「表現の能力」に関するものである。実際に言語を使用させて初めて生徒の発達段階を見極めることができる。そのため、実現状況を測るパフォーマンス評価を年間、あるいは、学期において鳥瞰的視点で計画的に実施することができるように工夫した。

指導と評価が一体化する授業展開を進めていくためには、授業と評価の内容に「一貫性」がなければならない。そのためには、「評定に関わる活動 (AOL: assessment of learning)」を「フィードバックを通して生徒の学習を支援する機会として行われる活動 (AFL: assessment for learning)」に適切に対応させることが必要である (松沢 2002; Assessment Reform Group 2002)。パフォーマンス活動を実施するにあたっては、十分に文法事項の基礎・基本の定着を図るためのフィードバックを行う AFL の機会の提供が必要であると考えた。そのためには、drill や exercise、特定の文法事項の定着を図るための定型表現やモデル・ダイアローグを使用した活動、自由度のあるコミュニケーション活動などを十分に行い、それらの活動のフィードバックを通して、個々の生徒の学習を支援することを確認した。

シラバスでは、生徒につけさせたい力として構造的観点と機能的観点に分け、そして、AOL を実施するにあたって実践する AFL と実際の評価に関わる AOL を分かりやすく並べて表記した (表1参照)。

2.1 中学校における短期シラバスの作成と実践

中・高一貫校である高知南では高校入試がなく、中学生はほぼ全員高校に進学することができるため、研究当時は、生徒の中だるみが大きな課題であった。しかし、入試などの外部の力に頼らず、生徒の英語への興味を育てながら基礎学力をしっかりと身につけさせるということは、授業に本来求められていることである。そのためには、まず教員が授業の目標を明確に持って授業に臨むこと、そして生徒が自らの学びを一歩一歩確認できるようにすることが必要だと考え、シラバスの改善に取り組んだ。

表1は、中学2年生のシラバスより抜粋したものである。構造的観点として教科書で学習する文法事項を、機能的観点として教科書での場面の中で用いられている機能を記載した。そして、AOL の評価活動に繋げるために、どのような内容の AFL を行うべきであるのかを教科書とも関連付けながら実践できるように計画した。

学習者オートノミー促進を意識した中・高一貫シラバス作成の取り組み

表 1　中学 2 年生の短期シラバスより抜粋

月	単元名	つけたい力 (構造的観点)	(機能的観点)	コミュニケーション能力育成のためのパフォーマンス活動と評価の関係 AFL	AOL
5	Unit 2 (Emi Goes Abroad)	・未来表現の be going to 〜の形・意味・用法を理解し、表現することができる。 ・SVOO の文の形・意味・用法を理解し、表現することができる。(show / bring / give) ・SVOC の文の形・意味・用法を理解し、表現することができる。(call)	・連休や休みの予定を尋ねたり、それについて答えたりすることができる。 ・入国審査の場面で問答ができる。 ・名所を紹介するナレーションを参考にして、簡単に説明ができる。	・ペアインタビュー活動 (S) ・教科書スキット活動 (S) ・教科書音読ペア活動 (R)	
	Listening Plus 2 (海外旅行)	・現在形や未来表現など既習の文法事項を使った、飛行機の搭乗案内や機内放送を聞いて、その概要やポイントを聞き取ることができる。			・ALT とのインタビューテスト (S)
	まとめと練習 1 (いろいろな時制)	・be 動詞の過去形や be going to 〜の形・意味・用法の理解を確かめることができる。		・タスクを志向した活動 (S)	・タスク活動 (S)
	Speaking Plus 1 (先生にお願い)		・先生など目上の人に対して、丁寧に許可を求めたり、依頼したりすることができる。	・教科書スキット活動 (S)	
6	Unit 3 (Emi Goes Abroad)	・不定詞 (目的を表す副詞的用法・名詞的用法) の形・意味・用法を理解し、表現することができる。	・ウェブページで海外の情報を読んで、知りたいことについて質問することができる。 ・マンガ文化を説明するメールを参考にして、日本の事情をメールで簡単に説明できる。	・教科書音読ペア活動 (R)	

第4部　教師

　シラバスを見ることは、生徒にとっても、何を勉強し、何ができなくてはならないのかを主体的に考えさせることができる機会となり、このことが生徒のオートノミー育成につながるのではないかと期待したのである。

　日々の授業を改善することで、教員が共通の目標を持ち、コミュニケーション活動を相談しながら行うことで、教室の様子は落ち着きを取り戻し、前向きにまた集中して授業に取り組む生徒の姿が多く見られるようになった。

2.2　高校における短期シラバスの作成と実施

　国際科においてはスピーチやプロジェクトなどの機会も多く、生徒の英語学習への動機も高いが、普通科では、中学校からそのまま進学してくる生徒が多くを占め、高校での中だるみと基礎学力の不足が大きな問題であった。また、教員側も指導の目標について一致した見解を持っていたとは言えず、ワークシート等も各自が独自のものを利用していた。そこで、年間シラバス・短期シラバスを作成し、指導目標を明確にすることにより、教員同志の連携を強化し、授業改善に取り組んでいきたいと考えた。

　中学校の年間シラバス・短期シラバスの実践を受け、高校でも、実践的コミュニケーション能力育成のための活動と評価を明確にした短期シラバスを作成し、それに基づいて授業を行った。形成的評価のための活動（AFL）としては、単元ごとに、教科書音読活動、ミニ・エッセイ、ペア・インタビュー活動、サマライズ、タスク活動などを実施した。評定のための活動（AOL）としては音読テスト、リテルテスト（教科書本文の内容を自分の言葉で説明する活動）などを実施した。

　生徒たちは、教員の予想を超えて熱心に音読やリテルに取り組み、授業の活性化につながったと考えられる。特に、リテルは、実施後のアンケートによると、「英語が話せて楽しかった」「次回はもっと言えるようにがんばりたい」という前向きな意見が多く、英語が苦手な生徒にも英語を話しているという大きな達成感を与えることができたようだ。また、音読やリテルについ

ては、学期ごとに AOL を実施したことも、生徒のやる気を引き出すことができた要因だと考えられる。年間計画に、定期テスト以外のパフォーマンス評価を組み入れ、学年団で協力して評価活動を行い、成績に組み入れることができた。

3. プロジェクトの実施に向けて

　日々の授業で培った4技能を統合し、表現力を育成するものとして、各学年でプロジェクト（表2参照）を実施し、生徒にとっては中高6年間のそれぞれの学年における成長を実感できるものにしたいと考えた。プロジェクトを行うことは、生徒の英語を使うという意識を高めるのみならず、自身の主体的な英語学習への取り組みを促進させることにおいて有効であったと考える。

表2　プロジェクトの主な内容

学年	内容		
	1学期（プロジェクトI）	2学期（プロジェクトII）	3学期（プロジェクトIII）
中1	・Show & Tell （「自己紹介」）	・フォニックス	・スキット （英語発表大会に向けて）
中2	・Show & Tell （「私の宝物」） ・作詞家に挑戦！	・4コマ漫画を作成しよう！ ・ショートスピーチ （将来の夢）	・スキット （英語発表大会に向けて）
中3	・Show & Tell （「私のお気に入り！」）	・スピーチ （「私の修学旅行日記」） ・作詞家に挑戦！	・スピーチ （英語発表大会に向けて）
高1	・スピーチ （「自己紹介」）	・スピーチ （「夏休みの思い出」）	・ミニ・ディベート （都会の生活と田舎の生活）
高2	・プレゼンテーション （「日本文化」）	・ディベート	・エッセイ （「修学旅行の思い出」）
高3	・スピーチ （「私の夢」）	（特に、プロジェクト活動は実施しない。）	

3.1 中学におけるプロジェクト活動の実施

中学校におけるプロジェクトの実施にあたっては、週1時間のEA(English Activity)の時間を活用した。このEAは、「総合的な時間」を活用して実施しているため、ねらいは、「学習した知識・技能を、他の教科で培った知識・技能と関連づけて国際理解という視点で、英語を使って、様々なことを経験させるもの」であった。また、英語力のみならず、発表する力(表現する力・伝え合う力)なども伸ばしていくことをねらいとした。

各プロジェクトの発表では、仲間同士が互いに学び合えるように、全体の前で発表し、その際、教師からのフィードバックを行い、励ました。発表をビデオに記録するとともに、「自己評価カード」を生徒に記入させ、学びの履歴を残した。

中学校では、研究実施以前より英語発表大会が実施されており、EA開始以降では、スキットやスピーチの内容がより充実し、多くの生徒が生き生きと取り組む様子が見られた。また、ALTや英語教員に廊下で出会うと英語で話しかけるなど、英語を話すことに抵抗を感じない雰囲気が育っていった。

3.2 高校におけるプロジェクト活動の実施

中学校のShow & Tell、スキット、スピーチなどのプロジェクトの実践を継続し、高校においても、スピーチやプレゼンテーションを実施した。高1では、OCIの授業で自己紹介やスピーチを行い、スピーチコンテストを開催した。高2では、Writingの授業で日本文化についてのプレゼンテーション、修学旅行についてのエッセイ作成を行った。

当初、普通科でのプロジェクト開始にあたっては反対意見も出された。反対理由の主なものは、「文法や語彙などの基礎力の養成を重視すべき」「普通科の生徒には長文を書くのは難しいのではないか」「教科書を終わらせるのに精一杯で、時間的な余裕がない」というものだった。実施に際しては、プロジェクトをシラバスに組み込み計画的に授業を行い、また、生徒の英文チェックはALTの力を借りるなど、教員全員で取り組むようにした。実施

後アンケートによると、英語に苦手意識を持つ生徒もスピーチを行うことで自信と達成感を持つことができたようだ。校内スピーチ大会では、出場生徒はクラス内の発表時以上に自分で工夫した表現をし、全員が素晴らしい発表をした。生徒の力を信じて指導をし、また力を発揮する場を与えることの大切さを実感することができた。

初年度の高校1年生を対象としたプロジェクトⅡ（スピーチ「夏休みの思い出」）終了後の生徒アンケート及び生徒観察により、以下の点がプロジェクト実施の成果と考えられる。

(1) スピーチ作成・発表に対する達成感と抵抗感の払底

生徒は、原稿作成においては、プロジェクトⅠと同様に苦労していたが、アンケートからは、「内容を充実させて書けた」「200語を達成できた」「できるだけ人に頼らず自分でやった」「andやbut、becauseなどをたくさん使って工夫をした」など、肯定的な意見が多く見られた。発表についても、「アイコンタクトをした」「前を向いて言おうとした」「前よりも声が大きくでた」など、生徒が前向きに努力をしている様子がうかがえた。

(2) 辞書使用の増大

プロジェクトⅠに比べ、生徒たちは自分で辞書を引き、英文を作ろうとしている態度が多く見られた。

(3) 今後の学習への動機づけ

生徒アンケートより、原稿作成においては、「もっと内容を膨らませればよかった」「同じ表現を使いすぎたので、もっと様々に表現できればよかった」などと答え、「もっと単語を覚えようと思った」「もっと自分で文を作れるようになりたい」「もっと難しい文章を書きたい」など、英語学習について前向きにとらえていることがわかった。スピーチについても、「もっと聞き手を意識する」「全部覚える」「もっと英語らしく言えるようにする」「みんなに

わかりやすく伝えたい」など、意欲的にとらえていた。以上のことからもわかるように、生徒たちは達成感を得ると同時に、原稿作成やスピーチにおいてそれぞれ次につながる自分なりの課題を見い出していることがわかった。

(4) 課題の明確化

　プロジェクトを行うことで、生徒が自身の英語を見つめなおし、そのうえで、次に何をしたらいいのかを考えるきっかけとなっており、生徒のオートノミー育成にも寄与したと考えられる。教員にとって、プロジェクトを実施することにより、日ごろの授業での指導をどのようにすべきかを考えさせられる点が多くあった。スピーチ実施後に検討された課題は、(1)日頃の授業でも、ある程度のまとまりのある英文を書かせる必要がある、(2)自己表現につながる文法や語彙の指導を徹底する、(3)発音やデリバリーなどの指導を強化する、であった。

　以下は、プロジェクト・シラバスの例(高1)である。

表3　南中高プロジェクト・シラバスより抜粋（高1・普通科）

テーマ	テーマの概要	設定理由	授業の進め方	評価項目
4月 自己紹介	①内容：既習語句・文法を使って、自己紹介をする。興味・関心、好き・嫌い、経験および将来の夢など理由や具体例を挙げて自己紹介をする。 ②配当時間：4時間 ③ジャンル：プレゼンテーション ④分量：2分 150語以上 ⑤発信する相手：発表を審査するALT/JET、及び鑑賞する同級生	・高校生になり、新しい仲間や先生に自分自身を紹介し仲間作りをする機会を設定する。 ・学校EA授業の総復習と高校での英語授業への動機付けとする。	①自己紹介する内容についてワークシートを活用し、ブレインストーミングなどで内容を膨らませる。 ②マッピングなどを活用し順序を考える。 ③既習語句・文法などで自己紹介に使える表現の復習。 ④下書き ⑤同級生との peer-editing で、よい表現とわかりにくい表現を指摘し、コメントを書く。	【原稿を評価】 ① accuracy（文法・語法） ② context（理由や具体例を挙げ、自分の興味・関心、将来の夢などが盛り込まれた自己紹介であるか。） ③構成、書式、分量の条件を満たしているか

学習者オートノミー促進を意識した中・高一貫シラバス作成の取り組み

月					
5月		⑥記録方法：原稿ビデオ ⑦科目：OC I		⑥書き直し ⑦ALT/JTEによる内容・文法・構成などのチェックおよびアドバイス ⑧原稿の完成と練習 ⑨ペア・グループ発表など ⑩クラス内発表	【プレゼンを評価】 ①聞き手を意識した発表であるか（アイコンタクト、声の大きさ、暗記、ジェスチャーなど） ②英語らしさ（発音・イントネーションなど）
6月 7月 9月 10月 11月	スピーチコンテスト（メッセージを伝えよう）	①既習語句・文法を使って、テーマに沿ったスピーチをすることができる。目の前の聴衆に向けて、話の内容が伝わるように、文章構成を考え、簡潔にまとまった内容に工夫する。 ②10時間 ③スピーチ ④3分 200語以上 ⑤クラス内発表（鑑賞する同級生）代表発表（全校生徒、保護者、教職員） ⑥原稿　ビデオ ⑦OC I　文化祭（文化部発表会）	・文化祭（文化部発表会）のスピーチ発表に向けて、まとまった長さの英文の文章構成や書き方についての技能を身につける。 ・英語で自分のメッセージを伝える。OC Iの授業での話し方やRecitation、Presentation活動を通して得たスピーチスキルを効果的に活用する機会とする。	①スピーチする内容についてワークシートを活用し、ブレインストーミングなどで内容を膨らませる。 ②マッピングなどを活用し順序を考える。 ③既習語句・文法などで自己紹介に使える表現の復習。 ④下書き ⑤同級生とのpeer-editingで、よい表現とわかりにくい表現を指摘し、コメントを書く。 ⑥書き直し ⑦ALT/JTEによる内容・文法・構成などのチェックおよびアドバイス ⑧原稿の完成と練習 ⑨ペア・グループ発表などによる相互評価 ⑩クラス内発表	【原稿を評価】 ①accuracy（文法・語法） ②context（テーマに沿った内容であり、新しい情報や自分の経験などが簡潔にまとまっていること。） ③構成、書式、分量の条件を満たしているか 【スピーチを評価】 ①聞き手を意識した発表か（アイコンタクト、声の大きさ、暗記、ジェスチャーなど） ②英語らしさ（発音・イントネーションなど）

4. 成果と課題

本校で開発したシラバスは、AFL と AOL の評価計画を明確にした教科書の単元を中心とした学年ごとの短期シラバスと、課題を実施することで6

第4部　教師

年間の目標をより明確にしようとしたプロジェクトを中心としたシラバスを組み合わせたものであった。今回のシラバスの開発は、生徒のオートノミーを促進する手立てとしてどのような意味を持ったのであろうか。

(1)生徒の変容

　中学校では、単元ごとの目標を明確にし、黒板に「本日の授業の目標」を提示し、生徒に常に目標を意識させた。高校でも目標を提示することで、生徒は授業により主体的に取り組むようになった。そして、目標を達成しようとクラス全体が努力する中で、生徒が成長していく様子も見られた。例えば、「最後のリテリングの際、聞く相手を意識し、相手にワークシートを見せながらリテリングを行っている生徒がおり、生徒の成長を感じた」、「最後に発表する生徒がつまったときには、他の生徒が助けを出している姿に感動した」など教員の感想も聞かれた。

　また、当初は、シラバスを生徒に提示することが、生徒の自主的な学習への取り組みによい影響を与えるのではないかと期待していたが、生徒はシラバスを活用することはあまりなかった。むしろ、生徒には、中学校で取り組んでいた「英語科通信」の中で短期目標を提示するなど、わかりやすく単元の目標や勉強方法を示したものが効果的であると考えられる。

　評価とフィードバックについては、音読テストやリテリングテストの際の生徒の熱心な取り組む様子より、適切な評価は生徒のやる気を引き出すものとして考えられる。生徒のやる気を持続させるために、指導と評価の一体化は必ず実現しなければならない。

(2)教員の変容

　教員にとっては、シラバスの中に生徒につけさせたい力と評価計画を組み込むことで、学年団で協力して授業改善に取り組むことができた。また、共通の目標が明確であるため、授業で使用するワークシート等も共同で開発して活用することができ、その結果、授業改善につながったと考えられる。実

施したアンケート結果から、生徒の英語の授業への好感度が上がったことは大きな成果であった。また、授業の目標を共有することにより、互いの指導についても相談し合うことが可能となり、粘り強く取り組むことができるようになった。中学校・高校間でも、6 年間のシラバスを作成する中で、互いの目標や課題について情報交換をする機会が増え、理解が深まった。

　上述したように、生徒も教員も全体的によい方向に変容が見られた。シラバスそのものが直接的に生徒のオートノミー促進に貢献したというよりも、シラバスを作成することで教員が目標を共有化し、そしてシラバスを活用し、生徒に働きかけることで、生徒のオートノミーに影響したものと考えられる。シラバスを作成後、シラバスによる指導と評価、そして生徒へのフィードバックを十分行うことが重要である。何ができて何ができないのか、何が分かって何が理解できていないのかなど、生徒自身が学習状況を分析し理解し、そのうえで、次に何をしたらいいのかという課題を見つけ、学習を促進していくことが大切である。そのために、教員が適切な支援を継続的に行っていくことが、生徒のオートノミーの促進につながると考える。

注
1　平成 24 年度より、普通科(2 年生より、人文コース(Ⅰ類)、人文コース(Ⅱ類)、科学コースに分かれる)と国際科の 2 学科となっている。

参考文献
Assessment Reform Group. (2002) *Assessment for Learning:* 10 Principles. Retrieved from http://hdl.handle.net/2428/4623
高知県立高知南中学校・高等学校 (2008・2009)『SELHi 研究開発実施報告書』
松沢伸二 (2002)『英語教師のための新しい評価法』大修館書店

第5部
座談会

第 5 部　座談会

英語教育と学習者オートノミーの今後

茶本　皆さん、こんにちは。神戸市立葺合高校の茶本卓子と申します。今回、村上先生と一緒に「プロジェクト学習とその過程」というタイトルで、葺合高校国際科の二年生と三年生で行っている内容をまとめています。二年生は、総合的な学習の時間に英語で行っている課題研究について、三年生は、国際科の必修科目である異文化理解で取り組んでいる課題研究について、今回書かせていただきました。

　目標や研究内容や評価方法について書いた後で、やっぱり、これはその授業を受けてきた、現在大学二年生の人たちの意見を聞かなくっちゃいけないと考えました。このことは私にとって有意義な振り返りになりました。

　「オートノミー」という言葉は、彼ら、彼女らにはあまりなじみがないと思うのですが、「プロジェクト学習を二年間やってきてどういうところがよかったか。どういう力が自分たちについたと思うか。」ということを質問しましたら、私が予想していた以上に、いろんな力が身についたと感じていることがわかりました。

　例えば、考える力がついたとか、自主的に行動ができるようになったとか、論理的に考えることが自分の日常生活の中で習慣化したのでいろんなことにチャレンジする姿勢が生まれたというようなことが回答に書かれていて、とてもうれしく思いました。

　反面、今度は同じ学年の卒業生が学校に来た時に、同じようにプロジェクト学習について聞いたところ、「ほぼ何も覚えていない」という人もいました。やはり学習者中心の取り組みだと個人差が大きくなります。そこで、一人一人の意欲や技能を高めることが今後の私たちの課題だと考えた次第です。

茶本卓子

村上 こんにちは。村上ひろ子です。神戸市立葺合高校に勤めて8年目になります。その前は、神戸市の中学校に10年ほど勤めておりました。オートノミーにかかわるようになったのは、5年ほど前、調査研究を担当し、そこでほかの教科の先生方と一緒に、自律した学習者に関して研究することになったことからです。このたびはそれをもとに、オートノマス・ラーナーを育てるための他教科との取り組みというものを1つ書かせていただきました。

もう1つは、茶本先生に、「ぜひ書いてください」とお願いした分です。本校には普通科と国際科がございまして、私は、普通科のほうで6年間研究にかかわっておりましたので、国際科を持つのは今回初めてでしたが、オートノマス・ラーナーを育てる点では、国際科の生徒のほうが進んでいると思いまして、今、進行形である一年生・二年生の例を書かせていただきました。

稲岡 皆さん、こんにちは。稲岡章代と申します。去年まで34年間という長い間、公立の中学校にずっと勤めておりましたけれども、ご縁がありまして、母校に戻るという強い使命を恩師から与えていただき、中学・高校6年間の一貫校でスタートを切り、今、1年目です。

私としては、今までの中学校では3年間というスパンでしか見えなかったところがあったんですが、今は、中・高6年間ということで新たなチャレンジもできます。

今までは、卒業のあとはどうなるのかなということでいろいろ思っていたところが、6年間は英語の授業とか学校の行事を通して見させていただくようなチャンスをいただき、とてもうれしく思いました。毎日忙しい中ではあるんですけれども、また自分の課題ができたと思って、今回オートノミーの話をいただいてから、自己オートノミーをもっと高めていく教師でいたいと一層思いました。

お話をいただいたときには、現任校の実践がまだ伴っていませんでしたので、去年の公立中学校のことを書かせていただきました。公立中学校ですので、1つの地域を中心にした生徒たちが集まってまいります。その中にはいろんな子どもたちがいます。スポーツにたけている子もいれば、音楽にたけていたり、家庭的にいろいろ苦労していたりとか、いろんな子がいるんですが、一人一人がすごく支え合っていて、とてもいい環境を醸し出している部分があります。

そのもとで、1つ1つの授業で、子どもたちがどんなふうに学習を手掛かりにして、自分の気持ちで力強く一歩ずつ学習に向かっていくかというのを念頭に置きながら指導をずっと続けてきました。

稲岡章代

第5部　座談会

　今回、1つの学習・授業を通して書かせていただいたんですが、織物を織るように一時間一時間、次の時間にもまた深め、また、1つの授業でしたら10分、15分、20分と活動が進むに従って、子どもたちがどんなふうに変革をしていって、授業が終わった頃には、授業前とはまた違う1つの織物が子どもたちの中にできあがっていくという指導過程に焦点を当ててみました。
　授業に際し、特に教師側から生徒のほうに発信していく指導法とか、生き様とか、いろいろとあると思うんですが、それを通して、子どもたちの内面にひそんでいるような学習者としてのオートノミーの引き出し方というのがテーマだったかと、私自身思っています。
　まとめる機会をいただきまして、私も自分の授業の振り返りができましたし、とてもいい勉強をさせていただいたと思っております。今日もよろしくお願いします。

小笠原　こんにちは。小笠原（オガサハラ）良浩と申します。今、お話がありましたように、稲岡先生は姫路市立豊富中学校が公立中学校で最後だったんですけど、私は今現在、兵庫県立姫路西高校というところに勤めています。稲岡先生が教えた生徒たちがうちの高校に入ってきて、稲岡先生に教わった子どもがクラスにいると思うと、半端な授業はできないなという感じでいつも授業をやっております。
　現任校は5年目で、それ以前に兵庫県立相生高校というところに勤めていたときに、兵庫教育大学で勉強させていただきまして、そのとき中田先生にお世話になって、こういう機会を得た次第です。
　皆さんは非常に深く考察されていたんですけども、私にとってオートノミーというのは、とにかく生徒が、授業が面白い、楽しい、その延長線上で、「次の授業のために予習をしよう」、「今日、学校で勉強したことを家でちょっと復習しよう」という気持ちが生徒の中に芽生えてくれれば、それで満足というところです。
　私の切り口は、ICT（インフォメーション・アンド・コミュニケーション・テクノロジー）を使って授業の雰囲気を盛り上げるというか、生徒が勉強しやすい学習環境を作るというテーマで書かせていただきました。平成15年に、今、京都教育大学にいらっしゃる泉惠美子先生が作られた、授業研究サークルというのがあります。ICTを使って授業の改善を行うというテーマで始まったサークルですけども、それをずっと続けています。
　そういう意味で、今、兵庫県には50インチのテレビモニターが各教室に入っていますので、それを

小笠原良浩

使って生徒の活動を活性化するという視点でオートノミーについて考察させていただきました。よろしくお願いします。

青木 大阪大学の青木です。よろしくお願いします。今回はできあがったものを読ませていただいたんですけど、読んでいて本当にすてきだなと思いました。

中田 兵庫教育大学の中田です。今回、私は理論のほうを担当させていただいたんですが、いろんな理論があるし、いろんな見方があります。今回、先生方と一緒に考える機会を持ち、実践の教育現場にもう少し下りていって、自分たちのものにするきっかけにしたいというのがありました。青木先生とは…。

青木 同窓生です。

●生徒の中で何が起こるか予想できない

青木 原稿を読ませていただいて、一番すごいなと思ったのは、一人一人の先生方が、子どもたちにこんな人になってほしいという思いを持っていらして、それをちゃんと書いていらして、それから、ご自分の考えるオートノミーとは何かというのも書いていらして、その2つと実際の授業実践を関係づけようとなさっているところです。

オートノミーは、中田さんとか私は研究者だから、例えば、「これとこれ」、「こういうことができる」、「こういうことができる」という定義をしますけど、教育実践の中で、それを全部カバーしなきゃいけないということじゃないと思うんです。

最近、私は、複雑系理論に凝っているんですけど、私たちが生徒をぽっと押したときに、実は生徒の中で勝手にいろんなことが起きるから、そこまで私たちは予測できないし、強制もできない。

なので、例えば、私はオートノミーを構成する能力を箇条書きしたことがありますが、それを全部授業で扱わなくても、どこかで何かが起こるかもしれない。先ほど茶本先生がおっしゃっていたけれども、生徒が自分たちの手元を離れて何年かたったときに、その人がどういうふうになっているかというところまで見ていかないと、私たちの実践の成果というか結果はわからない。

そういう意味では、厳密にオートノミーを定義して、みんな同じ定義に基づいて授業を計画してやる必要はないというのが最近思っていることなんで

青木直子

す。だから、中田さんが、ああいうふうに皆さんに書いてもらったのはすごくいいなと思いました。

中田 その辺りをもう少し掘り下げて話をしていただければと思います。

青木 そうですね。多分、自分にとって一番心引かれる部分が皆さんそれぞれあると思うんです。個人的な話をして恐縮ですけど、例えば、私は、稲岡先生の「居場所」とか「安全なところ」というのにすごく心引かれたんです。研究者としては全貌を把握しなきゃいけないと思いますけど、私は、個人的にはそういうところにすごく引かれる人間なんです。

　だから、一人一人の先生方が自分が引かれる部分を持ってきて、それと自分の実践とが整合性があるように組み立てていこうと考えることは、多分、一番大切なんだろうなと。

中田 一昨年ですか、夏に最初の会合を持ったときの話として、「オートノミー」という名前を使っていなくても、もしかしたらこういうことがオートノミーかもしれないということでスタートした経緯もあるので、そういうところも含めて話していただけたらと思います。

小笠原 まさに、「オートノミー」という言葉の定義については、多分、皆さんそれぞれ違うと思いますが、生徒が英語を通して成長してほしいという願いについては、皆さん一緒だと思うんです。

　僕の場合は、稲岡先生の授業とか稲岡先生の講演はほとんど毎年2回か3回は行ってますから、インプリンティング（刷り込み）されています。だから、生徒が成長していく過程において、生徒の居場所というか、教室の授業の中で生徒が自分の成長を見つけられるというか、感じることができるとか、「僕はこんなことができる」、「私はこんなことができる」というのは、全くそのとおりだと思いますし、僕もそういうのを目指して実践しているつもりです。

松本 先生方は授業で教えている部分が当然あると思うんですけど、それと自主的に学びたいという気持ちと、教え過ぎてはいけないという、その辺りはどうですか。

小笠原 先ほど言いましたように、できるだけ授業が楽しいと思えることがまず1つ、一番目指しているところです。あるいはやりがいがある、要するに、それをやったら自分の得になるというふうに生徒が…、「得になる」という言葉はちょっと語弊があるかもわかりませんが、それだけの価値があると生徒に思ってもらえるような授業を提供するのが教師の責任だといつも思っています。

松本 そういうことが起こるような場所を作るということですか。

中田賀之

小笠原　そうですね。僕の場合は、できるだけ活動をメインに授業を。だから、授業の半分以上は活動です。教師の僕はしゃべらないです。
　ただ、これは僕の感覚ですが、高校は、そういう形式より講義式のほうが全体的にはまだ多いんじゃないかという気がします。中学校の活動は、ペアワークやグループワークがかなり多いんじゃないですか。
　中学校の実践といっても、（英語教育）達人セミナーぐらいしか行ったことがなくて、ほかの中学校に実際に行って見たことがないので、その辺はまた稲岡先生にお聞きすればいいと思うんですけれども、活動、要するに、生徒が英語を使って何かをするという場を提供する方向に進んでいるとは思います。
松本　そういったときに、何か苦労することはないですか。
小笠原　模擬試験の結果がちょうど返ってきたんですけども、そこら辺がね。僕は、音読と活動というものが生徒のモチベーションを上げ、プレゼン（テーション）をやらせるというかたちでずっとやってきたんですけども、11月の進研模試の結果ががくっと落ちていたんです。これは、進学校では結構厳しいです。「どうなってるの、今の二年生」とか、「英語、落ちてるけど」とか言われるんです。
松本　それは、力がついていないということなのか、試験問題にうまく沿っていなかったということなんでしょうか。
小笠原　そうなんです。その辺りも難しいんですよね。うまく日本語訳を作るという作業は授業中にあまりやらないんです。でも、それが模擬試験に出るとちょっと厳しいかなと。そういう話をすると、大学入試にまで行きます。
　文部科学省の教科調査官と話をする機会があったんですけども、「授業は英語でやりなさいと言っておいて、日本語訳が大学入試に出るっていうのはどうなんですか」とお聞きしました。「授業でやっていることを出してください。授業でやっている活動を入試でもやってください」というのが私の意見です。
　そっちに行くと文句ばかりになりますから、とりあえずそこはセーブしておきたいと思います。

●教科をこえたメンバー

村上　定義に関してなんですけども、ほかの教科と共同で、「自律した学習者を育てる」研究に3年間取り組みました。1年目にメンバー共通の定義を作らなくてはいけないという思い込みがありまして、学期に1回、国語科、家庭科、保健体育、英語、地歴・公民の先生に1年間集まっていただいて会議を開いていたんです。結局、無駄にしたわけではないですけれども、それで1年間を過ごしてしまったということがありました。
　2年目は、正直言ってそんなに進まなくて、結局それぞれがばらばらなこ

第 5 部　座談会

村上ひろ子

とをするような 2 年目だったんですけど、3 年目になってようやく、「この授業で生徒はこんなことをするようになった」、「この授業ではこんなんだね」という、自分の授業で生徒がどのように変化してきたかというのをお互いが話すようになりました。私の結論としては、それぞれの教科の先生がこういった生徒を育てたいという思いが本当にあったら、それが定義なのかなと思うようになりました。

ですので、こういった生徒を育てたいというのをお互いに話し合ったりとか、この教科の先生はこんなふうに思って授業をされているのかとか、そういったものを話す場があったら、学校としてはオートノマス・ラーナーを育てていくことになるのかなという感想です。

　私も、最初は、「自分の学びを客観的に振り返り、次の目標を立てる」というのを研究発表とかで、丸覚えでずっとそれを定義して提示していたんですけど、今は、生徒が自分からいろんなことに挑戦していくという、何か漠然としたものでいいかなという感じがしています。

松本　先生方がグループで何かプロジェクトをやろうとしたときに、最初に定義っぽいものを話さないと共通認識ができないので、それを作らなきゃというのは、仕方ないと思うんですけど、今の話だと、実際に具体的な育ちとかが何か見えてきて、それをお互いに出すことで、むしろ言葉だけの定義じゃなくて、具体的に見えてきたという感じですね。

村上　そうですね。定義を超えて実践が始まったみたいな感じでした。

松本　そこで定義じゃないけれども、何か共通の認識というか、共通の思いが生まれてきたんですか。

村上　そういう気もするんですけれども、こういうのをやろうと思ったけどうまくいかなかったりとか、教師の中で、講義的なものをされていた先生が共同学習みたいなことをしてみようとか、そういう教師側の何かチャレンジみたいなものは作り出すことができたかなという感じがしました。

松本　それは、例えば、違う教科のそういう話を聞いて、オートノミーならオートノミーという関係というか、可能性というか、確かに何か見えてきたという。

村上　そうですね。特に、体育の先生とか家庭科の先生から生徒が自分で競技練習や調理実習とかの計画を立てて、それを実際にしていくという話を聞いたときに、「英語で何かそれに近いことができるかな」とか、そこで生徒がすごく生き生きして活動したとか。

　これも家庭科だったんですけど、生活に関して小さい子どもに教えに行くと

いうプロジェクト型学習をしたというのを聞いたときに、「それに近いことが英語でもできるかな」みたいな、そういう実践への影響があったという感じはします。そのときは、この定義はあまり考えていなかったかな。

松本 茶本先生、いかがですか。

茶本 平成21年から23年まで村上先生と一緒に、文部科学省の「英語教育改善のための調査研究」の中で、教科間連携をとりあげました。とても大変ではあったんですけれど、やってよかった取り組みでした。当時「オートノマス・ラーナー」という言葉は使わなかったのですが、目標として、生徒が自分たちで考え、お互いに学び合い、成長していけるような生徒集団を作り上げようという共通理解が学校全体としてありました。生徒が変容したという以上に、生徒の変化に刺激を受けたり、他の教科の先生方の取り組みに触発されたりして、教師自身が変わったことは意義深かったのではないかと思います。

　ある教科でこういう取り組みをしていると聞いて、今、村上先生が言われたように、「じゃあ、うちの教科ではこういうことができるんじゃないか」と。例えば本校の体育科では、三年生になったら自分たちで授業案を作らせるんです。自分の得意なスポーツ、テニスが得意な子たちが集まって、どういう風に教えるか考えます。

　英語でも、習ったトピックを広げて、例えば地雷のことがテーマで取り上げられていたら、生徒たちが地雷に関する教材を見つけてきて、15分相当のミニレクチャーをクラスのメンバーに対して行います。その中にプレゼンとか、クエスチョン・アンサーとかいろんな活動を入れていき、配布プリントも自分たちで作ります。

　そうすると、生徒たちの振り返りの中に、教師の立場になって考えることで学び方を発見したとか、他の教科の取り組みを応用することによって視野が広がったとか、柔軟な考え方がでてきていました。

　少しずつ変わっていく生徒やほかの教科の先生を見て、私たちも変わらなければいけないという気持ちになりました。

　高校は、一般的に、ほかの教科の先生方と協力して授業をやるということは小学校や中学校ほどはないように思います。ただ、授業内容が専門的な場合、例えば遺伝子組み換え食品について、英語で最初の概念から教えるのはとても難しいですけど、生物の先生が知識や基本を教えてくださった後に英語で入っていくとすごく理解が進みます。そういう連携ができた集団の中では、学校全体でこういう生徒を育てたいという意識が1つになってきたような気がします。

松本 今までは、理科なり他の授業との連携というのがあまりなかったんですか。

茶本 そうですね。

村上 そのあと、逆に、「今、英語で何をやっているの？」という質問とか、そういった会話は今は増えました。特に世界史とか日本史の先生に、「今、どこをやっていますか」とか、「生徒はこれは知っていますか」とか、そういったことを聞いて、生徒に提示する教材選びの参考にしているんですけども、そういうのが自然にできるようになったかなという気はします。

松本 連携してというそのプロジェクト自体は、どういう企画で始めたんですか。

村上 文科省の調査研究をすることになったときに、学校の研究目標の1つに選考しました。それは英語力向上だったんですが、3番目の項目に、「他教科との共同学習と自律した学習者の育成」というものをくっつけたかたちで。

茶本 そうです。もともとは英語コミュニケーション能力の育成…。

村上 どっちかというと英語なんですけど。

茶本 コミュニケーション能力の育成のための授業研究と評価研究という2つの研究の柱に加えて、教科間連携、自律した学習者・学びの共同体の育成という3番目テーマが加わって、「よくぞそんなものをくっつけましたね」というような大きなテーマになりました。英語科だけではなく、学校全体で協力して研究していきたいという思いと、今まであまりやってこなかった分野で何か協力してやりたいという思いがあったんです。

中田 途中で感想が要るかどうかわからないけど、個人的に言うと、2年後、3年後にどうなったのか、お聞きしたいです。

茶本 私は、この学校に勤めて26年になるんですけれども、一年目から、一年、二年、三年、一年、二年、三年と順にまわらせてもらったんです。ですから、生徒との関わりは入学から卒業までの三年スパンでした。また、幸せなことに、彼ら、彼女らがその後大学へ行き、将来社会に出てからもつながりがずっとあるので、高校ではあまり大きな成果がでなくても、大学に行ってからすごくジャンプのできる人、花開く人を見てきています。また、大学で振るわなくても、社会に出てからすごく伸びていく人がいるので、そういう意味で、ずっと関係がつながっているのはありがたいことだと思っています。

　こういうプロジェクト学習も、今回大学へ進んでからの彼女らの意見を聞くことができ、新たな発見がありました。高校で一度発表をしたり、まとめたりしたことで、英語力が伸びた、語彙力が増えたというような英語に関することはもちろん、「人前で話すことに興味を持つようになった。」「質問をすることによって、内容が深められることがわかった。」「人前でしゃべるときに相手が質問をしやすいようにしゃべるような心がけができてきた。」という回答がありました。「これはすごいな」と思い、私が教えている時には気づかなかった生徒の学びについて教えてもらったと感じました。

●一人の学びは分けられない

青木 ほかの教科の先生たちと一緒にやったというのもすごいなと思うんですね。去年の終わりに、あるシンポジウムで吉田研作先生とご一緒しました。フロアで、外国人の英語の先生ですけど、「90年代にコミュニカティブ・アプローチをやったろう。あれ、学校で定着しなかったじゃないか。今度は大丈夫なのか」という質問があったのね。吉田先生は、「大丈夫」みたいなことを言っていました。

　そのときに思ったのは、結局、あの頃は、ほかの教科の先生たちの理解があんまりなかったということです。そもそも、机はちゃんと並んでいたほうがいいと思っている先生たちから見たら、コミュニカティブ・アプローチの英語の授業は、教室の中で生徒たちが動きまわってがやがやしていたりとかしてとんでもない授業だったと思うのね。それで英語の先生たちも苦労しただろうし、ほかの先生の授業と全然違うから、生徒たちも恐らく面食らったと思うんです。

　だから、ほかの教科の先生たちと理想とかビジョンを共有できるというのはすごく大切なことだなと思う。これも友達の受け売りなんですけど、生徒たちにとって1人の学びというのは、その人の中では1つなわけでしょう。それを、例えば教科で分断したり、あるいは家と学校とか塾というふうに分けたり、中学とか高校とか大学とかで区切りを付けたりしてしまうけど、1人の人にとってはそんな切り方はされていないはずなんです。

　だから、高校の生活というものがあったとしたら、その中で育てていくものに体育も英語もあるわけだから、先生たちの中でそこが横につながっていることが大切だと思うんです。そうすれば、時間割りのように四角の中で学びが起こるという捉え方をしなくてすむから、生徒たちにとっても恐らくすごくいいことだろうと思うのね。

松本 英語教育は、ある意味では、学校教育の中では比較的新しいことを採り入れる学科と言えるんですか。

青木 英語がですか。

松本 英語教育。例えば書道とか、社会とか、ほかのに比べて英語教育のほうが、さっきのコミュニカティブというのが導入されたときは…。

青木 たまたまそれはそうだけど、必ずしも常にそういうことではないと思う。先生方、どうでしょうか。多分、人によるんだと思うんです。新し物好きの先生は、どんな教科においても…。

村上 新し物というか、割と最新の題材を使うことができるというか、新聞も昨日のニュースをそのまま出したりとか、多岐にわたって教材を扱うことがで

きるので、そういう面ではいろいろ扱えるかなという感じはします。
中田 スキルを伸ばしたいという人と、英語を使って内容を教えたいという人と、先生によって違いはあるようですね。
稲岡 青木先生のご意見に関連してでいいでしょうか。私は、1人の生徒を核に周りにいろんな友だちがいて、教師がいて、社会があって、国際社会があって、1人の生徒が大きくなっていく長い間の1コマが中学校であり高校であり、核が大きくなっていくというのが自分の考えの中ではすごくあるんです。

中学生であれば、青木先生がおっしゃったように、いろんな教科で核に力がついてきて、小学校のときはその前段階としていろんなことを考えて、思って、やってみる。なので、生徒の中には常に考えるということと、やっていくということと、次にどうしたらいいんだろうという、いつも「シンク」の部分と「アクト」の部分と「フィール」の部分がいろんな体験を通して自分を育てていて、外からエネルギーをもらいながら自分にインテイクしていくというイメージなんです。

ですから中学校でも、生徒自身は、高校へ行ったら自分が目指さなければならないものを求めていったり、探していったりして、先生方からとか同級生から影響されて、オートノミーを拡大させているように思います。特に教職員である私たちは、その都度その都度その子たちに合った内容や指導で接していかないと、背伸びをさせてもいけないし、振り返って後ろばかり反省させてもいけないと思うんです。

●生きていくオートノミー

稲岡 今回、特にこれをまとめながら、私は、「学習者オートノミーを育てる」イコール、「生きていくオートノミーも一緒に育てていく」という思いに駆られたんです。学習も生きていくための1つで、それを通して人と協力していったり、自分の未来の夢が見つかったり、挫折はあるけれどもどんどん力をつけていく。今の先生のご意見を聞いて、私はそれを思い出しました。

茶本先生と一緒で、卒業後はどうなっているんだろうとか、いっときだけを見たり担当したときだけでなくて、「個人」対「個人」というかたちで1人ずつ応援できるような、小・中・高・大と社会でみんなが人を育てるという態勢が取れればいいなとちょっと思いました。
小笠原 逆に質問なんですけれども、「オートノミー」という言葉は他教科では使われているんですか。僕は、社会の先生や、理科の先生、あるいは数学や国語の先生が「オートノミー」としゃべっているのは現場では聞いたことがないです。
中田 どうですかね。もちろん、学問的な定義としては多分ないんだと思う。

つまり、言葉はそのとおりですけど、私の知る限り聞いたことはないですね。
小笠原 あるいは、「自律的な学習」でもいいんですけども、そういう言葉は現場でもほとんど聞かないですね。
茶本 どちらかといえば、たぶん、実技教科のほうが概念としてはお持ちだと思うのですけど、どうですか。
村上 そうですね。やはり、社会の先生とかはあまり。
小笠原 もっと言えば、このたびの学習指導要領の改訂では、もっと言語表現に重きを置きなさいという。それは、全教科で英語だけじゃないんですけども、例えば社会の授業では…、国語はできるかもわからないですけど、数学とかでどうやって教師がしゃべらずに生徒が自主的に活動するかというのを、進学校とかではどうやるのか全く想像がつかないです。

やっぱり、今現在も、知識の詰め込み型そのままの状況にあるんじゃないのかなという気はするんです。
青木 葺合高校のほかの教科は。
小笠原 うん。その辺をちょっとお聞きしたいですね。
村上 社会の先生は、教科連携の取り組みの1つで、グループにして授業を1回だけされたんです。土器か何かの写真を見せて、「これはどんな思いで作られたんだろう」という話し合いをグループでされて、すごくうまくいったんですけれども、「やっぱり、講義はせないかんから大変やね」と言っていました。
小笠原 でしょう。だから、アメリカなんかでやっている社会の授業は、時代をピンポイントでやっているけど、日本は、それこそ土器の時代から第二次世界大戦まで全部やらないとだめなんですよね。ベースの部分が全然違うので、それは非常に難しいと思うんです。

だから、オートノミーというものをいかに育てていくかというところになると、要するに、文科省が言っている、「これだけやりなさいよ」という部分から論議する必要が最終的には出てくると思います。
青木 でも、英語でも考え方はいろいろで、単語をいっぱい教えたほうがいいと思っていらっしゃる先生もいるし、文法は正確でなくちゃいけないと信じていらっしゃる先生もいる。そういう方たちの中には、もっとびしっとコントロールして効率よくやったほうがよいと考えていらっしゃる方もきっといるでしょうね。
小笠原 そうですね。でも、それでオートノミーが育てばいいわけですね。
松本 さっき、英語教育が進んでいるんじゃないかと申し上げた1つには、英語教育は、海外でやっている研究が比較的影響されやすいというか、知りやすい立ち位置にある。
青木 それは、先生方が英語ができるから。
松本 というのがあるので、例えば英語教育では、「オートノミー」という言

葉が言葉としては入ってきやすい。そういう考え方がないというのでなく、そういう考え方が入ってきやすいということは英語教育にはないですか。
　例えば、アメリカなり海外で言語教育はこういうふうにするという新しい考えが生まれたときに、社会科の先生は、アメリカの社会の授業にはあまり関心を持たないんじゃないかと推測するんですけど、それはないですか。
青木　そんなこともないと思います。本当に人によると思うんです。「学習者オートノミー」という言葉は、英語圏でもほかの教科の教育では使われていないんです。「オートノミー」という言葉は成人教育から来ていて、アンリ・オレックという私たちにとっては神様みたいな人がいるんですけど、その人が言語教育の中に持ってきた。
松本　成人教育から英語教育に持ってきた。
青木　そうそう。なので、ほかにはないんです。一番近いのは何だろう。やっぱり自己調整学習？
中田　自己調整学習は、ほかの科目でもたくさん出ています。
青木　歴史的には似たようなことを言っている人はいるんです。例えば、カール・ロジャーズとか。本当に何十年も前に似たようなことを言った人はいるんだけども、「オートノミー」という言葉は使っていない。
中田　そうですね。授業の形態とか詰め込み式の話がありました。そういう授業ではオートノミーは育たないというふうに考えていいのかどうかというのは、皆さんにお聞きしたいところです。発達段階もあるし、詰め込んでいることが将来どうなるのかということにもかかわっているようにも思うんですけど、その辺りはいかがでしょう。

●知識の伝授とオートノミーは相反する？

茶本　先ほど、小笠原先生から、高校では、特に知識がある程度必要な教科は、授業中に自由な議論をするということは難しいのではないかというお話がありました。中田先生が書かれたところでも、例えば、知識が少し固まってこそ知恵が生まれるとか、もう一度繰り返すことによって学んだことがだんだんしっかりしてきて、そこから自分の意見が生まれるというふうなことがあって、「なるほどそのとおりだな」と思ったんです。ただ、知識はどこまで詰め込んだら十分かといわれても、明確には答えられないし、目標が入試で点数を取ることだったら、教育としてはあまりにも片手落ちな気がするので、やはり、ある程度の知識でも議論をすることによって、学びが深められることがあったり、視野が広がるということがあれば、それは採り入れていくべきだと思うんです。
　ちょっと話が戻りますが、ちょうど先々週、大阪大学で、高校生対象の「国

際問題を考える日」という課題研究発表会があり、葺合高校の生徒も参加させてもらいました。英語、日本語のどちらでプレゼンをしてもよかったのですが、(大阪府立)天王寺高校とか(兵庫県立)兵庫高校、(兵庫県立)御影高校や(兵庫県立)国際高校などの生徒も参加していました。総合的な学習の時間の中でやっていたり、選択科目の中で研究しているもので、自分でテーマを決めて、それについて10分間のポスタープレゼンを行うプロジェクトでした。知識だけではなく、自分で問題を考察し深めていくような研究だったんです。

　それを見て、もちろん知識を積み上げることに目標がおかれる授業形態もあるでしょうが、授業の中で学んだことを掘り下げたり、質疑応答をしたり、意見交換をすることで視野を広げていく側面も、徐々に顔を出しているんじゃないか、授業が変わってきているんだ。と感じました。

青木　学習の成果を何で測るかですね。

小笠原　そうですね。先生からご覧になっていて、中学校の公立でも、今の賢明(女子学院中学校・高等学校)でも、他教科の先生の授業形態はどんな感じですか。

稲岡　今の学校はまだわかり切っていないところがあると思うんですけど、去年までの中学校で言えば、職員室が教科間の情報交換的な場所で、例えば国語の先生が、「今日はこれを読んだけれども、全然知らなかった」とか、「明治時代の日本文学のこととか全然知らないんだろうな」と言ったら、社会科の先生が、「そこまではまだまだ行っていません」とかみんな言って、という感じではありました。

　社会科の先生が、「国語でこんなの習ったんだってね」とか、実際に現任校でも、キング牧師(マーティン・ルーサー・キング)を読んだときに地理の先生が、「どの辺までしているの?」とかはお互いに本当にすごく話をしているので、授業に関してというよりはそういう雑談から生まれて、生徒のことをいろんな面から見ることができます。

　先生たちがチームで動いているというか、それはとても大切なことだろうなと思うので、先生方がされている教科間プロジェクトというのは、私たちの授業に対してのいいヒントをとてもくださると思います。

　小笠原先生が言われたように、実際の研究と現実のずれがあるかなと思うんですけど、実際、生徒は知識で100点を取っても次のオートノミーを見つけられるのかなとか、それが大人になったときに、その子自身が次にどうするのかなというのを考えると、やはり小・中・高の間に何かそういう体験とか考えることを経験しておかないと、社会に出てから十分に力を発揮できないかなと。これがジレンマですね。

小笠原　そうですね。先ほどの話にあったように、一部の生徒をボランティアで募ってとか、「こういうのがあるからやってみる?」という機会を与えて、

英語でもディベートコンテストとか。そのディベートコンテストに出た子は、自分で調べてエビデンスを作って、そういうコンテストに出ていますし、スピーチコンテストもそうです。

あと、数学科でクリティカル・シンキングの発表会というのがあったんですけども、それも自分で事例を見つけて、例えば、スペースシャトルの部品の精度が99.999999%で、「9」が6つ付くんですって。99.9%だけど、部品が50万個か何かそのぐらいあって、それを計算していくと、すべてのものが壊れずに働く可能性は、99.9%じゃなくて45%とかそのぐらいになるらしいんです。

「99%ってすごく精度が高いと思うけれども、実際は事故が起こる確率がすごく高いんですよ。だから、事故が起こったでしょう」みたいなかたちで、外部でプレゼンをやったんです。それがうまかったから、「じゃあ、校内でもぜひやろうよ」と、2週間ぐらい前にやらせたんです。

そういう機会はいろんな教科にあるとは思うんですけども、授業ベースで常に生徒に何かをさせる機会は、他教科はなかなか難しいんじゃないかなというのが感想です。

松本 でも、教育の目的が、ある程度自律した市民を作るということからすると、知識伝授型の社会の授業でもやっぱり考えることが必要なわけで。

小笠原 そう、授業はね。それはいいと思います。先ほど先生がおっしゃったように、ジレンマかなと思います。

青木 それは、どんな教科の先生にも多分あると思うんです。英語の先生だってやっぱり大学受験を考えるでしょう。小笠原先生は先ほど成績が落ちたとおっしゃっていたけど、そういう制約が片一方にあって、でも、だからといって詰め込みはやりたくないという思いがあって、その2つのせめぎ合いの中で、どこで落とすかということを考えるわけでしょう。

小笠原 そうですね。

青木 それはほかの教科の先生も多分同じで、どこに落とすかというスペクトラムみたいなのがあって、ある先生はこの辺で落とすかもしれないけど、ほかの先生はこっちに落とすかもしれないという、何かそういうものなんじゃないかな。

小笠原 そうですね。英語の場合は特にそういうのがある。社会から、「もっと使える英語」とか何とかって新聞によく載ったり話題になるので、結局、英語が前面に出ているような感じがするだけなんでしょうね。

中田 そこは先生もおっしゃったように、結局は、それぞれの先生がそれを自分の中でどう落としてやっていくか、どういう目的でやっていくかということになる。ので、あんまりぶれないし枠は出ないのかなという。影響もあるけど、ネゴシエーションが多分ありますね。

小笠原 教え方の研究とか、達セミとか、ほかの教科もあれだけいろんな勉強

会とか、教え方何とかかんとかなど…。今なんか、キムタツ（木村達哉）のグループがすごい。木村達哉先生のメーリングリストで、今、私学の先生が結構活発に動いていらっしゃいますけれども、他教科でもあれだけの頻度であああいう研究会がやられているのかなという気はしますよね。
松本 英語の先生は勉強熱心ですか。
中田 どうですか。他の分野のそういうサークルとかはあんまり聞かないかもしれないな。
小笠原 お受験ネット、教育学会、達セミ系とか、すごい数。
青木 突然ばっと話題を変えていいですか。
小笠原 はい。

●出たとこ勝負もあり？

青木 私も、大学でやっている自分の授業をネタにして論文を書いたりすることがあるんですけど、人に読んでもらうものを書こうとすると、整合性があるかどうかを考えるじゃないですか。でも、実際に私が授業でやっていることはめちゃくちゃなんです。出たとこ勝負みたいなところがあって、そんなにきっちり計画してやっているわけじゃないし、論文を書くときに、あたかも計画してあるかのように、「こういう段取りでやりました」とか書いてあるけど、そんなのは全然で、あとから考えてみたらそういうふうにやっていたというだけの話です。まあ、瞬発力で勝負というか。そういうのはありませんか。小笠原先生。
小笠原 いや、僕はちょっとわからない。先生はどうですか。
稲岡 思ったよりうまくいった授業は少ないです。私は、失敗のほうが多いかもしれません。私自身は、人の倍以上は失敗していると思います。思うようにいかなかったとか、時間がちょん切れたとか、ありますね。
松本 稲岡先生は瞬発力は強いほうですか。
稲岡 瞬発というか、こっちが意図しないような答えを生徒が返したときのリアクションとかフィードバックは修行を積んでいると思います。なかなか答えが返ってこない場合とか、この年齢になったから、ある程度の落ち着きも私はキープしていますが、授業の進度とか、教科書の進み具合とか、中三を持ったときとかだと、やっぱりこちらも予定に合わせてしまいがちで、生徒を自分のペースに乗せてしまったこともあったし、答えを出そうと思ってヒントを与えれば与えるほど路頭に迷わせたこともあるし、授業のあとの失敗ノートやメモは何十冊となっていると思います。
松本 その失敗は、どうやって自分でそれを…。
稲岡 失敗を振り返ったあとに自分に対するアドバイスが浮かんできて、次の

ときはクリアさせます。このヒントをすればあの子はぽっと書いたのに、それをそのときの思い付きでばっと、言葉は多くなるんですよね。で、その言葉が多すぎて、今度は生徒がまたもっと…。
松本 混乱する。
稲岡 はい。どんどん沼に入っていくので、「それには的確な生徒理解があるだろうし、こっちが返し方をもっとこうしよう」というアイデアを自分で考えます。だから、「あの子にはこういう話を出せばよかったのに」というつぶやきメモは多いです。
松本 学生さんがその沼に入りそうなときに、うまくそれを救い出すのには何かあるんですか。

●全部教えるより、生徒同士で学び合う

稲岡 最初の 10 年、15 年は、教師なんだから自分で全部しようと思っていたんですね。で、今度はクラスの子に、「どう思う？ あんな風な意見を言うけどどう思う？」ってしたらスムーズに動く。すべて自分が牛耳ろうと思った私がばかだったというか、生徒同士でもっともっと学び合いをし、生徒同士のほうが私よりももっと知り合っているんですよね。

特に公立中学校だったので、生徒同士は小学校からの付き合いです。この子はこんないい所があるという風に、それは生徒から学んできたような気がしますね。もっともっと生徒同士が発表し合ったり言葉がけができるという授業は、ペアとかグループワークと同時にダイナミックなかたちでも要るんじゃないかなと思い始めてから、救われた部分が非常に多かったです。

松本 稲岡先生でも、最初は結構どぎまぎしていた部分も。

稲岡 そうですね。今から振り返ったら、本当に最初の 10 年、15 年は恥ずかしくなるような授業だったですね。自分は、知ったかぶりして教師の顔をしていたなという。そんなのが教師だったら、学習者は嫌だと思います。

英語の知識で全部授業をやろうとしていたような気がするんですね。でも、英語で言う前に、この子は何を知っているかとか、この子は何をしてきたかとか、野球をしたことがあるかとか。

したことのある子らには、「ハウツー」は簡単ですよね。私は野球を知らないから、「プリーズ・テル・ミー・ハウ・ツー・プレー、アン ハウ・ツー・ヒット・ア・ホームラン」と言ったら、ぽんと来ますよね。「『ハウツー』はそういうことであって、『ツー』の後ろが、知っている話題だ」と言ったら、子どもたちはいろいろ考えますよね。具体的に言ったら、こういう授業を考えないといけないと思います。で、それをテストするという。

あまりにも生徒を主にしていない授業だったし、テストだったんじゃないか

英語教育と学習者オートノミーの今後

なと思って、ちょっと恥ずかしいですね。これは失敗から学んだことです。
青木 そういう頑張っていた先生がふっと力を抜いて生徒たちに任せられるようになった、その転換というのは何かきっかけがあったんですか。
稲岡 英語の授業外での生徒との接触です。担任であったりとか、ピクニックに行ってしゃべってみたりとか。そうすると、英語の授業のときの顔しか知らないのが全然違う表情でしゃべってくれたり、こんなことに興味があるんだとか。

ちょっと横道になりますけど、一番ショックだったのは、「この子、本当に英語が難しいんだな。わからないんだな」と思っていたけど、ピクニックに行ったときに、「先生、僕、12歳までは『姫路の星』と言われて、英才教育で英語もペラペラしゃべっていたんだ。それが中学受験をして失敗して、僕があれだけやったってすべって、僕の人生は終わったから、今、休憩しているんだ」「いや、もう休憩も十分したよ」とか、そういう話をしていたら、その子が変わってきたんです。1回とろけたというか、「ああ、授業外でもっといろいろできるかな」と。

英語の授業だけど、英語で一生懸命する生徒づくりっていうのは、英語外でも一緒にやっていくことがあるんじゃないかなと思い始めて、それがきっかけですね。担任してとてつもない生徒に出会ってですね。どこから迫っていったらいいかわからなくて、その子の対処の仕方がわからずに、急に体重がぼんと落ちたことがあるんです。
松本 体重が落ちた。
稲岡 私が悩んで。私以上に生きるのにすごい苦労をしていた子で、「私は、この子には教師面していられないな」と思って。その子はすごく苦労していた子なので。そのときは、もう仲間の力ですね。この子にとって英語は何なんだろうかともやもやしていたら、「今の生活から抜けきるために、僕、勉強する」とその子が言ったんです。私より部活の先生の指導がとても活きたんです。自分の先輩から学んだということですけど、私にはいい経験でした。いろんなことを思って自分に生かせるのかなと。
松本 その子は、英語だけじゃなくてほかの教科も自分で頑張ろうと思ったというか。
稲岡 学校自体がなかなか難しくて、ご両親がいらっしゃらなくて。でも、サッカーもだんだん力が入ってきて、自分の生きる楽しみとか、やれそうなものを見つけた。

やっぱり、中学生は高校進学ができるかなと思ったら力を上げてくるので、その子は、サッカーがきっかけになってすべてがエネルギッシュになりました。英語じゃなかったのは残念だったですけど、英語で行く子も世の中にいるかなと思って。別に何でもいいと思うんです。そういうことをしている子だと

273

知って英語の授業に臨むだけでも違うかなと。
　私は、授業中にいろんな話題を作ります。教科書で難しい環境問題とかを立体的に考えさせたり、本当に身近な問題で、スポーツとか、音楽とか、趣味とか、動物のこととか。だから、話題をできるだけ使って授業を効果的に組み立ててやろうとは思うんですけど、なかなか難しいです。

松本　オートノミーというのは、別に英語学習に限る必要もないだろうし、場合によっては英語は置いておいて、ほかのところでオートノミーを発揮する人もいるかもしれないです。

中田　そうですね。学習者オートノミーは、一応、われわれの分野でということになっているけれども、他教科も含めての意味合いがあるんだと思う。そこは、ユニークなところだろうと思う。

稲岡　やっぱり、英語は、話題を使って英語を使うような授業だからいいんじゃないんでしょうか。英語というものだけを扱うんじゃなくて、ニュースとか、人のメッセージとか、本とか、いろんなことが話題になるので、それができる教科なのでいいんじゃないかな、幸せじゃないかなと思います。

●英語の授業にはチャンスがある

青木　語学はそこが多分…。ほかはコンテントだから。

稲岡　そうですね。

青木　語学というのは単に運ぶものであって、運ばれるものが別にね。

稲岡　そうですね。数学とかに人生観はないでしょうしね。

茶本　それに英語は、授業の最初に自分のことをスピーチしたりしますよね。日本語だと、いまさら自分のことをいろんな人の前でしゃべることはあまりないですけれども、英語の授業の中でそういうチャンスがあることによって、もう一度自分の人生を振り返るところがすごくいいチャンスだなと思うんです。

稲岡　答えが正しい・間違いじゃなくて、誰かが自己紹介をしたら、「ああ、上手だな」とかってまねしてできますよね。学び合えるというか、答えがいろいろ出てくるような質問もできるし、そういうことで、きっと知識だけじゃないんだろうなと思いますね。

村上　そうですね。ほかのものの見方を教えてもらえるような。

稲岡　そうですね。

中田　その辺りがセルフ・エデュケーションの話とちょっと違うなと、今、お聞きして思うんですけど、なぜ、オートノミーのところに「サポート」とか「育てる」という言葉をあえて使うのか。こっちが強引に伸ばす話でもないというのはその辺りにあるので、人材というか、人を育てるという側面がどうしてもあって、それはセルフ・エデュケーションの一部ではあるけれども、もっと包

括するような、学習者を育てるという概念かなと思うんですね。
松本 教育とか、学びそのものでもあるというところなのかもしれないですね。
稲岡 あと、英語は相手を意識できるので、テスト用紙を意識して日々送るんじゃなくて、相手と話して相手から情報をもらうとか、それをやり取りするとか、書くと読み手に伝えられるとか、常に「誰かに」という、向きが外に向いているのもいいのではないかと思います。
　そうすると、読んだ人が聞いて、そこからまた「私の意見を読んでどうだった？」という感想がいただけるし、意見も出るし、話し合いが持てる。人とやっていくというのは、また次の課題を見つけるチャンスにもなるので、教科としてはオートノミーという定義を付けやすいんじゃないでしょうか。
茶本 葺合高校では、インターネットの掲示板に英語で意見を書き込んで、海外の高校生と意見交換をする形のライティングディベートというのをやっています。海外のいくつかの高校、英語を母国語としない学校もあるんですけれども、テーマをいくつか出し合って、例えば尊厳死の是非とか原子力エネルギーの問題だったりするんですが、投票し合って点の高いものを全体の意見交換のテーマに選びます。
　「トピックについて、いついつまでに自分たちの意見を書いてください。」ということになり、生徒たちは時間をかけて考えながら書いていきます。他の国の高校生の意見を読んで、もしかしたらこれはこの国の特別な考えかもしれないと考えることもあります。尊厳死に対しても、母親が子供の世話で家にいることについても、「そちらの国では宗教の影響でこのような考え方なのですか」と質問を返すこともあります。
　これは生徒にとってすごく新鮮な体験です。自分の意見を正しく伝えることができるのか、ものすごくドキドキしながら書き、また返事を待って互いの意見を深めていけるところなどは、オートノミーを大切にして後押ししてくれる実践だと思うんです。
松本 伝わるんだろうかと自分に対して思ってみたり、伝わったら相手がどういうふうに受け止めるかという、相手がいるということがそういう何か…。
茶本 そうですね。意見のやり取りをしながら、そこから何を学んだのかという振り返りもあわせて、最後にレポートを書いたりしています。
中田 すごいですね。入試というものは確かにあるんですけど、先生方によって、あるいは生徒の入試をどう捉えるかというのが違っているというか、通過点として捉えることを生徒ができているケースもあるのかなと思って。だから、すべてそこが最終的なゴールだというふうな教え方をする人もいるかもしれないですけど、そうじゃなくて通過点だと。将来の目標のためにとか、そのために入試が必要なんだという。

目標というのは、職業を得るときなのか、もっと先なのか、あるいは50歳ぐらいになってからの話なのかもしれないですけど、私はその辺に興味がある。
青木　やっぱり、大学に入ること自体が目的になったらだめで、大学に入ってどんな勉強をして、将来どんな人になりたいのかというビジョンがなければだめですよね。
小笠原　そうなんです。そういう意味で、自分の生徒にそういう視点を育てていないのかなと思います。
青木　若い人たちだから大変だと思うんですよ。成熟していく速度が速い人も遅い人もいるし。私が日常的に見ている人たちは、そうやって高校を卒業して大学に入ってきた人たちでしょう。やっぱりいろいろですよ。
　今、ぱっと思い付いたのは、他学部の学生さんなんですけど、中国語が大好きなんです。それで、私たちがやっている「タンデム学習プロジェクト」というもので、中国語のパートナーを紹介したら、それがとっても気に入って、それで自信をつけて、今、北京に1年間語学留学しているんです。
　その彼は、将来は中国語を使うような仕事をしたいともう決めているわけ。具体的にどんな職種とかはまだ決めてないみたいですけど。そういう人もいる一方で、大学に入ったけど、それが目的だったから人生の目標がなくなってしまって、どうしたらいいかわからなくなるような人もいるし、大学生も本当にいろいろです。
松本　たまたま大学1年生で取った授業が面白くて、そっちへ行くという人もいますしね。
中田　ありますね。
松本　たまたまだったりして。
小笠原　高校でも、大学に行ってから夏休みとかに帰ってくるでしょう。大学が面白くないとか。そういう生徒は、多分、オートノミーが育ってないんでしょうね。そういうのがありますよね。
中田　高校だけの問題でなくて大学の問題だったりして。
稲岡　ありますね。
小笠原　いますか。夏休みぐらいに中学校に帰ってきて、高校の授業がわかんないとか。
稲岡　いますね。難しいとか言うことはありますね。
中田　そういうのは、本当に大学の問題も多いです。
青木　そうですね。大学生といっても、サークルに居場所を見いだす人もいるし、アルバイトに居場所を見いだす人もいるし、少数ですけどゼミに居場所を見いだす人もいるし、いろいろです。どこにも居場所が見つけられないと、多分そういうふうに高校に戻る。

小笠原　それはあるね。
中田　そこがオートノミーの大事なところなのではないでしょうか。誰の責任という話ではもちろんなくて、結局、一歩下がって自分の目標があって、この先生の授業がうまいにしてもそうでないにしても、それをそれなりに自分で捉えて、そこで学べないんだったら、それが出来る場所を探そうとする、そんな力を育てる。もちろん、それは小・中・高だけの責任でない、大学も含めてなんだけれども、そこを少しずつ育てていくというのが多分我々の責任なのだと思います。

●オートノミーはめちゃくちゃ広い考え

小笠原　そういう意味では、オートノミーはめちゃくちゃ広いですよね。
中田　広いです。
小笠原　今回この本で扱うのは、そこまで広くないんでしょう。
中田　しかし、その連続線上の一部だというふうに私は思う。
小笠原　それは、夏目漱石の「向上心のない者はばかだ」と全く一緒だと思うんです。人間が持っている、まさにそれと同じふうな、要するに、何か自分を高めたいというのは、広く考えたらそうなるんじゃないかと思います。
松本　向上心が全くない人がいたら夏目漱石先生、どうするんだろう。
青木　多分、子どもは、ちゃんと環境を調えてあげたら、誰でも今よりよくなりたいと思うと思うんです。だから、向上心がないといって、一方的に子どもを責めるのはよくないと思う。
中田　それはそうです。向上心はもともと誰もが持っているものではないでしょうか。
小笠原　先生が言っていた子どもさんの、「周りの環境で、その子がマイナス方向を持っていたけども」ということですよね。
稲岡　義務教育ぐらいのときの、「楽しかった」、「うれしかった」、「助けられてうれしかった」、「助ける自分であったこともあった」というような思いが、大人になってもずっとその子の中で生きていくんだろうと思いますね。
　中学生でも、人とうまくやりたいんだけどやれないという子がいるんです。英語教師だけじゃないですけど、やっぱり、みんなの前で発表するというのを経験させて、卒業のときには人の顔を見て言えるようにしておかなくちゃとか、高校生になったら照れたりするだろうから、みんなが同じような感じの時に、みんなにそういうチャンスを与えて、みんなに1回はチャレンジをさせておかなくちゃというものがあるんです。
　だから、中学校に入ってすぐ6月に、全員で学級弁論大会をするんです。前に立って恥ずかしくて10分以上、担任は「頑張れ」とか言うんですけど、

2時間で終わらせるという学級行事。でも、そうしてやっていって、授業でも1人で1回は発表していって、英語で言えたというと今度は国語で当ててみようとか、寡黙だった子が卒業時にはそういうのがだんだんとなくなっていく。早いうちに経験するチャンスをもらってやってみて、やれたという経験が必要なんだろうと思いますね。

　それから、先生は、「日本語で今さら自己紹介」とおっしゃったけど、まさにそれで、英語なら自己紹介ができる。内容的にはそんなに大したことでないことでも、人前で言うということがそれで体験できるので、英語という教科はなかなか重大な意義を持っている教科ではないかと私は思います。

松本　小笠原先生。愚痴をこぼすべき時にこぼせるというのは、力じゃないかと思います。「大学、つまんないね」と。それは、ある意味で、人にちゃんと助けを求めたり、人に頼れるということかもしれないですよね。英語はすばらしい教科でございます。

中田　そうですね。どちらにもなるということでしょうけど。

青木　あと、話していないこととか。

中田　先生方がお互いに質問ないですか。「どうやってうまくいったんですか」とか。聞きたいことはないですか。そうですね。

●自分の英語を使って相手に伝えてほしい

小笠原　稲岡先生は、生徒に自己表現をさせますよね。例えば、高校段階なんかでいうと、自己表現とかは、今、僕もやっぱり教科書から離れられていない段階で、「教科書で学んだことを要約してみましょう」とか、「それについて何を思いますか」というところで、「じゃあ、今日の授業でやったことを要約してみましょう」と言うと、ほとんど教科書を丸暗記なんです。「何でもいいから、間違っていてもいいから、自分の英語を使って相手に伝えてください」という作業を最終的にやらせたいんです。

　でも、それをさせるには、やっぱりサマリーや感想を一度書いて、ペアワークをさせて自信を持たせるというかたちなんです。そうすると、常にその時間を確保すると、ほかの先生よりもやっぱり遅れるんです。例えば、先生の中学校の授業で、もう20分取ったら30人じゃなくて38人の生徒が全部できるようになるとか、そんなときがあると思うんですけど、その辺はどういうふうに処理をされていますか。

稲岡　ここは、全員発表をはずせない、という時は、こだわりますが、一定時間内に全員が発表できるようになる指導のステップを再考します。授業は、新出で扱うものとか、文法事項もあるし、話題に関することもありますよね。そのときに、もっと単純なことで考える癖をつけさせておくと、サマライズとか

だったらできるようになっていくと思うんですね。
　例えば、授業の最初だったら歌うとかチャンツをすると、新しい単語があって難しいとか、難しいトピックスの音読も普段の声出しのところで音の連結とかをトレーニングしているので、一度やったことは早くなっていくんです。そうすると、効果的にどんどん新しい語を入れ、練習が進んでいって、ほかのところで帯学習的とかウオームアップ的にしていないのと比べたら、半分近い時間で効果が上がっているんですね。
　ライティングに重きを置くようなときは、昨日は何をしたかをインタビューし合って、それをメモに取る。自分で書いたので、「あとでメモを交換して、合っているかどうかを本人に言ってください」と言うと、簡単なトピックスでもライティングができるんですね。
　先週やったのは、羽生結弦くんが金曜日に101点を取ったとき、「ジャパンタイムズ（The Japan Times）」は写真もすごく出ていたということで、中二なのでまだ現在完了は知らないから、「ディッ・ユー・ウオッチ・ディス・ニュース？　テル・ユア・フレンド・アバウト・ディス・ピクチャー」と言って質問する。
　あと、新しい内容を読ませてサマライズするまとめ方というのは、ほかの身近なもので5W1Hをぽんぽんと押さえるというやり方をしているので、もっと新しい話題について考えることに時間がフォーカスできる。
　例えばスピーチを全員させるときに、前でするのも初めて、表情豊かに、聞く人とアイコンタクトを持ちながらするのも初めてとなると、いろんなことが初めてということで、こちらもぼやけた指導になるんです。でも、普段のところで、「本を読んでいいから前に出てやってごらん」と言うと、教室の前からみんなを見る景色に慣れてきて、スピーチのときはその景色には慣れているので、生徒は内容について集中すればいい。
　キャンドゥー（Can-Do）リストじゃないですけど、そのとき教師が見なければならないところを焦点化して指導すると、生徒も的確に動きやすいし、教師も漠然とした指導じゃなくて…。

小笠原　手順をもうちょっと踏むべきということですね。

稲岡　そうですね。だから、1つの授業なんだけれども、長いスパンで教育をして、これができたから今度は、予定していたサマライズ練習ができるという感じでいけば指導が適確に重なって、生徒も中身で勝負してくるとかできやすいんじゃないかと思います。

小笠原　すいません、ありがとうございます。

稲岡　いいえ、とんでもない。私の長い失敗の末に生まれたもので。

中田　今回の原稿もそうですし、ライティングとかでも、先生の授業は自己表現の活動が多いですよね。そのときに、今までの話と多分関係があるんだろう

と思うんですけど、「オートノミー」という言葉を使うべきかどうかわからないけれども、英語で授業をするときの場面場面も含めて、生徒のオートノミーを伸ばすというものが背景にあっていろんな活動をされているように思います。

イメージとしては湧くんですけど、先生から直接その辺りをもうちょっとお聞かせ頂けたらと思います。生徒が主体的に考えて生徒から発信するように、どういうふうに持っていかれるのか。

稲岡 生徒にとって50分は結構長いんですよね。普通に考えたら疲れる時間ですけれども、それを授業でやっていくわけですから、最初の5分では声を出す、ここでは意見を言う、ここではこうというふうに、短いチャンクというかスパンで、自分で考えるところ、隣の人と相談するところ、グループでそれを広げるところ、前に出てやるところというふうにしてみる。

そうすると、子どもたちにとっては、するべきことが明確なので、集中し、全力が出しやすくなります。また自分は英語ができなかったらそれで終わりじゃなくて、「わかんないけど、あなたはわかった？」と言うと、「私はこうだと思うんだ」と、そのヒントでまた自分で考えられるところが見つけられるわけです。

普段、私も、「職員会議で意見を言いなさい」というふうに頼まれたけど案が出ないときに、「案が出ないんだけど」と雑談していると、相手のしゃべっていることから意見を思いつくことがよくあるんですよね。

だから、人とやったりみんなの前でというと、自分の停滞していた力がパワーアップして引き出されると思うので、オートノミーというのは、段階を経て深まったり高まったりすることがある、非常に面白いものではないかなと思います。

●生きている人間同士が作っている授業

稲岡 私もそうですが、個人的に今日は疲れたとか、オートノミーを持っているはずの人まで午後になるとぐっと停滞したり、バイオリズムというか、そこでまた力を蓄えて上昇状態になったりしますよね。やっぱり授業を通して、生きている人間同士が作っている授業ですから、授業は生き物だと思うので、そういうのもちょっと時間をおいたり、距離をおいて生徒を見たりして指導を継続していくことが必要だと思います。

「案が出ないときは、人の意見を聞いて考えてごらんね」ということで、全体には「じゃあ、考えましょう」と言って、もう書き始めた子に、「いいのができているから、みんなの前で発表できる？」「はい」と言うので、「1人できているから聞くよ」と言ってするとか、そういうかたちでいろんな子が講師役

で出てくるようになれば、みんなそれを参考にしていくという。中学校の授業では、特にそれができると思います。

中田 いろんな仕掛けがやっぱりある。理論でもよく言われているんですけど、オートノミーはインディペンデンスだけではなくて、インターディペンデンスの部分があり、ソーシャルなものでもある。

オートノミーを語る時、よく学習者だけの話に思われることが多いですけど、生徒と生徒の距離とか対応というのも考えると、結局、基本的に生きているものでもあるので、やっぱり教師と学習者で、学習者だけの話に思うんだけども、そこはやっぱり切り離せるようなものでもないですね。ありがとうございます。

青木 村上先生と茶本先生にお伺いしていいですか。先生方がなさっている実践は、生徒たちにグローバルな視点を育てようということをすごく強く意識していらっしゃると思うんです。私も、大学生に接していてそういう視点を持ってほしいと思うんですけど、どうもうまくいかなくて、「あんたたち、何を言っているの」とか言って、そこは上から目線になっちゃうんですね。どういうふうになさっているんですか。

大学二年生ぐらいだと、まだ海外に行ったこともない。留学生はキャンパスにいっぱいいますけど、本当に日本人学生との接点がないんですね。だから、外国人の知り合いもいない。そういうふうにして育ってきた人たちで、経験がないから、想像力があんまり働かないんですね。で、私はそれにかちんと来て、むっとしたりするんです。

そういうときに、彼らの学習者オートノミーを尊重して、うまく対応していくにはどうしたらいいんですか。

村上 視点というか、お答えになるかわからないですけども、高校に入ってすぐに卒業生に来てもらって、スピーチ大会に出たとか、イベントをやった話とか、「自分たちはこういった高校生活を過ごした」という話をしてもらうんです。

海外に行っている生徒も時々いるので、「10分でいいから話に来て」とか。あとはJICAの人に来ていただいたりなど、ちょっとずつそういった機会を設けまして、学校内だけでなくて、極力、外からの人の話を聞いてもらっています。

でも、中には偏った考えの生徒もいて、書くことがものすごく偏った意見とか、使ってはいけない言葉をたくさん書いたりする子がいるんですけども、「これは使っちゃいけないでしょう」とか頭ごなしに言わずに、やはりゆっくり話をする。高校生なのでそれはわかっているんですけど、出てきてしまうみたいなことがあるので、時間をかけてその関係を作っていくみたいな感じです。

でも、一年生でそうであっても、周りの子の影響とかで、二年生にはだんだ

ん変わっていくことがあるので、生徒は変化するというのを心に留めて見守っていくみたいな。極力いろいろな人の話を聞いたり、いろいろ経験ができるように設定をしていくみたいな感じです。

青木 そうやって外堀を埋めて、本人が変わるのを待つみたいな感じ。

村上 そうですね。生徒の精神面も異なるので、ちょっと余裕のある子に…、私が言うよりも絶対に周りの子のほうがアプローチが効くので、その子にお願いしたりとか。

　でも、逆に、その子が誰かにアドバイスをしていたりするときもあるので、そういうのを聞いたら、「すごいね。アドバイスしたらしいね」みたいな言い方をすると、ノーマル路線に徐々に徐々に近付いていくみたいな。やはり学校の環境力、それは、うちの学校は恵まれていると思います。

茶本 まさにそうだと思います。高校では、入学から卒業まで3年間、毎日生徒たちを見ています。生徒は日々体験を積んで、変化し、成長していきます。学校内の活動に加えて、外からの働きかけが、生徒の心に響くこともたくさんあります。卒業生が、母校に戻ってきて後輩に話をしてくれたり、コンテストの手伝いをしてくれます。また、神戸という土地柄もあって、本校の1年生対象のインターナショナルディやイングリッシュ・サマー・キャンプ（オールイングリッシュの合宿）には、30名ほどのALT（外国人指導助手）の先生や、神戸大学の大学院の留学生さんを招きます。直接外国の方と話を続けることができたとか、一緒にスキットを作ったなどの体験は、英語学習や国際理解の面でも生徒の意欲を高めています。海外の方に来ていただく前には、各国について調べ学習をしたり、日本の文化を伝えられるように発表の練習をします。計画し、準備することで当日を心待ちにし、積極的に参加することができるようになります。

　また、新聞記事の中で、高校生が関心を持ちやすい国際問題を取り上げたものをクラス掲示したり、プリントにして配布していたこともありました。そのうち生徒たちが、月1回、2回と自主的に作ったり、毎日教室の後ろの黒板に国際ニュースを書いていたこともありました。

　講演会やワークショップ、コンテストや発表会、短期海外研修や国内外のボランティア活動などは、こちらがいいと思ったものは「こういうワークショップがあるのよ」「こういう活動もあるよ」と紹介し、体験した生徒には「すごくいい経験だから、是非みんなの前で発表して」と頼んでいます。

　私たちは、何かひとつの経験が全員を大きく変えるとは考えていなくて、どれかの体験が、何かで誰かの心に響いてくれることがあったらいいなあと思って、いろいろな種を蒔いて、声をかけています。

青木 3年という長いスパンで生徒たちを見ていこうということなんですね。でも、教師としての自分とは別に、個人としての感情というか、「こんなこと

を言われてたまんないわ」みたいなのってありませんか。私は、すぐにかっとするんですよ。

村上 やっぱり、今はこうだけど変わるかもしれないという、その一線かもしれないです。周りの生徒は、自分のクラスの子のことを悪く言わないんです。「周りがすごく理解しているのに、大人である私が理解しないとちょっとな」みたいな感じがありますね。

茶本 そうですね、人は変わるという思いがすごくあるので。

青木 忍耐ですね。

茶本 はい。でも反対に教えられることもとても多くて、私はいい仕事をさせてもらっているなあと思っています。日々学ぶことがたくさんありますし、若い次の世代と接することができるのはものすごく幸せだなと。だから、今年もうすぐ卒業していく三年生に、「次の時代の世界平和を君たちに託す」とメッセージを書いたんです。

「世界平和」と言っても戦争をなくすこととか、紛争の中の医療現場に入って誰かの命を助けるとか、そんな大きなことじゃなくてもいいんです。「世界平和」を目指してちょっとした活動に取り組んだり、アイディアを提案できることでもいいと思います。「自分たちが良かったらいい」と思うのではなくて、共生できる世界を目指して、次の世代の平和のために何かできる生徒が育ってくれたらという思いが私たちみんなにあると思います。そしてそれに必ず応えてくれる子たちがいて、そのことがまたすごく力になっているんです。

小笠原 そういう生徒さんと授業以外のところでのかかわりとかがあるんですか。

青木 私は、大学での所属は日本語学という講座なんです。日本語学の学生たちとは結構いろんなところで接点があるんですけど、特に二年生の授業だと、ほかの専攻の学生たちも来ますので、1週間に1回1コマ90分しか会わないみたいな人もいるので、そこら辺が…。でも、それは言い訳にならない。

小笠原 でも、多分、中学校や、高校では、生徒と教師が接している時間が長いので、例えば、授業中に寝ている生徒がいるでしょう。「ミキくん、頼むから起きてーな、もう」って…声をかけることができます。で、例えば部活でその子と話をしたりすると、また全然違う顔を持っている。そういうふうに例えば放課後の時間に話をするとか、授業以外のところで何か接点ができると、さっきみたいに、「起きてーな、ちょっと」という感じで怒らずに声がかけられる。それは、大学ではきっと難しいでしょうね。

中田 多分、難しい。

小笠原 週に1回しかないというような。

中田 ええ。クラブ活動のこともあるし、それで、外のことと切り離せない。学校の中で教えているという、教室がその一部というふうになっているので。

小笠原 一部という、教室だけの関係の場合だってあるわけですよね。
中田 大学？
小笠原 大学はね。
中田 大学は十分。
小笠原 それが全く違うと思いますね。難しいんでしょうね。
松本 青木先生は、どっちかっていうと短気なほうですか。
青木 はい。
村上 大学は、そもそも学びに来ているわけですから、生徒にはしっかりしてほしいというのがあります。
中田 その辺りは、小・中・高・大と連携してというか、それぞれに責任があるというところにかかわってくるのかなという。小・中・高・大、校種のこともありますけど、オートノミーを高めるような、どういう教室・環境作りが出るのかなという。
青木 だんだんオートノミーの話でなくなってきていますけど、日本人の学生と留学生は接点がないというのは、別に両方とも友達になりたくないと思っているわけじゃないんです。ところが、日本人学生のほうは、友達になりたいんだけど自分から声をかけられない。今の高校生ぐらいはちょっと違うのかもしれませんけど、とにかく、同じサークルとか、同じゼミとか、同じ高校とか、何かそういう外枠がないと、あの人たちはお友達が作れないんですね。

留学生のほうは、友達になりたいと思っているんだけど、「あの人たちは背中を向けている」と。ボディーランゲージは本当にすごく大切だけど、日本人の学生でそれを知っている人がすごく少ないんです。で、留学生たちは、「背中を向けられているから、私たちには興味がないんだな」と思って諦めるんです。だから、ソーシャルネットワークができないんです。

そういうのを見ていて、何とかならないものかなと思っていろいろ言うんです。「3人目の人が来たら、こういうふうに体の向きを変えれば話に入れるでしょう」とか、そんなことまで言うんです。
小笠原 難しいな。それは、セッティングをしてやらないとだめじゃないかと思います。それこそインターナショナルデーみたいな、インターナショナル…。
茶本 ランチとか。
小笠原 そうそう、ランチとか作って、日本人2人に対して外国人留学生1人みたいな感じで。

今年、中国に生徒を引率したんです。それは、イオングループの主催で生徒を連れていったんですけども、やっぱりそういうかたちでした。一番最初に東京の秋葉原で、「何をするんですか」とその場で僕は聞いたんですけども、日本の生徒2人に中国の生徒2人をマッチングして、1時間か2時間、秋葉原を散策というかたちでお膳立てをしてやるんです。そうすると、しゃべらざるを

得ない。要するに、そういう状況を作ってやるわけだなと思いました。
　今、ちらっと言って思い出したけど、例えば高校に合格したら、誰かがブログで、「私、ここの高校に入学しました」というのを言うと、そのブログに集まってきて、入学式の前にネット上で友達ができていて、入学したときに友達を作ろうにもそこにもうできあがっているというのは聞いたことがあります。そんなことができるのかなと。LINE（ライン）ではないと思うんですけど、そういううわさを聞きました。
青木　それは、一度ちらっと見たことがあります。
小笠原　だから、大学なんかでも、どこそこ大学に受かったら、そこで入学式の前に友達を作るんです。全部じゃないと思いますけど、「そんなところまで来ているんだな。いまどきの話かな」と思いました。すいません、ちょっと話題がそれました。
中田　いやいや。オートノミーを話すときに共通しているのは、どこかに安心できる環境というか、それを作ってあげないと。先生のDVD見せていただいたんですけど、ALTの人が…、あれは英語じゃなかったですよね。
稲岡　フランス語です。

●仕掛けを作る

中田　自分の知っているALTの人がフランス語でコミュニケーションを取っている。でも、自分もできるというような、多分、1つの仕掛けだと思うんですけど、そういうものもある程度仕掛けていかないと、そこから主体的になっていくというのは自分の力だけではやっぱりできないので、そこは仕掛けでもあるのかもしれないです。
小笠原　中嶋（洋一）先生が、「仕掛け、仕掛け」とよくおっしゃいますね。
中田　「仕掛け」という言葉がいいのかどうかというのはちょっと思いますけど。
小笠原　やっぱり、その授業の目的、こういうところに連れていって、このレベルに持っていっているときに、先ほどの、スピーチをさせたいんだったら本読みの段階から前で1人で読ませるというのは、1つの仕掛けだと思います。そういう意味での仕掛けというのをいろんなところに作っておけば、生徒はゴールに向かっていきやすいでしょうね。
中田　そのときに、手を出し過ぎ・引き過ぎというところはもちろんあると思います。ここをいろいろ仕掛けると、どうしても仕掛けを作り過ぎたりということもあると思うので、その辺りを常に本人が主体的にできるところに持っていくのはかなりこちらの力量で、いつも苦労する。
小笠原　田尻（悟郎）先生とか、中嶋先生とか、稲岡先生とか、達人と呼ばれて

いる先生方のああいう仕掛けの作り方が勉強できると思います。
稲岡 でも、スモールステップは大切ですよね。
中田 確かにそうですね。
稲岡 でも、どうでしょうね、この頃の子どもたちはやっぱり段取りをしてあげないと、ぼっと自分から行くという積極性が英語に限らず苦手な子はいますよね。どうなんでしょう。引っ込み思案とか失敗をしたくないという。
村上 現在、スティーブ・ジョブズの教材を使って、「自分が今まで乗り越えたことを書いてみよう」をやっている最中なんですけど、割と皆さん赤裸々に語ってくれるんですよね。すごく鮮明で、そんなに語らなくても、言わなくてもいいことまで書いてくれていまして、「小学校のとき、先生が怖くて職員室に入れなかった」とか、「当てられて答えられなかったことで、前に出てしゃべるのは」とか、そういうことを書いてくれて。びっくりした結果なんです。「これ、みんなの前で言うんだけどいいのかな」とこっちが思うんですけど、本人が書いているからいいんですかね。でも、逆にそういうのがないと自分を出せないというのもある。こちらが設定してあげないと。
稲岡 言いたいことをちょうど教材でもらったので、何を求めているかをここで目の当たりにしてオートノミーが爆発寸前ですね。
中田 教室が安心して、自分のことをカミングアウトできるそういう場所になっているから、できることなのではないでしょうか。こころを許せる場所ということも、オートノミーを育てて行くには大事なことなんですね。

（終了）

索引

C
Can-Do リスト　　iv, 171

E
EFL　　74

F
Flashcardlet　　104

I
ICT　　258
iPad　　103
ITC　　iv

K
Keynote　　105

P
Peer correction　　115
Prezi　　96, 105
Professional development　　44

Q
QuickReader　　104
Quizlet　　103, 104

R
Reflection　　80
Reflection Sheet　　192

S
SELHi　　171, 179, 180, 223, 225, 242
SSH（Super Science High School）　　180

W
WordFlash　　93
WTC　　76

あ
アイデンティティ　　28
足場掛け（Scaffolding）　　27, 42, 174
アプリ　　103
安全なところ　　260

い
居場所　　260, 276
居場所のある学び場　　67
インタビューテスト　　101, 130
インテイク（内在化）　　139, 140, 146

え
英語学習者像　　5
英語学習の経験　　111
英語の歌　　131

お
オートノミー支援の教授行動　　41

オーラル・インタラクション　62
音読　130
音読暗唱テスト　99
音読活動　94

か

階層的目標　43, 160, 161, 162, 166
学習者オートノミーを促進する実践
　　　（Teaching Autonomy）　46
学習者主導　34
学習スキル　151
学習ストラテジー　191
学習の支援者　36
学習方略　42, 152
学習マラソン　155

き

きっかけ　141, 142, 145
気づき（awareness）　48, 49, 137, 139, 140,
　　　141, 142, 145, 146, 147, 177
教育的対話　37, 49
教育哲学　11, 17, 19
教育のいとなみ　v, 9
教員の質的保証　10
教科間連携　215, 218, 264
教師オートノミー　11, 44, 45
教師主導　34
教室内英語　iv, 41, 59
教師の変容　213, 214, 228
協同学習　199

く

クリティカル・シンキング　5
グローバル　74
グローバル社会　75

け

経験的予見　146
形成的評価のための活動（AFL）　244,
　　　245, 246, 251
原因帰属　30

こ

"コア（核心的）" な質問　146, 147
語彙　117
行為主体者　8, 29, 38, 49
行為主体性　11, 35, 48, 49, 50
行動　30, 149
語学プレーヤー　103
語学ポートフォリオ　153
コピーグロス（copygloss）　174, 176
コミュニケーション意欲　74, 75, 82, 84

さ

最近接発達領域　49
斎藤喜博　3, 13, 49
サウンドレコーダー　100
サマリーライティング　96

し

支援要請　34
資格試験　134
自学ノート　127, 128, 129
仕掛け　7, 285
自己調整学習　28
自己決定意志論による対話的関係の枠組み
　　　40
自己検証　140
自己向上　142
自己肯定感　67

自己効力感　　30, 32, 153
自己省察　　30, 32, 166
自己調整学習　　iv, 11, 29, 46, 151, 152, 163
自己調整学習サイクル　　153, 161, 166
自己調整学習における未熟者と熟達者　　32
自己調整学習ループ　　31
自己動機づけ　　161
自己内対話　　37
自己評価　　30, 32, 137
自己表現　　279
自己分析　　137, 143, 145
自己モニタリング　　30, 161, 163
自然発生的　　142
実践性　　17
自発性　　142, 143
社会の構成員　　20
習得目標志向　　32, 153
授業の振り返り　　119
情意的側面　　42
情意的な影響　　147
情意的要因　　139, 140, 147
情意要因　　30
自立性（independence）　　27

す

遂行コントロール　　30, 32, 166
遂行目標志向　　32, 166
ストラテジー　　192, 212

せ

生徒とつながりを持つ教師　　67
生徒の変容　　213
生徒を統制する教授行動　　41
制約　　25

積極的オートノミー　　24
セルフ・ハンディキャップ方略　　32
潜在的目標　　43
全人教育　　7

そ

相互依存性（interdependence）　　28, 36
創造力　　17

た

第二言語習得プロセス　　139, 140, 145
タスク　　93
達成感　　7
多読　　132, 133
他律指導　　137, 140
短期シラバス　　251
短期的・特定的目標　　243
探究心　　146, 147

ち

地球市民　　185
知識伝達者　　36
知的好奇心　　146, 147
知能　　10
チャンツ　　60
中・高一貫シラバス　　241

て

ディクトグロス（dictogloss）　　174, 176, 177
ディベート　　iv, 8, 71, 73, 81
ディベート学習　　78, 83, 84, 85
適切な支援　　33
デューイ　　iii, 18, 28, 35, 49, 86

と

動機づけ　29, 42, 149, 249
問う力　183, 197, 199
同僚性　48, 49
独創性　9

な

内的対話　36, 37
内発的価値　151, 152, 153
内発的興味　32
内発的動機づけ　151, 153

に

ニーズ分析　48
認知的足場掛け　42
認知要因　30

は

発問の工夫　68
パワーポイント　94
反応的オートノミー　24

ひ

ビデオ素材　93
「一人じゃない」という所属感　67
批判的思考(Critical thinking)　73, 75, 76, 82
評価　96, 99, 100
評価項目　197
評定のための活動(AOL)　244, 245, 246, 247, 251

ふ

フィードバック　117
振り返り活動　188
プレゼンコンテスト　102
プレゼンテーションアプリ　105
プロジェクト学習　iv, 193, 194, 224, 256
プロフェッショナル・オートノミー　46, 48, 49
文法　117

へ

ペア・グループ活動　189

ほ

方略の計画　30
ポートフォリオ　iv, 109, 111, 115, 116

ま

間違い訂正　118
"魔法"のやり直しノート作り　142, 143, 145, 147

み

民主主義的な教育環境　18, 19, 28

め

メタ認知　29, 71, 149, 153, 164

も

目標設定　30, 188
モニター　29

モニタリング　156, 160, 164

よ

予見　30, 32, 166
予習プリント　92, 100

り

リアクション・ペーパー　48
リードアンドルックアップ　95
リテリング　91, 95
理念　3, 5, 7, 17
リフレクション　109, 111, 119, 120

ろ

論理的に思考する　183, 188, 196, 197, 200

執筆者紹介
(掲載順)

中田賀之(なかた よしゆき)
兵庫教育大学学校教育研究科　准教授
「第7章　学校文脈における英語教師の同僚性とオートノミー」『学習者オートノミー』(ひつじ書房、2011)
Teachers' readiness for promoting learner autonomy: A study of Japanese EFL high school teachers. *Teaching and Teacher Education*, 27(5) (Elsevier, 2011)

稲岡章代(いなおか ふみよ)
賢明女子学院中学校・高等学校　教諭
「第1節　体験学習に対する決意と経験を語る(第5章　コミュニケーション能力を育成する統合的授業)」『英語授業改善への提言』(教育出版、2012)
「第4章　指導法・指導技術」『中学英語 指導法事典 現場の悩み152に答える』(教育出版、2015)

棟安都代子(むねやす とよこ)
兵庫県立加古川東高等学校　教諭
Critical Thinking and Willingness to Communicate: A Study of Japanese EFL High School Students through Debate Activities (修士論文、兵庫教育大学、2009)

小笠原良浩(おがさはら よしひろ)
兵庫県立姫路西高等学校　教諭
The Effectiveness of Sound Change Instruction on High School Students' Listening Comprehension and Vocal Reading Proficiency (修士論文、兵庫教育大学、2007)

徳永里恵子(とくなが りえこ)
兵庫県立姫路西高等学校　教諭
Reflection in Foreign Language Learning: A Study of EFL High School Students through a Portfolio Project. *Researching Language Teaching and Learning* (Peter Lang, 2009)

吉田勝雄(よしだ かつお)
鳥取県境港市立外江小学校　教諭
Effects of Self-expression Activities on the Learning of the Present Perfect: A Cognitive and Affective Perspective (修士論文、兵庫教育大学、2007)
「英語教育遺産　鳥取プロジェクト」『生徒のやる気を引き出す音読指導法＆読み物教材の魅力を引き出す指導法』(ジャパンライム、2012)

大目木俊憲(おおめぎ としのり)
　兵庫県立川西緑台高等学校　教諭
「新しい教科書はこう使える」『英語教育』51(14)(大修館書店、2003)
「ウェブで参観できる授業大公開」『VIEW』1(ベネッセ教育総合研究所、2014)

津田敦子(つだ あつこ)
神戸大学附属中等教育学校　教諭
Exploring self-regulation in language learning: a study of Japanese high school EFL students, Nakata, Y. と共著　Innovation in Language Learning and Teaching: 7(1) (Taylor & Francis Group, 2013)

永末温子(ながすえ はるこ)
福岡県立福岡高等学校　教諭
「「評価できる授業」を目指すために」『英語教育』61(8)(大修館書店、2012)
「Can-Do 評価と CLIL 的授業の結合に取り組む」『英語教育』62(3)(大修館書店、2013)

村上ひろ子(むらかみ ひろこ)
神戸市立葺合高等学校　教諭
「教科間で連携した授業改善の取り組み」『英語教育』61(7)(大修館書店、2012)
「実践報告⑬　高校で教科間の連携を図るための工夫」『共同学習を取り入れた英語授業のすすめ』(大修館書店、2012)

茶本卓子(ちゃもと たかこ)
神戸市立葺合高等学校　教諭
「第2節　授業改善をめざしたクラスルームリサーチの実践(第11章　教師の内省を深め、自律を促すクラスルームリサーチ)」『英語授業改善への提言』(教育出版、2012)

高塚純(たかつか じゅん)
東海大学付属翔洋高等学校　教頭

澤田朝子(さわだ あさこ)
高知丸の内高等学校　教諭

今井典子(いまい のりこ)
高知大学人文学部　准教授
『小・中・高等学校における学習段階に応じた英語の課題解決型言語活動』(東京書籍、2015)
「1.3 コミュニケーション能力育成のための技能を統合した言語活動」『英文法 導入のための「フォーカス・オン・フォーム」アプローチ』(大修館書店、2011)

青木直子(あおき なおこ)
大阪大学大学院文学研究科　教授
「日本語教育と芸術学のコラボレーション」(脇坂真彩子・小林浩明と共著)『第二言語としての日本語の習得研究』16(凡人社、2013)
「第9章　学習者オートノミーが第二言語ユーザーを裏切る時」『学習者オートノミー』(ひつじ書房、2011)

自分で学んでいける生徒を育てる―学習者オートノミーへの挑戦
Developing Self-Directed Learners: Challenges for Learner Autonomy
Edited by Yoshiyuki Nakata

発行	2015年3月31日　初版1刷
定価	2600円+税
編者	© 中田賀之
発行者	松本功
装丁者	上田真未
組版所	株式会社 ディ・トランスポート
印刷・製本所	株式会社 シナノ
発行所	株式会社 ひつじ書房
	〒112-0011 東京都文京区千石2-1-2 大和ビル2階
	Tel.03-5319-4916　Fax.03-5319-4917
	郵便振替 00120-8-142852
	toiawase@hituzi.co.jp　http://www.hituzi.co.jp/

ISBN978-4-89476-704-1

造本には充分注意しておりますが、落丁・乱丁などがございましたら、小社かお買上げ書店にておとりかえいたします。ご意見、ご感想など、小社までお寄せ下されば幸いです。